中国近现代史纲要
新案例新教程

刘秉贤　陈雪　编著

大连理工大学出版社

图书在版编目(CIP)数据

中国近现代史纲要新案例新教程 / 刘秉贤，陈雪编著. — 大连：大连理工大学出版社，2019.3(2022.1重印)
(新时代思政课系列导学丛书)
ISBN 978-7-5685-1950-2

Ⅰ. ①中… Ⅱ. ①刘… ②陈… Ⅲ. ①中国历史－近现代－高等学校－教学参考资料 Ⅳ. ①K25

中国版本图书馆 CIP 数据核字(2019)第 055851 号

大连理工大学出版社出版

地址：大连市软件园路 80 号　邮政编码：116023
发行：0411-84708842　邮购：0411-84708943　传真：0411-84701466
E-mail:dutp@dutp.cn　URL:http://dutp.dlut.edu.cn
大连图腾彩色印刷有限公司印刷　大连理工大学出版社发行

幅面尺寸：170mm×240mm　印张：15　字数：329 千字
2019 年 3 月第 1 版　　　　　　　2022 年 1 月第 2 次印刷

责任编辑：邵　婉　朱诗宇　　　　责任校对：邵　雨
封面设计：奇景创意

ISBN 978-7-5685-1950-2　　　　　　　　　　　定　价：58.00 元

本书如有印装质量问题，请与我社发行部联系更换。

前　言

2016年12月，习近平总书记在全国高校思想政治工作会议上强调，要教育引导学生正确认识世界和中国发展大势，从我们党探索中国特色社会主义历史发展和伟大实践中，认识和把握人类社会发展的历史必然性，认识和把握中国特色社会主义的历史必然性，不断树立为共产主义远大理想和中国特色社会主义共同理想而奋斗的信念和信心；正确认识中国特色和国际比较，全面客观认识当代中国、看待外部世界；正确认识时代责任和历史使命，用中国梦激扬青春梦，为学生点亮理想的灯、照亮前行的路，激励学生自觉把个人的理想追求融入国家和民族的事业中，勇做走在时代前列的奋进者、开拓者；正确认识远大抱负和脚踏实地，珍惜韶华、脚踏实地，把远大抱负落实到实际行动中，让勤奋学习成为青春飞扬的动力，让增长本领成为青春搏击的能量。作为高校思想政治理论课之一的"中国近现代史纲要"无疑在教育引导学生"四个正确认识"中发挥重要的作用。习近平总书记强调："历史是最好的教科书。""学习党史、国史，是坚持和发展中国特色社会主义、把党和国家各项事业继续推向前进的必修课。"

作为"中国近现代史纲要"的教师，我们深感自身责任重大，同时在长期的教学实践中，我们也深刻认识到思想政治理论课的实效性仍有待加强，正如习近平总书记所强调："要用好课堂教学这个主渠道，思想政治理论课要坚持在改进中加强，提升思想政治教育亲和力和针对性，满足学生成长发展需求和期待。""中国近现代史纲要"如何提升思想政治教育亲和力和针对性？我们凝练的思路是，充分利用辽宁省尤其是大连市的丰富的近现代史资源，让这门课变得"看得见""摸得着"，加强课程所讲内容与学生的关联度，从而激发学生的学习兴趣和探索热情。因此，本书在"以案论史"和"实践指南"两个栏目都特别注意选取大连地方史的有关素材，以小见大，从地方史折射出中国近现代史发展的波澜壮阔的历史进程。"经典精读"栏目是从每章必读文献中选取的，是对教材的重要补充。"实训指导"栏目则是对本章知识点的练习与巩固。

衷心地希望本书能对学生更好、更全面地学习中国近现代史有所助益，也欢迎广大读者对本书的修改和完善提出宝贵的意见、建议。

本书是2017年辽宁省高等学校基本科研项目"辽宁省高校思想政治教育供给侧改革的思路与方法研究"（项目号：2017J074）的阶段性研究成果。

编著者
2019年1月

目 录

第一章　反对外来侵略的斗争 ·· 1

第二章　对国家出路的早期探索 ·· 20

第三章　辛亥革命与君主专制制度的终结 ································· 39

第四章　开天辟地的大事变 ·· 60

第五章　中国革命的新道路 ·· 82

第六章　中华民族的抗日战争 ·· 101

第七章　为新中国而奋斗 ·· 131

第八章　社会主义基本制度在中国的确立 ································ 151

第九章　社会主义建设在探索中曲折发展 ································ 170

第十章　中国特色社会主义的开创与接续发展 ························· 185

第十一章　中国特色社会主义进入新时代 ······························· 205

参考答案 ·· 225

后　记 ··· 234

目

第一章 反对外来侵略的斗争

一、导言

本章的学习目标是通过学习近代早期资本-帝国主义对中国军事上、经济上、政治上、文化上的侵略以及中国人民的反侵略斗争,理解资本-帝国主义对中国的侵略是近代以来中国社会政治动荡、经济贫穷、文化落后的根本原因。重点把握以下三个方面:

(一)资本-帝国主义对中国侵略的方式和后果

近代资本-帝国主义列强对中国的侵略,首先和主要的是进行军事侵略。他们倚仗先进的武器和军事技术,对中国发动战争,或者进行武力威胁,或者武装干涉中国内政,甚至直接出兵镇压中国革命和人民反抗斗争。每一次都以迫使清政府签订丧权辱国的不平等条约而告终。西方列强的这种侵略是逐步升级的,从骚扰、蚕食中国沿海、边疆,到侵入中国内地、割占大片领土,甚至企图瓜分全中国。军事侵略中国的列强国家也呈现逐渐增多的趋势,由最初的英国一国侵略,到英法联合出兵,后来发展到八国联军一起出动。侵略战争的时间也由最初的短时军事攻击,发展到最后长达 14 年之久。在历次侵略战争中,外国侵略者屠杀了大批中国人民,并通过战争侵占了大量中国领土,勒索巨额的战争赔款,任意抢掠中国财富,破坏中国的文物古迹。这些都充分暴露了那些自称"西方文明传播者"的帝国主义、殖民主义势力,以不文明来践踏文明的野蛮本性。

近代资本-帝国主义列强对中国侵略的第二种方式是政治控制,即尽量控制中国历届政府,操纵中国的内政与外交,从而达到利用它们来统治中国的目的。西方侵略者与清政府之间的关系,有一个由对抗到逐渐驯服的演变过程。第二次鸦片战争是其中一个重要的转折点,清政府向西方列强的"借师助剿",完成了侵略者与封建统治者之间的相互勾结。清政府在《辛丑条约》中向列强各国保证禁止和镇压中国各阶层的反帝斗争,标志着它已经沦为"洋人的朝廷"。清政府倒台后,西方列强走马灯般地变换中国当权者,各自扶植亲本国利益者执政,收买其作为自己利益的代理人。

资本-帝国主义列强对中国侵略的第三种方式是经济掠夺,即利用强迫清政府与之签订的不平等条约所赋予的各种特权,扩大对华商品倾销和资本输出,进行经济掠夺,并且把中国卷入资本主义的世界市场,使中国成为西方大国的经济附庸,造成近代中国的经济落后与人民贫困。

资本-帝国主义列强对中国侵略的第四种方式是文化渗透,即宣扬殖民主义文化,培养人们的奴化思想,用宗教麻痹人们的精神,摧毁中国人的民族自尊心、自信心。列强一方面利用宗教进行侵略活动,一方面借助外国教会中的某些势力为侵略中国制造舆论,培养亲西方人士。

(二)中国近代早期的反侵略斗争

对于近代资本-帝国主义的侵略活动,中国社会各阶层民众从始至终进行了各种形式的抵制和反抗。

人民群众的反侵略斗争。1841年发生在广州郊区的三元里人民的抗英斗争,是近代中国人民第一次大规模的反侵略斗争。太平天国后期也曾多次重创英法侵略军和外国侵略者指挥的洋枪队,如击毙"常胜军"的统领华尔、"常捷军"的统领勒伯勒东。中国东南边疆出现危机时,台湾高山族人民先后击退了美国海军、日本军队的两次侵犯。1895年夏秋,侵台日军遭到了台湾民众与刘永福率领的黑旗军的共同抵抗。在5个月的时间里,毙伤日军近卫师团长北白川宫能久中将以下日军官兵3.2万人。在此后半个世纪里,台湾人民反抗日本侵略的斗争从未停止过。1900年6月,侵华的八国联军由天津乘火车进犯北京,在廊坊和杨村遭到义和团及清军董福祥部的狙击和围攻。另外,俄日两国军队抢先攻破北京城防后,城内义和团与部分清军士兵不愿逃跑偷生,与侵略者进行了三天的肉搏巷战,使进城的侵略者又付出了伤亡400多人的代价。

爱国官兵的反侵略斗争。清军在反侵略战争中取得胜利的一些战役:鸦片战争期间,台湾总兵率部两次打退了英军的进攻。第二次鸦片战争的大沽之战中,中国炮台守军对无理进入白河的英法舰队,沉着应战,13艘英舰被击沉5艘,俘获2艘,击伤6艘。1884年的中法战争期间,刘铭传率军先后击退了法国舰队对基隆、淡水的进犯。不久,67岁的原广西提督冯子材临危受命,于1885年3月率旧部增援广西前线。在法军大举进犯的危急关头,他布阵周密,身先士卒,取得了镇南关大捷,从而在根本上扭转了中法战争的整个战局。在反侵略战争中英勇献身的爱国将领有:鸦片战争期间有沙角炮台守将陈连升,广东水师提督关天培、江南提督陈化成、葛云飞等定海三总兵,镇江副都统海龄,两江总督裕谦;第二次鸦片战争中有提督史荣椿、乐善;中日甲午战争中有总兵左宝贵、管带邓世昌、林永升;八国联军侵华战争中有提督聂士成、大沽炮台总兵罗荣光。

(三)近代早期反侵略斗争的失败原因

近代中国前80年,中国人民对外来侵略进行了英勇顽强的反抗,但每一次反侵略战争都是以中国失败、中国政府被迫签订丧权辱国的条约而告结束。其失败原因,从中国内部因素分析主要有两点。

第一是社会制度腐败。这是中国反侵略战争失败的最根本原因。它表现在:首先,清朝封建统治集团大都昏庸透顶。许多官员贪污腐化,不少将帅贪生怕死,有些人甚至为了谋求自身利益、为了保存实力,不惜出卖国家利益。其次,封建统治者常常压制与破坏人民群众和爱国官兵的反侵略斗争,害怕民众力量的壮大危及自己的统治,害怕战争持久会引发民众起义。

第二是经济技术落后。清朝中后期国家综合实力特别是经济技术和作战能力的落后,是反侵略战争失败的另一个重要原因。以鸦片战争为例,当时交战的中英双方在武器装备、军队素质、综合实力方面相差悬殊。这就决定了虽然清军在总兵力上占优势,但在局部上不占优势,加上战法落后以及军队素质、武器装备等诸多劣势,必然导致中国军队在战场上节节失败。经济技术落后,并不意味着在反侵略战争中就一定要打败仗,反动统治者在落后的情况下再实行错误的方针、政策,才使战争的失败成为不可避免。

二、以案论史

案例1　日本通过移民对旅大地区土地资源的掠夺

早在20世纪之初,日本就蓄谋向旅大地区移民。日俄战争进行中,日军总参谋长儿玉秀雄即提出"满洲开拓"问题,小村寿太郎也提出"为保护国防第一线的永久安全,安排相当数量的大和民族人群定居满洲,这是非常重要的"。之后,日本政府制定了《开拓团法》《开拓农业协同租合法》《开拓农场法》即所谓《三拓开法》,使由日本移民组成的开拓组织成为日本侵略与统治中国占领区的别动队。1914年,日本首批农民移民共19户进入大连地区,后增至32户,安置在金州大魏家西部产稻区定居,并将居住点命名爱川村(因这批日本移民来自日本山口县的爱宕村和川下村,故取两村字头取名),这是满洲日本集团开拓移民之始。

日本移民的所谓开拓,实际上都是在日本统治当局的袒护下强占中国民田。爱川村日本移民经营的670亩稻田中,就有497亩是强占中国农民的。至九一八事变前,金州地区共有日本农民移民120余户。他们除了领取"官有"土地外,还通过强买、诱买或"参押"(以土地文书抵押,发放贷款)攫取民田。同期,统治当局向貔子窝、普兰店地区移入日本农民74户,他们以开拓团的名义强占当地水田、旱田2722亩。1942年,日本向庄河移入3个"开拓团",分别进入大孤山、青堆子(沙岭)、庄河杨甸子,共78户、253人。移入庄河的这三个开拓团直接侵占当地耕地27222亩。其中:杨甸子被强占旱田630亩、水田1554亩,大孤山被强占旱田4800亩、沙岭被强占旱田8400亩、水田11838亩。这些地区农民土地被强占后,无劳力的农户多被驱赶出去,他们的房屋被廉价收购或强行没收,造成百余户的六七百人流离失所。

资料来源:大连近代史研究:第6卷.沈阳:辽宁人民出版社,2009:227

【请你思考】

1. 上述史料属于帝国主义列强对中国侵略的哪种方式?试分析日本对旅大土地资源的掠夺对当地经济发展的影响。

2. 结合史料,谈谈帝国主义列强的侵略给中国带来了什么?

案例2　甲午旅顺基地陷落原因初探(节选)

在甲午战争中,旅大地区的防务似甚严密,旅大二地互为犄角。但是这是客观上的因素,决定战争胜败的重要因素还是人。正如左宗棠所说:"战事还凭人力,亦不专在枪炮也"。这就充分地说明了人在战争中的决定性作用。从军事素质上看,清军素质很差,战斗力太低。这主要表现在两个方面:一是清军平时训练不良,不切合实战;二是军官培养制度落后,有些将领临战中有畏怯表现。甲午战争的实战表明,勇营兵对近代军事技战术的掌握很差。其炮兵命中率不高,许多士兵不能熟练地使用枪支,甚至出现"只知托平乱打,不起码牌,故弹及近,难命中"的现象。勇营平时虽练洋操,"然临阵多用非所学,每照击土匪法,挑奋勇为一簇,马奔直前,宛同孤注"。这种状况反映了勇营平时训练重形式而轻实效的通病。

当时的海军虽是创建不久的新军种,但很快就染上了绿营的恶习:派系之间互相倾轧,欺下瞒上,营私舞弊,操练松弛,战斗力极差。凡此种种构成了北洋海军不可救药的顽症。姚锡光在《东方兵事纪略》一书中,对当时海军的情形是这样记述的:"……操练尽弛。自左右翼总兵以下,争挈眷陆居,军士去船以嬉。每北洋封冻,海军岁例巡南洋,率淫赌于香港、上海……"。这一弊端,在旅顺战役中暴露出来。据记载,驻防旅顺口的清军虽然在人数上远远胜过进攻旅顺口的日军,但由于战况紧急,新募部队往往并不操练即开赴前线,导致清军素质太差,战斗力太低,远不是日军的对手。张哲荣曾明确地指出:"我军无事之秋,多尚虚文,未尝讲求战事。在防操练,不过故事虚行。故一旦军兴,同无把握。虽执事所司,未谙款窍,临敌贻误自多。平时操演炮靶、雷靶,惟船动而靶不动,兵勇练惯,及临敌时命中自难。"沈寿堃也尖锐指出:北洋海军平时操练时,"徒求其演放整齐,所练仍属皮毛,毫无俾益。此中国水师操练之不及他国者,弊在奉行故事耳。"在旅顺口清军中,仅新募之兵就有9000多人,成军未几,即遇战事,"总未得空操过一日"。到了后来,甚至"新募队连枪炮尚未见过",即准备向前线开拔。以素质极差之市井之徒,未经训练、战阵,难以"成师","猝给一枪,强之管炮,且不知施放,遑言命中?"往往是"不战而溃","闻警"自溃。如李鸿章在校阅海军舰队和驻防旅顺口、大连湾的陆军时,陆军平时缺额太多,便临时从附近的农村找一些青壮农民冒充军人。校阅之后,李鸿章向朝廷奏报,军舰"操演船阵,整齐变化,雁行鱼贯,操纵自如",鱼雷艇"试演袭营阵法,攻守多方,备极奇奥"。施放鱼雷"均能命中破的",并引用英、法、俄国参观校阅海军的人话说,整个海军"节制精严"。至于各海军学堂"发策考问,条对详明,面试技艺,并臻精密,足备水陆将牟之选"。而陆防军则是"频年工作,兼顾操防,勤苦有加,实为难得"。而对海防工事,说英国海军司令福勒曼德尔看后,"也讶其工坚费省。"总之,"今日海军力量,以之攻人则不足,以之自守则有余"。事实并非如此。

在金州保卫战时,"皆系一色快枪"的赵怀业部队,武器虽然先进,但带队支援金州,"甫及城门,闻警复返",所带部队多为新兵,"已不战而溃"更难以抵御日军的进攻。至于其他一些士兵虽为老兵,但也没有经过什么严格的军事训练,也没有战斗力。对此,清政府自己也不得不承认,"中国军队的目的不是作战,而只是威吓老百姓。"这样的军队如何能取得战争的胜利。

第一章 反对外来侵略的斗争

清军的腐败不仅表现在战场上连连溃败,而且还表现在溃退中的混乱,均"尽弃军实走,器械尽失"。这不仅削弱自己装备的总体实力,反过来还大大地加强了日军的装备。另据日方统计资料,日军在金州、大连湾、旅顺口等地,一共缴获大炮607门,枪7394支,炮弹267.17余万发,子弹7745.8万发。而在整个甲午战争中,日军仅仅消耗子弹124.18万发,炮弹34090发。从中日两国军队的如此比较中,实在令人触目惊心。这些武器被日军缴获后,势必导致中日军装备的此消彼长。日军将缴获的武器(特别是大炮)投入战斗后,则大大地加强了自己的火力。如在旅顺战役中,日军用所得卫汝贵部快炮"登山俯击"清军炮台。在日军猛烈炮火的轰击下,清军势不能支,不得不溃退。

甲午战争中清军之所以暴露这些弱点,很重要的原因在于缺乏具备近代军事素养的合格军官。从军官素质上看,当时的清军缺乏合格的指挥官,指挥军队之权仍操诸行伍出身的旧军官之手。这些人固然勇怯不一,但有一个共同的弱点,即囿于国内战争的老经验,因循守旧,不懂新的军事科学。俗云:"千军易得,一将难求"。对于陆军而言,固然如此,对于海军而言,亦不例外。特别是在海军训练与教育刚刚萌芽的清季,一般兵舰的官弁水手得来已经匪易,至于既受过完整的新式海军教育,又有统率舰队经验的高级将领,则更是难以寻求。的确,丁汝昌虽有长江水师的背景,但对于新式海军的训练却是懵然无知。又衍出另外一些问题。一是将帅不和:舰队中一部分经由海军学校毕业而又曾留学英国的年轻军官,对于非海军出身却身居高位的提督丁汝昌,日渐心存不服,以致丁汝昌孤寄群闽之上,一筹莫展,大权转落于左翼总兵刘步蟾之手,丁汝昌几乎变为"傀儡提督"。二是华洋冲突:舰队中的中国高级将领对于英籍总查执法过严,深为不满,矛盾日增。在这种情况下,由于海军首脑部门的缺陷和丁汝昌的外行,实在难以制定正确的战略,也难以与陆军协同作战。战争期间参与后勤事务的袁世凯指出:"今之征调诸将,亦诚不乏凤望,惟或优养既久,气血委惰;或年近衰老,利欲熏心;或习气太重,分心钻营;即或有二三自爱者,又每师心自用,仍欲以'剿击发捻'旧法御剧敌,故得力者不可数睹耳。"这是指所谓"威望素著"的老成宿将而言,至于一些新组建部队所调之员,则多为浮薄少年、文弱书生、不谙军务之人。这就充分地体现了清军的指挥员以及清军的战斗力状况。

在这样的军官的指挥下,即使部队装备了先进武器,也难免溃败的结局。在进攻时,他们仍沿用冷兵器时代集团冲锋的方法,一拥而上,且往往"从一千公尺以外的远距离开始射击"。日军则以密集火力在近距离猛烈射击,给予清军以重大杀伤。在防守时,他们只注意正面防御,忽视侧翼,即使正面也无纵深兵力和火力配备。日军只要从侧翼出击,即可迫使清军全线崩溃。"差不多中国人每一次打算守住阵地时,都因为被敌人迂回到他们的侧翼而被迫后退,中国人简直不知道怎样防御自己"。

至于清军中有少数贪生怕死的将领问题,由于他们的临阵脱逃,其结果不但动摇了军心,也大大加速了甲午旅顺战役清军的失败。当时大连湾失守的主要原因是这里的驻军统领是一个"赵不打"(即赵怀业的绰号)。据记载,当清军旅顺口保卫战打响后不久,卫汝成、龚照玛、赵怀业、黄仕林等人就不顾大局,率先逃跑,其结果致使防守在白玉山、黄金山一带的清军因无人指挥,不战自溃,大大减少了日军的阻力。

以龚照玛为例,他当时在旅顺总办船局工程,兼办水陆营务处。他只负有联络诸守军的任务,并无统帅诸守军之责。可是,当旅顺驻军统帅宋庆被调往九连城之后,李鸿章并没有指定其他任何人总镇驻守旅顺口诸军,实际上把统帅之权交给了龚照玛。日军距旅顺尚有百里之遥,龚照玛就率先奔逃,弄得旅顺军民惶惶不安,竞相逃散,这是龚照玛的一大罪状。他名为旅顺防军的总镇,实资乱军害民的罪魁。在龚照玛逃走之后,他的营兵便开始抢劫仓库,掠夺商户,使商民惊恐,纷纷逃往旅顺口西面的羊头洼;厂坞工匠开始逃散;而水雷营牟张启林弄断电线,窃雷箱而遁;于是,守水雷、旱雷之兵,亦相继逃散。因此,海口外所设的300余具水雷,后路西自羊头洼东至盐场地段内所设的200余具旱雷,共600余具水旱雷,在日军攻占旅顺时竟未发一响,反而成了日军的战利品。可见,将领的素质对旅顺战役的胜败起到了多么大的作用。

事实上,当时一些熟悉内情的官员,都料定旅顺必失无疑。然而,李鸿章则把不失旅顺的希望寄托于"诸将才能"。他在致龚照玛电中指出:"希与张(光前)、姜(桂题)、程(允和)酌之,诸将要知此系背水阵,除同心合力战守外,别无他法。"龚照玛以道员任旅顺前敌营务处兼船坞工程总办,代北洋大臣节度,"尽护诸将,实即隐帅旅顺"。本来,龚照玛确实应该负起激励诸将"合力战守"的责任,但他"贪鄙庸劣,不足当方面,颇失人望"。于是,在旅顺又重新出现了像平壤那样"有将无帅"的情况。时人指出:"方旅顺兵事之棘也,诸将不布远势而踢于自守。当十月初旬,即经营扼后山之计,循老砺嘴后炮台之北,沿山北趋,顺山势折而西,又稍北属至元宝房药库之东,水师营之南,逾椅子山炮台,再西而南抵洋沱凹,直走黑沙沟之北,逦迤包三面若半环形,依陆路炮台,严军自守;其无炮台之处,弥以行营炮;行营炮炮之隙,护以枪队;循山高下,补以土垒。当倭兵踞南关岭后,旅顺诸营自留守海岸炮台勇丁以外,尽数分布后山,即支行帐以宿。而备多力分,牵掣既多,敌人转得踏我暇隙。"把这一办法用于防守海岸线,更是难以行得通的。驻守旅顺口西岸的张光前致书盛宣怀说:"西岸由口门至双岛套等处,相去几百里之远。口汊太多,仅弟与程平兄(允和)数营分别扼守,地广兵单,万分焦灼。"早在日军从花园口登陆后即将攻陷旅顺的前一天,李鸿章则明确把指挥旅顺各陆防军的大权交给姜桂题。而作为主将的姜桂题,出身行伍,目不识丁,且才本中庸,难有作为,终未能改变"诸军皆观望坐视"的局面。他战守无策,只是一味地告援。先驰书于盛宣怀,"刻间旅洋万分吃重,惟望大鼎力转恳中堂格外关系大局,速设良策。"继又致书于李鸿章:"刻下,贼既踞金,势必乘胜进犯旅顺。前路已无兵拦阻。职镇等会商,除紧守长墙土炮台,别无良策。然外无援应,纵竭力守御,亦难日久持撑。"其实,这种防御方法正是自败之道。即使将士兵排成单行,也摆不满这样长的防线。采用这种"备多力分"的防御办法,正反映了诸将的慌乱无计,结果想不败是绝对不可能的。

以上情况充分说明,清朝的腐败制度正是造成种种罪恶的根源,是导致甲午旅大失陷的根本内部原因。

资料来源:大连近代史研究:第1卷.沈阳:辽宁人民出版社,2004:132-139

【请你思考】

1. 中日甲午战争中旅顺基地陷落原因。
2. 结合史料,谈谈近代中国反侵略战争失败的根本原因和教训是什么?

三、经典精读

毛泽东:把我国建设成为社会主义的现代化强国(一)

我国从十九世纪四十年代起,到二十世纪四十年代中期,共计一百零五年时间,全世界几乎一切大中小帝国主义国家都侵略过我国,都打过我们,除了最后一次,即抗日战争,由于国内外各种原因以日本帝国主义投降告终以外,没有一次战争不是以我国失败、签订丧权辱国条约而告终。其原因:一是社会制度腐败,二是经济技术落后。现在,我国社会制度变了,第一个原因基本解决了;但还没有彻底解决,社会还存在着阶级斗争。第二个原因也已开始有了一些改变,但要彻底改变,至少还需要几十年时间。如果不在今后几十年内,争取彻底改变我国经济和技术远远落后于帝国主义国家的状态,挨打是不可避免的。当然,帝国主义现在是处在衰落时代,我国,社会主义阵营,全世界被压迫人民和被压迫民族的革命斗争,都是处于上升的时代,世界性的战争有可能避免。这里存在着战争可以避免和战争不可避免这样两种可能性。但是我们应当以可能挨打为出发点来部署我们的工作,力求在一个不太长久的时间内改变我国社会经济、技术方面的落后状态,否则我们就要犯错误。

(一九六三年九月)

资料来源:毛泽东文集:第八卷.北京:人民出版社,1999:340

马克思:中国革命和欧洲革命

有一位思想极其深刻但又怪诞的研究人类发展原理的思辨哲学家,常常把他所说的两极相联规律赞誉为自然界的基本奥秘之一。在他看来,"两极相联"这个朴素的谚语是一个伟大而不可移易的适用于生活一切方面的真理,是哲学家所离不开的定理,就像天文学家离不开开普勒的定律或牛顿的伟大发现一样。

"两极相联"是否就是这样一个普遍的原则姑且不论,中国革命对文明世界很可能发生的影响却是这个原则的一个明显例证。欧洲人民下一次的起义,他们下一阶段争取共和自由、争取廉洁政府的斗争,在更大的程度上恐怕要决定于天朝帝国(欧洲的直接对立面)目前所发生的事件,而不是决定于现存其他任何政治原因,甚至不是决定于俄国的威胁及其带来的可能发生全欧战争的后果。这看来像是一种非常奇怪、非常荒诞的说法,然而,这决不是什么怪论,凡是仔细考察了当前情况的人,都会相信这一点。

中国的连绵不断的起义已经延续了约10年之久,现在汇合成了一场惊心动魄的革命;不管引起这些起义的社会原因是什么,也不管这些原因是通过宗教的、王朝的还是民族的形式表现出来,推动了这次大爆发的毫无疑问是英国的大炮,英国用大炮强迫中国输入名叫鸦片的麻醉剂。满族王朝的声威一遇到英国的枪炮就扫地以尽,天朝帝国万世长存的迷信破了产,野蛮的、闭关自守的、与文明世界隔绝的状态被打破,开始同外界发生联系,这种联系从那时起就在加利福尼亚和澳大利亚黄金的吸引之下迅速地发展起来。同时,这个帝国的银币——它的血液——也开始流向英属东印度。

在1830年以前,中国人在对外贸易上经常是出超,白银不断地从印度、英国和美国向中国输出。可是从1833年,特别是1840年以来,由中国向印度输出的白银,几乎使天朝帝国的银源有枯竭的危险。因此皇帝下诏严禁鸦片贸易,结果引起了比他的诏书更有力的反抗。除了这些直接的经济后果之外,和私贩鸦片有关的行贿受贿完全腐蚀了中国南方各省的国家官吏。正如皇帝通常被尊为全中国的君父一样,皇帝的官吏也都被认为对他们各自的管区维持着这种父权关系。可是,那些靠纵容私贩鸦片发了大财的官吏的贪污行为,却逐渐破坏着这一家长制权威——这个广大的国家机器的各部分间的唯一的精神联系。存在这种情况的地方,主要正是首先起义的南方各省。所以几乎不言而喻,随着鸦片日益成为中国人的统治者,皇帝及其周围墨守成规的大官们也就日益丧失自己的统治权。历史好像是首先要麻醉这个国家的人民,然后才能把他们从世代相传的愚昧状态中唤醒似的。

中国过去几乎不输入英国棉织品,英国毛织品的输入也微不足道,但从1833年对华贸易垄断权由东印度公司手中转到私人商业手中之后,这两种商品的输入便迅速地增加了。从1840年其他国家特别是我国也开始参加和中国的通商之后,这两项输入增加得更多了。这种外国工业品的输入,对本国工业也发生了类似过去对小亚细亚、波斯和印度所发生的那种影响。中国的纺织业者在外国的这种竞争之下受到很大的损害,结果社会生活也受到了相应程度的破坏。

中国在1840年战争失败以后被迫付给英国的赔款、大量的非生产性的鸦片消费、鸦片贸易所引起的金银外流、外国竞争对本国工业的破坏性影响、国家行政机关的腐化,这一切造成了两个后果:旧税更重更难负担,旧税之外又加新税。因此,1853年1月5日皇帝在北京下的一道上谕中,就责成武昌、汉阳南方各省督抚减缓捐税,特别是在任何情况下均不准额外加征;否则,这道上谕中说,"小民其何以堪?"又说:"……庶几吾民于颠沛困苦之时,不致再受追呼迫切之累。"

这种措辞,这种让步,记得在1848年我们从奥地利这个日耳曼人的中国也同样听到过。

所有这些同时影响着中国的财政、社会风尚、工业和政治结构的破坏性因素,到1840年在英国大炮的轰击之下得到了充分的发展;英国的大炮破坏了皇帝的权威,迫使天朝帝国与地上的世界接触。与外界完全隔绝曾是保存旧中国的首要条件,而当这种隔绝状态通过英国而为暴力所打破的时候,接踵而来的必然是解体的过程,正如小心保存在密闭棺材里的木乃伊一接触新鲜空气便必然要解体一样。可是现在，当英国引起了中国革命的时候，便发生一个问题，即这场革命将来会对英国并且通过英国对欧洲发生什么影响？这个问题是不难解答的。

我们时常提请读者注意英国的工业自1850年以来空前发展的情况。在最惊人的繁荣当中，就已不难看出日益迫近的工业危机的明显征兆。尽管有加利福尼亚和澳大利亚的发现，尽管人口大量地、史无前例地外流，但是，如果不发生什么意外事情的话，到一定的时候，市场的扩大仍然会赶不上英国工业的增长，而这种不相适应的情况也将像过去一样，必不可免地要引起新的危机。这时，如果有一个大市场突然缩小，那么危机的来临必然加速，而目前中国的起义对英国正是会起这种影响。英国需要开辟新市场或扩大旧市场，这是英国降低茶叶税的主要原因之一，因为英国预期，随着茶叶进口量的增加，向中国输出的工业品也一定增加。在1833年取消东印度公司的贸易垄断权以前，联合王国对中国的年输出总值只有60万英镑，而1836年达到了1326388英镑，1845年增加到2394827英镑，到1852年便达到了300万英镑左右。从中国输入的茶叶数量在1793年还不超过16067331磅，然而在1845年便达到了50714657磅，1846年是57584561磅，现在已超过6000万磅。

上一季茶叶的采购量从上海的出口统计表上可以看出，至少比前一年增加200万磅。新增加的这一部分应归因于两种情况：一方面，1851年底市场极不景气，剩下的大量存货被投入1852年的出口；另一方面，在中国，人们一听到英国修改茶叶进口的法律的消息，便把所有可供应的茶叶按提高很多的价格全部投入这个现成的市场。可是讲到下一季的茶叶采购，情况就完全不同了。这一点可以从伦敦一家大茶叶公司的下面一段通信中看出：

"上海的恐慌据报道达到了极点。黄金因人们抢购贮藏而价格上涨25％以上。白银现已不见，以致英国轮船向中国交纳关税所需用的白银都根本弄不到。因此，阿礼国先生同意向中国当局担保，一俟接到东印度公司的期票或其他有信誉的有价证券，便交纳这些关税。从商业的最近未来这一角度看，金银的缺乏是一个最不利的条件，因为它恰恰是发生在最需要金银的时候。茶和丝的收购商有了金银才能够到内地去采购，因为采购要预付大量金银，以使生产者能够进行生产……每年在这个时候都已开始签订新茶收购合同，可是现在人们不讲别的问题，只讲如何保护生命财产，一切交易都陷于停顿……如不备好资金在四五月间把茶叶购妥，那么，包括红茶绿茶的精品在内的早茶，必然要像到圣诞节还未收割的小麦一样损失掉。"

停泊在中国领海上的英、美、法各国的舰队，肯定不能提供收购茶叶所需的资金，而它们的干涉却能够很容易地造成混乱，使产茶的内地和出口茶叶的海港之间的一切交易中断。由此看来，收购目前这一季茶叶势必要提高价格——在伦敦投机活动已经开始了，而要收购下一季茶叶，肯定会缺少大量资金。问题还不止于此。中国人虽然也同革命震荡时期的一切人一样，愿意将他们手上全部的大批存货卖给外国人，可是，正像东方人在担心发生大变动时所做的那样，他们也会把他们的茶和丝贮存起来,非付给现金现银是不大肯卖的。因此,英国就不免要面临这样的问题:它的主要消费品之一涨价,金银外流,它的棉毛织品的一个重要市场大大缩小。甚至《经济学家》杂志,这个善于把一切使商业界人心不安的事物化忧为喜的乐观的魔术师,也不得不说出这样的话:

"我们千万不可沾沾自喜,以为给我们向中国出口的货物找到了同以前一样大的市场……更可能的是:我们对中国的出口贸易要倒霉,对曼彻斯特和格拉斯哥的产品的需求量要减少。"

不要忘记,茶叶这样一种必需品涨价和中国这样一个重要市场缩小的时候,将正好是西欧发生歉收因而肉类、谷物及其他一切农产品涨价的时候。这样,工厂主们的市场就要缩小,因为生活必需品每涨一次价,国内和国外对工业品的需求量都要相应地减少。现在大不列颠到处都在抱怨大部分庄稼情况不好。关于这个问题《经济学家》说:

"在英国南部,不但会有许多田地错过各种作物的农时而未播种,而且已经播种的田地有许多看来也会是满地杂草,或者是不利于谷物生长。在准备种植小麦的阴湿贫瘠的土地上,显然预示着灾荒。现在,种饲用甜菜的时节可以说已经过去了,而种上的很少;为种植芜菁备田的季节也快要过去,然而种植这一重要作物的必要的准备工作却一点也没有完成……雪和雨严重地阻碍了燕麦的播种。早播种下去的燕麦很少,而晚播种的燕麦是很难有好收成的……许多地区种畜损失相当大。"

谷物以外的农产品的价格比去年上涨 20%、30%,甚至 50%。欧洲大陆的谷物价格比英国涨得更高。在比利时和荷兰,黑麦价格足足涨了 100%,小麦和其他谷物也跟着涨价。

在这样的情况下,既然英国的贸易已经经历了通常商业周期的大部分,所以可以有把握地说,中国革命将把火星抛到现今工业体系这个火药装得足而又足的地雷上,把酝酿已久的普遍危机引爆,这个普遍危机一扩展到国外,紧接而来的将是欧洲大陆的政治革命。这将是一个奇观:当西方列强用英法美等国的军舰把"秩序"送到上海、南京和运河口的时候,中国却把动乱送往西方世界。这些贩卖"秩序",企图扶持摇摇欲坠的满族王朝的列强恐怕是忘记了:仇视外国人,把他们排除在帝国之外,这在过去仅仅是出于中国地理上、人种上的原因,只是在满洲鞑靼人征服了全国以后才形成为一种政治原则。毫无疑问,17世纪末竞相与中国通商的欧洲各国彼此间的剧烈纷争,有力地助长了满洲人实行排外的政策。可是,更主要的原因是,这个新的王朝害怕外国人会支持一大部分中国人在中国被鞑靼人征服以后大约最初半个世纪里所怀抱的不满情绪。出于此种考虑,它那时禁止外国人同中国人有任何来往,要来往只有通过离北京和产茶区很远的一个城市广州。外国人要做生意,只限同领有政府特许执照从事外贸的行商进行交易。这是为了阻止它的其余臣民同它所仇视的外国人发生任何联系。无论如何,在现在这个时候,西方各国政府进行干涉只能使革命更加暴烈,并拖长商业的停滞。

同时,从印度这方面来看还必须指出,印度的英国当局的收入,足足有 1/7 要靠向中国人出售鸦片,而印度对英国工业品的需求在很大程度上又是取决于印度的鸦片生产。不错,中国人不大可能戒吸鸦片,就像德国人不可能戒吸烟草一样。可是大家都知道,新皇帝颇有意在中国本国种植罂粟和炼制鸦片,显然,这将使印度的鸦片生产、印度的收入以及印度斯坦的商业资源同时受到致命的打击。虽然利益攸关的各方或许不会马上感觉到这种打击,但它到一定的时候会实实在在地起作用,并且使我们前面预言过的普遍的金融危机尖锐化和长期化。

欧洲从18世纪初以来没有一次严重的革命事先没发生过商业危机和金融危机。1848年的革命是这样,1789年的革命也是这样。不错,我们每天都看到,不仅称霸世界的列强和它们的臣民之间、国家和社会之间、阶级和阶级之间发生冲突的迹象日趋严重,而且现时的列强相互之间的冲突正在一步步尖锐,乃至剑拔弩张,非由国君们来打最后的交道不可了。在欧洲各国首都,每天都传来全面大战在即的消息,第二天的消息又说和平可以维持一星期左右。但是我们可以相信,无论欧洲列强间的冲突怎样尖锐,无论外交方面的形势如何严峻,无论哪个国家的某个狂热集团企图采取什么行动,只要有一丝一毫的繁荣气息,国君们的狂怒和人民的愤恨同样都会缓和下来。战争也好,革命也好,如果不是来自工商业普遍危机,都不大可能造成全欧洲的纷争,而那种危机到来的信号,总是来自英国这个欧洲工业在世界市场上的代表。

现在,英国工厂空前扩充,而官方政党都已完全衰朽瓦解;法国的全部国家机器已经变成一个巨大的从事诈骗活动和证券交易的商行;奥地利则处于破产前夕;到处都积怨累累,行将引起人民的报复;反动的列强本身利益互相冲突;俄国再一次向全世界显示出它的侵略野心——在这样的时候,上述危机所必将造成的政治后果是毋庸赘述的。

资料来源:陈洪."中国近现代史纲要"阅读文献汇编与导读.重庆:重庆大学出版社,2014:52-55

四、实训指导

(一)单项选择题(请在每小题的四个选择项中,选出一个正确答案。)

1. 近代中国睁眼看世界的第一人是(　　)。
   A.魏源　　　　B.龚自珍　　　　C.林则徐　　　　D.黄爵滋
2. 鸦片战争前在中国占统治地位的社会经济是(　　)。
   A.地主经济　　B.皇权经济　　　C.自然经济　　　D.手工业经济
3. 标志着近代中国开始沦为半殖民地半封建社会的条约是(　　)。
   A.《天津条约》　B.《北京条约》　C.《南京条约》　D.《望厦条约》
4. 西方列强获得向中国派驻公使的特权是通过(　　)。
   A.《南京条约》　B.《天津条约》　C.《北京条约》　D.《辛丑条约》
5. 标志着中国半殖民地半封建社会正式形成的不平等条约是(　　)。
   A.《天津条约》　B.《北京条约》　C.《马关条约》　D.《辛丑条约》

6. 下列各国,在鸦片战争后割占过中国领土的有( )。
   ①英国 ②法国 ③德国 ④俄国 ⑤日本
   A.①④⑤   B.①③④⑤   C.①②④⑤   D.①②③④⑤

7. 清政府在19世纪设立的办理外交、筹办洋务的最高行政机构是( )。
   A.外务部   B.洋务局   C.总理衙门   D.同文馆

8. 鸦片战争前,英国东印度公司向中国大量贩运鸦片的直接目的是( )。
   A.损害中国人的身心健康   B.削弱清朝军队战斗力
   C.破坏清政府的禁烟法令   D.扭转对华贸易的逆差

9. 19世纪下半期,沙俄割占中国领土150多万平方公里,是通过下列不平等条约实现的( )。
   A.《天津条约》《北京条约》《瑷珲条约》《勘分西北界约记》
   B.《瑷珲条约》《北京条约》《勘分西北界约记》《伊犁条约》
   C.《天津条约》《南京条约》《瑷珲条约》《勘分西北界约记》
   D.《天津条约》《北京条约》《勘分西北界约记》《伊犁条约》

10. 甲午战争以中国的失败而告终,日本政府向清政府勒索的白银总数是( )。
    A.一亿三千万两   B.一亿七千万两
    C.二亿两   D.二亿三千万两

11. 鸦片战争后,中国社会最根本的变化是( )。
    A.中国开始沦为半殖民地半封建社会
    B.外国资本主义与中华民族的矛盾成为最主要的矛盾
    C.中国人民肩负起反封建反侵略的双重任务
    D.萌发了"向西方学习"的新思想

12. 资本—帝国主义列强对中国的侵略,首先和主要进行的是( )。
    A.军事侵略   B.政治控制   C.经济掠夺   D.文化渗透

13. 第一次鸦片战争后,清政府被迫与法国签订的不平等条约是( )。
    A.《南京条约》 B.《黄埔条约》 C.《北京条约》 D.《望厦条约》

14. 第一次鸦片战争后,清政府被迫与美国签订的不平等条约是( )。
    A.《南京条约》 B.《黄埔条约》 C.《北京条约》 D.《望厦条约》

15. 1900年,外国列强发动了侵略中国的( )。
    A.第二次鸦片战争   B.中法战争
    C.甲午战争   D.八国联军战争

16. 1894年11月,侵华日军制造了屠杀中国居民约2万人的( )。
    A.旅顺惨案   B.海兰泡惨案
    C.江东六十四屯惨案   D.济南惨案

第一章 反对外来侵略的斗争

17. 英法联军攻占北京并放火烧毁凝聚着中华民族聪明才智的圆明园是在（　　）。
    A.第一次鸦片战争期间　　　　B.第二次鸦片战争期间
    C.甲午战争期间　　　　　　　D.八国联军侵华战争期间

18. 清朝政府允许外国公使常驻北京是在（　　）。
    A.《南京条约》签订后　　　　B.《天津条约》签订后
    C.《马关条约》签订后　　　　D.《中法和约》签订后

19. 自1863年开始在中国任总税务司、控制中国海关大权达40余年之久的是（　　）。
    A.德国人郭士立　　　　　　　B.美国人田贝
    C.法国人孟振生　　　　　　　D.英国人赫德

20. 1860年，外国列强通过《北京条约》迫使中国开放的通商口岸是（　　）。
    A.汉口　　　B.九江　　　C.南京　　　D.天津

21. 中国近代史的开端是（　　）。
    A.1840年第一次鸦片战争　　　B.1856年第二次鸦片战争
    C.1894年甲午战争　　　　　　D.1900年八国联军侵华战争

22. 近代中国社会中最先进、最革命、最有力量的阶级是（　　）。
    A.农民阶级　　　　　　　　　B.工人阶级
    C.城市小资产阶级　　　　　　D.民族资产阶级

23. 在近代中国错综复杂的社会矛盾中，最主要的矛盾是（　　）。
    A.无产阶级和资产阶级的矛盾　B.封建主义和人民大众的矛盾
    C.农民阶级和地主阶级的矛盾　D.帝国主义和中华民族的矛盾

24. 在近代中国，实现国家繁荣富强和人民共同富裕的前提条件（　　）。
    A.建立资本主义制度　　　　　B.反对帝国主义的侵略
    C.推翻封建主义的统治　　　　D.争得民族独立和人民解放

25. 中国近代史上人民群众第一次大规模的反侵略武装斗争是（　　）。
    A.三元里人民的抗英斗争　　　B.太平天国抗击洋枪队的斗争
    C.台湾高山族人民的抗日斗争　D.义和团抗击八国联军的斗争

26. 1895年，台湾人民与总兵刘永福所率领的黑旗军共同抗击了（　　）。
    A.荷兰侵略者　B.英国侵略者　C.美国侵略者　D.日本侵略者

27. 在中法战争期间，率领清军和当地民众取得镇南关大捷的爱国将领是（　　）。
    A.左宝贵　　　B.冯子材　　　C.陈化成　　　D.刘铭传

28. 帝国主义列强对中国的侵略和瓜分达到高潮是在（　　）。
    A.第一次鸦片战争后　　　　　B.第二次鸦片战争后
    C.中日甲午战争后　　　　　　D.八国联军战争后

29. 在近代,帝国主义列强不能灭亡和瓜分中国的最根本原因是(   )。
    A.民族资产阶级发动的民主革命
    B.帝国主义列强之间的矛盾和相互制约
    C.洋务派开展的"自强""求富"运动
    D.中国人民进行了不屈不挠的反侵略斗争

30. 在1840年至1919年间,中国人民在历次反侵略战争中失败的最根本原因是(   )。
    A.社会制度的腐败　　　　　　B.军事技术的落后
    C.思想文化的保守　　　　　　D.经济力量的薄弱

31. 魏源在1843年编纂了提出"师夷长技以制夷"重要思想的(   )。
    A.《海国图志》　　　　　　　B.《盛世危言》
    C.《校邠庐抗议》　　　　　　D.《天演论》

32. 1895年,严复在《救亡决论》一文中喊出的口号是(   )。
    A."师夷长技以制夷"　　　　B."救亡图存"
    C."打倒列强"　　　　　　　D."振兴中华"

33. 在甲午战争后,宣传"物竞天择""适者生存"社会进化论思想的是(   )。
    A.严复翻译的《天演论》　　　B.魏源编撰的《海国图志》
    C.郑观应撰写的《盛世危言》　D.冯桂芬撰写的《校邠庐抗议》

34. 1894年,孙中山创立革命团体兴中会并喊出的时代最强音是(   )。
    A."师夷长技以制夷"　　　　B."救亡图存"
    C."打倒列强"　　　　　　　D."振兴中华"

35. 台湾绅民发布檄文"愿人人战死而失台,决不愿拱手而让台"的时间是(   )。
    A.《辛丑条约》签订后　　　　B.《马关条约》签订后
    C.《南京条约》签订后　　　　D.《望厦条约》签订后

36. 先进的中国人开始睁眼看世界是在(   )。
    A.中法战争以后　　　　　　　B.鸦片战争以后
    C.甲午战争以后　　　　　　　D.第二次鸦片战争以后

37. 中国人民的民族意识开始普遍觉醒是在(   )。
    A.中法战争以后　　　　　　　B.鸦片战争以后
    C.甲午战争以后　　　　　　　D.第二次鸦片战争以后

38. 甲午战争后,外国资本在中国开设的第一家银行是(   )。
    A.华俄道胜银行　　　　　　　B.英国汇丰银行
    C.英国丽如银行　　　　　　　D.美国花旗银行

39. 1861年,中国发生了一场宫廷政变,此后慈禧太后掌握政权,这场政变是(   )。
    A.承德政变　　B.天津政变　　C.慈禧政变　　D.辛酉政变

40. 帝国主义列强取得在中国领土上驻兵的特权是通过( )。
    A.《南京条约》　B.《天津条约》　C.《北京条约》　D.《辛丑条约》
41. "量中华之物力,结与国之欢心"这句话语,是( )主张对帝国主义侵略势力采取屈膝献媚态度的一次最直白表露。
    A.汪精卫　　　B.李鸿章　　　C.蒋介石　　　D.慈禧太后
42. 近代列强各国在中国通商口岸设立的( )被称为西方"冒险家的乐园"。
    A.领事馆　　　B.租借地　　　C.租　界　　　D.势力范围
43. 1860年,英国通过《北京条约》割占了中国( )。
    A.上海外滩837亩土地　　　B.威海卫及深圳河以南的"新界"地区
    C.九龙半岛南端和昂船洲　　D.长江流域为其势力范围
44. 日本侵略中国的突击队——关东军,成立于( )。
    A.甲午战争之前　　　　　B.日俄战争之后
    C.九一八事变后　　　　　D.日俄战争之前
45. 1845年,英国以《中英五口通商章程》为名,租得( )附近的837亩土地,在中国设立了最早的"租界"。
    A.上海浦东　　　　　　　B.北京东交民巷
    C.上海外滩　　　　　　　D.天津西广开
46. 通过《朴次茅斯条约》,沙皇俄国被迫将中国长春到旅顺之间的铁路及其所属的一切特权和财产都转让给日本。此事发生在( )。
    A.十月革命后　　　　　　B.日俄战争结束时
    C.甲午战争结束时　　　　D.日本投降时
47. 早在20世纪之初,日本就蓄谋通过移民侵占旅大地区的土地资源。这属于帝国主义列强对中国侵略的哪种方式( )。
    A.军事侵略　　　　　　　B.政治控制
    C.经济掠夺　　　　　　　D.文化渗透
48. 甲午中日战争期间,旅大失陷的根本原因是( )。
    A.清朝政治制度的腐败　　B.清军武器装备的落后
    C.清军指挥方案的失当　　D.清军将士的贪生怕死

(二)多项选择题(请在每小题的四个选择项中,选出至少两个正确答案。多选或少选均不得分。)

1. 近代中国半殖民地半封建社会的主要矛盾是( )。
   A.无产阶级同资产阶级的矛盾　　B.地主阶级与农民阶级的矛盾
   C.封建主义同人民大众的矛盾　　D.帝国主义同中华民族的矛盾
2. 鸦片战争是中国历史的转折点,这里的"转折"是指( )。
   A.中国国内主要阶级地位的转变　B.社会性质的转变
   C.中国丧失了部分主权　　　　　D.中国产生了民族资本主义

3. 资本-帝国主义列强通过军事侵略和不平等条约对中国进行政治控制的手段有（　　）。
   A.操纵中国的内政和外交　　　　B.把持中国的海关
   C.镇压中国人民的反抗　　　　　D.扶植、收买代理人

4. 1842年,英国通过《南京条约》迫使中国开放的通商口岸除广州外还包括（　　）。
   A.厦门　　　　B.福州　　　　C.宁波　　　　D.上海

5. 资本-帝国主义列强操纵中国经济命脉的主要手段包括（　　）。
   A.形成了对中国近代工业的垄断
   B.迫使清政府举借外债,以还赔款
   C.在中国设立银行,使之成为对华输出资本的枢纽
   D.控制中国近代的交通运输业

6. 资本-帝国主义列强在侵华过程中进行文化渗透的主要手段有（　　）。
   A.利用宗教进行侵略活动
   B.借助传播西学的名义为侵华制造舆论
   C.散布西方的学术思想
   D.宣扬"种族优劣论"

7. 西方教会在中国创办、并为列强侵略中国制造舆论的报刊主要有（　　）。
   A.《中国丛报》　B.《北华捷报》　C.《万国公报》　D.《新民丛报》

8. 第一次鸦片战争以后,中国社会发生的两个根本性变化是（　　）。
   A.独立的中国逐步变成半殖民地的中国
   B.独立的中国逐步变成殖民地的中国
   C.封建的中国逐步变成半封建的中国
   D.封建的中国逐步变成资本主义的中国

9. 近代中国在逐步沦为半殖民地半封建社会过程中新产生的阶级是（　　）。
   A.农民阶级　　B.地主阶级　　C.资产阶级　　D.工人阶级

10. 自1840年至1919年,中国人民在历次反侵略战争中失败的主要原因是（　　）。
    A.社会制度的腐败　　　　B.军事指挥的失误
    C.思想文化的保守　　　　D.经济技术的落后

11. 19世纪70年代以后,早期的维新思想的代表人物有（　　）。
    A.王韬　　　B.马建忠　　　C.郑观应　　　D.薛福成

12. 鸦片战争后,中国社会的阶级关系发生了深刻变化,其主要表现在（　　）。
    A.地主阶级本身发生了某些变化(如官僚地主的出现)
    B.部分农民阶级向贫农或雇农转变
    C.工人阶级的诞生和中国资产阶级的诞生
    D.农民与地主的阶级矛盾有所缓和

第一章 反对外来侵略的斗争

13. 中国工人阶级的优点有（　　）。
    A.革命性最强　　　　　　　　　B.组织纪律性强
    C.集中、团结　　　　　　　　　D.与广大农民有着天然的联系
14. 帝国主义列强对中国进行文化渗透的目的是（　　）。
    A.宣扬殖民主义奴化思想　　　　B.麻醉中国人民的精神
    C.摧毁中国人的民族自尊心和自信心　D.为侵略中国制造舆论
15. 毛泽东认为只有认清中国社会的性质，才能认清（　　）。
    A.中国革命的对象　　　　　　　B.中国革命的任务和动力
    C.中国革命的性质　　　　　　　D.中国革命的前途
16. 郑观应在《盛世危言》中提出的主张包括（　　）。
    A.大力发展民族工商业　　　　　B.同西方国家进行商战
    C.设立议院　　　　　　　　　　D.实行君民共主制度
17. 日俄战争后，日本攫取的权益及殖民侵略的手段有（　　）。
    A.取得旅顺口和大连湾、长春至旅顺口的铁路权益
    B.在旅顺设置"关东总督府"
    C.派兵驻守南满铁路
    D.强迫旅大政府出"赎辽费"
18. 19世纪70年代至80年代，帝国主义列强从侵占中国周边邻国发展到蚕食中国边疆地区，使中国陷入"边疆危机"。"边疆危机"的主要表现有（　　）。
    A.英国从印度侵入西藏，又从缅甸入侵云南
    B.法国从越南侵犯广州
    C.俄国从中亚入侵新疆
    D.日本吞并琉球，侵犯中国台湾
19. 帝国主义列强不仅勒索中国的赔款，而且迫使中国政府举借外债来偿付赔款。中国政府举借外债的主要担保项目为（　　）。
    A.关税　　　B.人头税　　　C.盐税　　　D.地税
20. 根据《辛丑条约》的规定，外国军队有权在北京使馆区和京山铁路沿线的12处"留兵驻守"。其中包括（　　）。
    A.山海关　　　B.天津　　　C.大沽　　　D.唐山
21. 1895年5月，迫使日本在甲午战后放弃割占中国辽东半岛的"三国干涉还辽"事件，参与的国家有（　　）。
    A.德国　　　B.俄国　　　C.法国　　　D.美国

(三)判断题(正确选Y,错误选N。)

1. 鸦片战争是中国近代史的起点。　　　　　　　　　　　　　　（　　）
   Y.正确　　　　　　　　　　　　N.错误
2. 外国资本主义的入侵,给中国资本主义产生造成了某些客观条件。　（　　）

Y.正确　　　　　　　　　　　　　　N.错误

3. 民族资本主义经济是近代中国社会经济的主要形式。　　　　　　（　　）
   Y.正确　　　　　　　　　　　　　　N.错误
4. 近代中国尽管已经丧失拥有完全主权的独立国地位,但仍然维持着独立的国家形式。　　　　　　　　　　　　　　　　　　　　　　　　　　（　　）
   Y.正确　　　　　　　　　　　　　　N.错误
5. 帝国主义列强不能灭亡和瓜分中国的根本原因是帝国主义列强之间的矛盾和互相制约。　　　　　　　　　　　　　　　　　　　　　　　　（　　）
   Y.正确　　　　　　　　　　　　　　N.错误
6. 资本—帝国主义对中国的侵略客观上促进了中国资本主义的发展。（　　）
   Y.正确　　　　　　　　　　　　　　N.错误
7. "落后就要挨打"。在敌我力量悬殊的情况下,反侵略斗争只是加剧无谓的牺牲。
   　　　　　　　　　　　　　　　　　　　　　　　　　　　　　　（　　）
   Y.正确　　　　　　　　　　　　　　N.错误
8. 在中国近代史上以"中国不败而败,法国不胜而胜"而告结束的战争是八国联军侵华战争。　　　　　　　　　　　　　　　　　　　　　　　　（　　）
   Y.正确　　　　　　　　　　　　　　N.错误
9. 近代中国由于经济技术落后,不应该进行反侵略战争。　　　　　（　　）
   Y.正确　　　　　　　　　　　　　　N.错误
10. 民族资产阶级的两面性是软弱性与妥协性。　　　　　　　　　（　　）
    Y.正确　　　　　　　　　　　　　　N.错误
11. "帝国主义侵略有功论"是有道理的。　　　　　　　　　　　　（　　）
    Y.正确　　　　　　　　　　　　　　N.错误

(四)填空题(把正确答案填入空格内。)

1. 1842年,英国强迫清政府签订《南京条约》,把_____割让给英国。
2. 通过中俄《北京条约》,俄国割去我国_____以东40万平方公里领土。
3. 1885年3月,爱国将领_____指挥清军在中越边境前线大败法军,取得镇南关大捷和谅山大捷。
4. 在半殖民地半封建的中国,外国资本在中国设立的_____,是它们对中国进行资本输出的枢纽。
5. 自1863年任总税务司开始,直到1908年回国,掌握中国海关大权达40年之久的英国人是_____。

五、实践指南

1. 万忠墓

万忠墓位于辽宁省大连市旅顺口区九三路23号,白玉山东麓,属于清代墓地建筑,是省级文物保护单位,大连市爱国主义教育基地,是为纪念1894年中日甲午战争中惨遭日军杀害的近2万名中国同胞而建。该馆主要分为"甲午战争前的旅顺口""甲午战争与旅顺口的陷落""震惊中外的旅顺惨案""旅顺万忠墓"四部分。整个陈列真实地反映了中日甲午战争时期,日本侵略军在旅顺制造惨无人道的大屠杀的罪恶行径,时刻提醒着人们牢记历史,勿忘国耻。

2. 旅顺日俄监狱

旅顺日俄监狱旧址博物馆位于辽宁省大连市旅顺口区向阳街139号。这座监狱是1902年由沙皇俄国始建,1907年由日本扩建而成。这里曾是日本侵略者关押和残害中国爱国义士和国际反战人士的地方。例如,刺杀前日本首相伊藤博文的义士安重根曾被关押于此。这里可以看到完整而庞大的监狱设施,包括牢房、刑具、刑场等,昭示着那段屈辱的历史,也警示着国人勿忘国耻。

3. 大连站

大连站始建于1903年,最初由俄国人建在今西岗区胜利街,名为青泥洼站,为中俄共同修筑的东清铁路(中东铁路)南部支线上的车站。1937年,大连站由日本南满洲铁道株式会社在现址上新建。大连站是大连市标志建筑之一,并于2002年被大连市政府确定为第一批市级重点保护建筑。

4. 旅顺船坞

旅顺船坞现为辽南船厂,位于辽宁省大连市旅顺口区港湾街58号。旅顺船坞始建于1883年,是近代中国最早的大型船舶企业之一。中国北方第一座近代船舶修造厂;由中、德、法三国参与设计和建造,是当时世界著名船坞之一。船坞架设了东北第一条国内电报线路和中国第一条国际电报线路,建成了国内第一条自来水管线,形成了东北第一批产业工人队伍,带动了大连城市的建立与发展,记载了旅顺口地区被俄国、日本占领期的苦难历程。

第二章 对国家出路的早期探索

一、导言

随着帝国主义侵略日益加深,中国面临着亡国的危险,中国社会的各个阶级都积极探索救国的道路。本章的学习目标是通过学习农民阶级、地主阶级和近代资产阶级对国家出路的探索过程及最终失败的原因,深刻认识无论是农民阶级、地主阶级还是近代资产阶级都无法领导中国走向真正的独立和富强。

(一)农民阶级对国家出路的探索——太平天国农民起义

鸦片战争以来,由于阶级矛盾的激化和各地农民反抗斗争的持续发展,一场农民大起义的风暴正在酝酿之中。1843年,洪秀全创立拜上帝教,宣传"上帝面前人人平等"的思想。拜上帝教描绘的政治目标,极大地吸引了处于水深火热之中的贫苦农民,迅速汇集起由不同阶层组成的反清起义力量。1851年1月,洪秀全率教众在广西省桂平县金田村发动起义,建号太平天国。随后,太平军势力席卷南方6省。1853年3月定都南京,改名天京,正式宣告太平天国农民政权的建立。定都天京以后,太平军又先后进行了北伐、西征和天京破围战,使太平天国达到了军事上的全盛时期。太平天国在军事上的压力缓解后,内部各种原有的矛盾和弱点越来越明显地表现出来,终于酿成了天京内讧的惨剧。清军趁机全面反攻,太平天国起义在中外反动势力的联合镇压下于1864年归于失败。

太平天国的社会理想体现在其颁布的两个社会发展方案之中。第一个是《天朝田亩制度》。《天朝田亩制度》的内容非常广泛,主要内容是历史上农民起义"均贫富"思想的继承、发展和制度化,是农民小生产者的思想结晶,具有双重的认识价值。一方面,《天朝田亩制度》体现了强烈的革命性。这一制度是农民阶级对地主土地所有制的根本否定,它反映了当时广大贫苦农民反对剥削、获得土地的强烈要求,表达了他们对理想社会的渴望,具有明显的反封建的革命意义。另一方面,这一制度又具有极端的落后性。《天朝田亩制度》反映了农民狭隘的绝对平均主义思想。由于《天朝田亩制度》主张在社会生产力低下的基础上平均土地和社会财富,因而这一方案只能使社会生产力长期停滞在分散的小农经济的水平上,因此违反了社会的发展规律。总之,《天朝田亩制度》实际上是一个具有空想色彩的纲领。因此它既未曾实施过,也不可能实施。

第二个是《资政新篇》。它是洪秀全的族弟洪仁玕于太平天国后期提出的社会发展方案。《资政新篇》具有鲜明的资本主义色彩,是当时中国最完整的发展资本主义的纲领,符合当时中国社会发展的客观要求,反映了当时中国人探索国家出路的最高水准。但是,这些思想不是农民战争实践的产物,与太平天国农民平分土地的迫切要求没有任何渊源,因而不能和农民的愿望和要求产生共鸣,致使《资政新篇》在太平天国内部没有引起积极反应,也不会转化成物质力量,只能成为无法实行的一纸空文。

太平天国农民起义是中国历史上规模最大的一次农民战争,前后坚持了14年之久,势力波及18个省区,席卷了大半个中国,是中国旧式农民战争的最高峰。其规模之大、历时之久在世界农民战争史上也极为罕见,具有伟大的历史意义。太平天国起义运动的失败,其主观原因在于农民阶级自身的历史局限性。从客观上讲,太平天国农民起义的失败是由于敌人的力量强大。太平天国面对的不仅是本国封建势力,还有凶残的外国侵略者,因而太平天国农民起义在中外反动势力的共同镇压下失败了。

太平天国农民起义及其失败表明,在半殖民地半封建的中国,农民具有伟大的革命潜力,但它自身不能承担起反帝反封建的重任,单纯的农民战争不可能完成民族独立和人民解放的历史任务。

(二)地主阶级对国家出路的探索——洋务运动

洋务运动产生于19世纪60年代。在反侵略战争以及镇压国内革命的过程中,清政府内部一些握有实权的官僚开始正视和承认西方物质文明的先进性,逐步更新传统的腐朽观念,主张大张旗鼓地学习西方的长技以求富强,最终形成左右社会舆论的洋务思潮和有声有色的洋务运动。洋务派在中央以奕䜣等满族权贵派为代表;在地方以曾国藩、李鸿章、左宗棠、张之洞等汉族地方实力派为代表。洋务运动所包含的内容非常广泛,它是洋务派官僚所进行的与外国资本主义有密切联系的军事、政治、经济、文教及外交等方面的活动。

以"求强""求富"为旗帜的洋务运动,促使封建自然经济解体和民族资本主义产生,使资本主义经济成分在社会经济中明显增长,新的阶级应运而生。洋务派兴办新式学堂、派遣留学生,是中国近代教育的开始。近代教育事业的出现动摇和瓦解了封建科举制度,培养了一批当时所急需的技术人才。随着洋务运动的兴起和资本主义生产方式的出现,促进了传统思想文化向近代的转变。最后,洋务运动促进了社会风气和价值观念的变化。

洋务派经营多年的北洋海军在甲午战争中全军覆没,标志着以"自强""求富"为目的的洋务运动最终失败,失败原因主要是:第一,洋务运动本身具有封建性,与新的生产力和封建主义生产关系不相容,这就注定了他们的失败。第二,洋务运动对西方列强具有依赖性。第三,洋务派自身具有腐朽性。正因为如此,洋务运动不可能为中国摆脱贫弱找到出路。

(三)民族资产阶级对国家出路的探索——戊戌维新运动

由早期维新思想家发展而来的一批新式知识分子,在内忧外患的冲击和中西文化的碰撞过程中,逐步形成了一个共同认识:要救国,只有维新;要维新,只有学外国。随着民族资本主义的发展,他们作为中国民族资产阶级这一新政治力量的代表,登上了政治舞台。领导这次运动的有康有为、梁启超、谭嗣同、严复等人。他们宣传维新思想的主要活动有:上书皇帝,著书立说,办学会,设学堂,办报纸以及与守旧派进行论战。

1898年6月11日,光绪皇帝颁布"明定国是"的谕旨,开始了历时103天的变法活动,史称"百日维新"。在百日维新期间,光绪根据维新派的建议,颁布了一系列推行新政的政令,涉及政治、军事、经济、文化等多方面。从新政一开始,慈禧太后就千方百计削弱光绪帝的力量,并最终发动政变,扑灭了新政,戊戌维新运动宣告失败。

戊戌维新运动作为中国民族资产阶级登上政治舞台的第一次表演,虽然失败得这么快,却具有重要的历史意义。它是一次爱国救亡运动;是一场资产阶级性质的政治改革运动;是一场思想启蒙运动。维新运动的失败是由于维新派自身的弱点和强大的封建守旧势力的反对。它说明了在半殖民地半封建的旧中国,企图通过统治者走自上而下的改良道路是根本行不通的。

二、以案论史

案例 李鸿章及其僚属与旅顺海防建设(节选)

在中日甲午战争110周年即将到来的时候,不能不令人想起当年北洋海军全军覆没的历史惨剧。旅顺口,是北洋海军重要基地之一。在19世纪末叶,李鸿章作为"久领北洋,任重责专"的北洋大臣,与其僚属袁保龄、周馥、刘含芳等一道,苦心经营旅顺口,对旅顺的海防建设曾经倾注了极大的热情与精力。本文无意对李鸿章这一颇有争议的历史人物做全面评价,只是对他及其僚属在旅顺海防建设过程中,特别是开创阶段的一些言论与活动略加整理,以为大连近代史研究与爱好者参考。

自1840年鸦片战争以来,"强敌外患"接踵而至:1856年第二次鸦片战争爆发,1860年英法联军攻占北京,火烧圆明园;1871年7月,俄军占据伊犁;1874年5月,日本借口台湾杀死琉球船民事,企图侵占台湾;其后,1879年3月,日本侵占琉球,废琉球国王,改琉球为冲绳县……在这些外患中,"列强"又多是从海上寻衅突袭而来的。李鸿章作为清廷的肱股之臣,为维护大清帝国的统治,他审时度势,及时提出了加强海防建设的主张。在清同治十三年十一月初二日(1874年12月10日)的一封奏折中,李鸿章写道:"历代备边,多在西北……今则东南海疆万余里,各国通商、传教来往自如,群集京师及各省腹地,阳托和好之名,阴怀吞噬之计,一国生事,诸国构煽,实为数千年来未有之变局。轮船、电报之速瞬息千里,军器、机事之精工力百倍,炮弹所到无坚不摧,水陆关隘不足限制,又为数千年来未有之。强敌外患之乘变幻如此,而我犹欲以成法制之,譬如医者疗疾不问何症,概投之以古方,诚未见其效也。……总之居今日而欲整顿海防,舍变法与用人别无下手之方……"

在这通《筹议海防折》中,李鸿章鉴于"强敌外患之乘"的形势,力排众议,较早提出了"整顿海防"与"变法用人"的方略。在该奏折中,李鸿章描绘出"整顿海防"的初步蓝图:即以京畿为"最要",长江为"次要","但能守此最要、次要地方,其余各省海口边境略为布置,即有挫失,于大局尚无甚碍";并具体提出:"北、东、南三洋须各有铁甲大船二号,北洋宜分驻烟台、旅顺口一带……专为洋面游击之师"。后来,重点选择旅顺口、威海卫作为北洋海军基地并大力建设之,是他海防建设思想的进一步发展与实施。

清廷在认识到"海防关系紧要,既为目前当务之急,又属国家久远之图……亟宜未雨绸缪,以为自强之计"之后,于光绪元年四月二十六日(1875年5月30日)颁布"著李鸿章、沈葆桢分别督办南北洋海防谕","著派李鸿章督办北洋海防事宜。"李鸿章受命之后,坐镇天津,积极筹办北洋海防。他认为:"北洋为畿辅门户,由津沽以达山海关及奉天之旅顺口、山东之威海卫,袤延千数百里,口岸林立,节节空虚,不得不竭力设法筹防,以顾紧要门户。且添练水雷鱼雷各营,增置大小轮船雷艇,购买大批军火炮械,建筑台垒营房,皆刻不可缓,是以用款繁巨……"

经费来源不足是李鸿章筹办北洋海防所面临的第一难题。"李鸿章的财政资源不像许多人想象的那样多。在1875年清帝许诺的每年四百万两'海防经费'中,到1877年后期李鸿章只收到总数不足二百万两,因为各省受到另外更大的压力,要它们给左宗棠远征新疆之役提供经费……李鸿章在1888—1881年奉旨向德国定造两艘斯特汀式铁甲舰和一艘钢甲巡洋舰。它们的财政来源有下列几个方面:'海防经费'项下的各种拨款;轮船招商局为偿付政府过去债款转来的一百万两;皖南盐商捐赠的六十万两;以及向专用于外交用途的海关收入所借的'借款'。"

为保证北洋海防经费,李鸿章曾多次具折奏请,光绪帝也曾下令责成各省由海关厘税银中提取一部分。光绪六年六月二十七日的上谕中规定为"大批济急厘金必解足八成关税。"到了光绪八年,又提出"由粤海等关征收四成洋税,招商局税项下除额拨军饷外尽数分解南北洋专做海防经费,必须按结解清,不准挪移短欠。"并授予李鸿章"严参"的特权:"倘再延欠,即著李鸿章严参,照延误京饷例议处。"尽管如此,但粤海关监督崇厚等仍不加理睬,连年积欠"应解之款总在二十余万两",以至于李鸿章不得不"先后函牍频催,几于唇焦笔秃。该监督一味延宕,置若罔闻,尚复成何体统!"

李鸿章还受到麻烦的财政制度的限制,海防经费的报销,就受到总理衙门及户、兵、工等部繁琐苛刻"制度"的刁难。以翁同龢为首的朝廷内外的反对派也多有掣肘之举。

为筹措海防经费,清廷于光绪十年(1884年)以后新设"海防捐"。这种公开卖官鬻爵的所谓"捐输"办法,在清代实行已久。"海防捐"是为筹措海防经费而实行的捐官措施。各色人等捐钱买官的闹剧,历史电视剧《走向共和》中就有所表现。"海防捐"实行一年后又展限一年。李鸿章在光绪十三年(1887年)春上奏:"惟此次展限捐输,系专备海军衙门支款,并拨作北洋三铁舰及续购四快船用费暨东三省练军月饷之需,在在均关紧要。即旅顺船坞工款,直隶所收展限捐项,仅及得半之数。"实际上,"海防捐"款并未真正用在"海防"上。梁启超曾指斥:"当海军之兴,未及两年,而颐和园之工程大起。举所筹之款,尽数以充土木之用。此后名为海军捐者,实则皆颐和工程捐也……括全国之膏血以修国防,而其实乃消磨于园林土木之用而莫之或知,卒令一蹶不振。"因此,海军衙门不得不提出"停购船械"。而此时的日本,正在倾全国之力,抓紧装备其准备侵略扩张的海军舰队。

李鸿章对旅顺海防建设之重视程度,从其亲自来旅顺视察的次数即可见一斑。笔者细览其奏折与函稿,查知自1881年12月至1894年中日开战前夕,李鸿章先后8次来旅顺,其中大型的"巡阅"活动就有5次(其后三次亦去大连湾)。1886年5月,李鸿章曾陪同总理海军事务的醇亲王来旅视察三天,在校场"阅操",在黄金山上观看洋面八舰"演阵打靶"及"试演鱼雷艇"。1894年5月,李鸿章来旅顺、大连湾"校阅","英、法、俄、日本各国均以兵船来观",岂料两个多月后,中日战争爆发!

李鸿章及其僚属在旅顺口海防建设中的建树主要有如下几个方面:

一、选定港址

自光绪元年(1875年)分南北洋筹备海军后,在北方选择何地作军港成为朝野关注的目标。李鸿章开始时瞩目于大连湾:"大连湾距奉天金州三十里,系属海汊并非海口,实扼北洋形胜,最宜湾泊多船。"光绪六年(1880年)春,李鸿章"迭派英弁葛雷孙(森)、哥嘉带蚊船四只前往相度。以大连湾口门过宽,非有大枝(支)水陆军相为依护不易立足……只可先择著名险要,旅顺口屯扎,以扼北洋门户。"这一年的冬季,李鸿章派县令陆尔发随同雇员德国退役工兵少校汉纳根、英国海军大校柯克等,前往旅顺勘查修建炮台与船坞事宜。

光绪七年三月二十八日(1881年4月26日),北洋水师营务处道员马建忠陪同汉纳根,乘船来旅顺口。他登上黄金山,观览"口内外之形势,左右前后之群山毕呈目前,若掌上观也。"他还踏勘了港口周边的老铁山、白玉山等处,并同汉纳根逐一讨论日后港口攻守之势。回到天津后,他即向李鸿章做详细禀报,并撰写著作《勘旅顺记》。

马建忠(1844—1900)字眉叔,江苏丹徒(今镇江)人。曾留学法国,并周历英、德、奥、意、瑞、比等国,"讲贯中西各学",精通多国语言,是清末著名的改良主义思想家,并以《马氏文通》语言学巨著闻名于世,是李鸿章筹办洋务、从事外交活动的重要助手。李鸿章曾多次向光绪帝荐举,称他"志趣端正,心地明敏,颇堪造就。"并委之以"水师营务处道员",随侍左右。马建忠根据其考察旅顺的切身体验,提出旅顺适于作军港的具体建议,对李鸿章选址旅顺口下最后决心颇有影响。

但李鸿章还是决定亲自到旅顺看一看。在马建忠来旅返津的半年以后,李鸿章于光绪七年十月初四日(1881年11月25日),借验收从英国订购的巡海快船"超勇""扬威"之机,"展轮试行大洋",在旅顺口"登岸察勘"。通过实地考察,他确认:"该口形势实居北洋险要,距登州各岛一百八十里,距烟台二百五十里,皆在对岸,洋面至此一束,为奉、直两省海防之关键。"李鸿章首次旅顺之行,使港址问题得以最后确认。

二、建港修坞

旅顺港的建设,分两个阶段:第一阶段,1880年冬至1886年,是在所聘"洋员"辅助下,中国自主筹备与施工阶段。第二阶段为1887—1890年,由中方向外商招标,最后由法国人德威尼承包。光绪十六年九月(1890年11月)旅顺建港工程完成,共耗银300余万两。

建港工程浩繁,开创阶段更是举步维艰,其主要领导者是袁保龄。袁保龄(1841—1889),字子久,河南项城人,是钦差大臣漕运总督袁甲三之子,袁世凯之叔父。李鸿章称赞此人"谙习戎机,博通经济,才具勤敏……旅顺口工程防务,该员出力最多,其功实未可泯。"光绪七年(1881年),李鸿章奏调他到天津办理北洋海防营务;光绪八年(1882年),李鸿章又"派赴奉天旅顺口办理工防。"此前,旅顺水陆营务处及旅顺工程局由道员黄瑞兰主持。不久,黄因其"举动任性,办事糊涂,语言狂妄,不堪任用"而被李鸿章撤职。

光绪八年十月三日(1882年11月13日),袁保龄经烟台来到旅顺。建港许多重大基础工程,如建拦潮坝、排水工程、挖掘港口航道、建立小型修理厂、修建碎石码头、修筑马路与小铁路、开挖港地、开控船坞坞身等,都是在他领导下完成的。"百事创始,极形艰难。该员力任烦劳,迭与提督宋庆、丁汝昌、皋司周馥、道员刘含芳等察看妥筹,次第兴作。其筑拦潮坝一役,于冰雪风雾中昼夜抢修,始获平稳。"由于积劳成疾,袁保龄于光绪十二年九月中旬(1886年10月)因"脾泻中风等疾"而卧床不起,经医治无效,于光绪十五年七月二十日(1889年8月16日)病卒于旅顺任所,终年48岁。袁保龄在旅顺工作生活了7年,其中主持建港工作达4年之久。

在建港运筹中,周馥是一位关键人物。"北洋新政,称盛一时,馥赞画为多"。周馥(1837—1921)字玉山,安徽建德(今东至)人。初为李鸿章幕下文牍,后晋升为津海关道、按察使、布政使等职。他追随李鸿章一生,李办洋务、行外交,周"无所不与其役"。旅顺建港初期,他即参与筹划全局,来往于天津与旅顺之间。光绪十三年三月(1887年4月),因袁保龄病倒,工程由法人承包,李鸿章又派他"克期前往旅顺,督饬洋员妥办坞工,并联络旅顺、大连湾、威海卫水陆各将领妥筹布置……"。从建港二期招标,到"督饬洋员妥办",周馥都"历练较熟,操守廉洁"。一年之后,海军衙门调他参加编写北洋海军章程,他离旅赴京,继之由刘含芳担任旅顺建港施工的监督任务。

三、修建炮台

袁保龄在主持建港工程的同时,还兼抓旅顺的"海防布置",这主要是"分筑炮台,控制洋面"。李鸿章认为"船坞即为水师根本,自不得不设炮台护卫","非炮台蚊船不能立足"。所以在建港工程尚未启动时,他就指派德国雇员汉纳根主持,在港口东岸襟山带海的黄金山上修筑第一座海岸炮台,并派兵把守。此后,在东岸又陆续修建了崂律嘴炮台、模珠礁炮台和田鸡炮台。崂崔嘴、模珠礁原本称老驴嘴、母猪礁,是当地人根据其地形与礁石形状而起的地名。袁保龄在早期的禀帖中就是按此俗称称谓的。后来可能是嫌其不雅,就以谐音字代之。田鸡炮台是因炮台安装田鸡炮而得名。在港口西岸,先后修筑了老虎尾炮台、威远炮台、蛮子营炮台、馒头山炮台、团山炮台、田家屯炮台、城头山炮台等。旅顺口东西两岸这10余座海岸炮台,"屹然并峙,声势稍壮"。炮台配有各种口径的新式火炮（以德国克虏伯兵工厂制造的为主）共60余门。东炮台以总兵黄仕林统领的亲庆军四营驻守，西炮台以总兵张光前统领的亲庆军四营驻守，四川提督宋庆统毅军九营一哨专防旅顺后路。

自1889年始，李鸿章委派宋庆毅军等部队在旅顺东北起伏丘陵间陆续修筑多处炮台，如大坡山炮台、小坡山炮台、东鸡冠山炮台、望台北炮台、二龙山炮台、松树山炮台等；在金旅大道西侧椅子山、大小案子山上也筑有炮台与测望台等。各炮台间由一道道高2米、厚1米的胸墙连接，形成类似月牙形的陆防炮台群。

宋庆（1820—1902）字祝三，山东蓬莱人。这位出身贫寒的农家子弟少年从戎，早年曾在袁甲三麾下当兵。后因战功于1874年调任四川提督，驻兵潼关。1882年（光绪八年）移屯旅顺。直至1894年（光绪二十年）甲午中日战起，奉旨率部赴九连城防守。甲午败绩，三国干涉还辽后，日军撤出旅顺，他又于1895年冬奉命回防旅顺。1898年（光绪二十四年）移守山海关。此人前后驻守旅顺15年，当地人称他为"宋老帅"。在旅顺建港初期，他与私交颇深的袁保龄密切合作，袁赞他"宋军门忠勇之气至老不衰"。宋庆所部毅军各营，无论是在建港工程中开引水河、筑拦潮坝，还是修筑炮台、担当防守，都发挥了重要的作用。

四、组建旅顺水雷营、鱼雷营

袁保龄在光绪十年正月初八日（1884年2月4日）给李鸿章关于《调员管理水雷营事务禀》中写道："窃现值海防吃紧之时，旅顺口必须布置周密，查水雷旱雷均属设防要需。而水雷起落安放理法更为精细，非专门久习未易穷其窔奥。上年二月间曾经职道等禀请，以在旅之艇勇四十名学习水雷，并另由大沽水雷营借拨头目二名、雷兵十名赴旅教习，刻下库已修成，各雷渐次运往……"。由此可知旅顺水雷营于光绪九年（1883年）春初创时的情形。但这只是起步。"事属经始，规模草创，尤必须精通雷电事理、志力明干者派为管带，以收提纲挈领之效。"由于袁保龄的请求与保举，大沽水雷营帮带、九品顶戴方凤鸣被调来旅顺，暂管水雷事务。方凤鸣"在大沽雷营五年，于雷电事理颇为熟悉，人亦精干，有志向上"。1884年3月，方凤鸣带领在大沽挑选出的雷兵43名、水勇13名乘镇海船由天津来到旅顺。按袁保龄提出的人员编制，水雷营共计103人。计有：管带1人、帮带2人、书记1人、管库学生与头目各1人、号手2人、水雷队长2人、水雷头目10人、雷兵50人、水勇队长1人、水勇头目4人、水勇20人、伙夫8人。除去方凤鸣带来的60人与原有人员外，又从当地捞海参人中挑选4名水勇，以便熟悉海上潮流水性。筹备就绪后，于当年三月初一日（1884年3月27日）正式成营，由袁保龄兼任管带，营址设于黄金山北麓。

旅顺鱼雷营是继水雷营后不久组建的。由威海调拨一营而成，全营官兵共91人。鱼雷营由道员刘含芳为总办。刘含芳（1840—1898）字芗林，安徽贵池人。他是李鸿章所依重的军事工程与军械专家。李鸿章曾称："该道熟谙西法，心精力果，于外洋制造器械及建置工程均能深研得失。"自1882年至1893年，刘含芳在旅顺工作了11年。李鸿章称"该道自北洋办理海防，即派驻奉天旅顺口，综理水陆营务，会办船坞及炮台工程,创设鱼雷营,操练雷艇,添设水雷学堂,分建水陆师需用枪炮器械药雷子弹各库,均能认真督筹,条理精密……"。刘含芳在建港之初,即以兼领水陆营务处道员身份,来旅顺协助袁保龄"会办船坞及炮台工程"。旅顺鱼雷营及鱼雷学堂、水雷学堂都是刘含芳一手创办的。由于"鱼雷为海上战守利器,理法精微。该道与英德教习讨论多年,创设鱼雷学堂,船坞布置井井有条,俾弁兵操演日臻精进,现已练成鱼雷艇十余号,可备辅翼炮舰之用,为各省所未有"。光绪十七年(1891年)清廷任命刘含芳为甘肃安肃道,李鸿章特具折"奏留",认为"该道经手事件甚多,骤难更易"。次年五月,清廷又改任刘含芳为山东登莱青道,李鸿章又奏请让刘含芳"兼管营务,于地方公事之暇,随时就近周历各口处,会商各将领,整顿工操,实于海防全局有裨"。可见李对刘信任有加。刘含芳交接完毕,直至1893年方赴烟台上任。1895年冬,日军逼近威海,烟台益危。刘含芳作为"守土官",镇定自若,临危不惧。甲午之战和议后,他奉派渡海至辽东勘收还地,看到自己"瘁心力营构十余年"的旅顺口及大连湾"皆煨烬,因愤慨流涕"。他此行还在旅顺黄金山麓发现唐代鸿胪井刻石并建"石亭覆之",对文物保护亦有大功焉。

……

李鸿章及其僚属"经营凡十有六年,糜巨金数千万,船坞、炮台、军储冠北洋"的旅顺口,在甲午之役中毁于一旦,这是腐朽的封建王朝全面崩溃的前兆。尽管旅顺海防建设的结局是悲惨的,但李鸿章及其僚属当初的开创之功还是应该肯定的。旅顺海防建设在当时不仅带动了旅顺,也影响了整个大连地区的近代化进程。大连于1899年建市;而旅顺作为近代城市雏形的出现,要比大连起码早10年。

资料来源:大连近代史研究:第1卷.沈阳:辽宁人民出版社,2004:81-98

【请你思考】
1. 简述旅顺海防的建设过程。
2. 结合史料,谈谈洋务运动的历史作用和失败原因。

三、经典精读

天朝田亩制度(节选)

凡一军典分田二,典刑法二,典钱谷二,典入二,典出二,俱一正一副,即以师帅、旅帅兼摄。当其任者掌其事,不当其事者亦赞其事。凡一军一切生死黜陟等事,军帅详监军,监军详钦命总制,钦命总制次详将军、侍卫、指挥、检点、丞相,丞相禀军师,军师奏天王,天王降旨,军师遵行。功勋等臣世食天禄,其后来归从者,每军每家设一人为伍卒,有警则首领统之为兵,杀敌捕贼;无事则首领督之为农,耕田奉尚。

凡田分九等:其田一亩,早晚二季可出一千二百斤者为尚尚田,可出一千一百斤者为尚中田,可出一千斤者为尚下田,可出九百斤者为中尚田,可出八百斤者为中中田,可出七百斤者为中下田;可出六百斤者为下尚田;可出五百斤者为下中田;可出四百斤者为下下田。尚尚田一亩当尚中田一亩一分,当尚下田一亩二分,当中尚田一亩三分五厘,当中中田一亩五分,当中下田一亩七分五厘,当下尚田二亩,当下中田二亩四分,当下下田三亩。凡分田照人口,不论男妇,算其家口多寡,人多则分多,人寡则分寡,杂以九等,如一家六人,分三人好田,分三人丑田,好丑各一半。凡天下田,天下人同耕,此处不足则迁彼处,彼处不足则迁此处。凡天下田,丰荒相通,此处荒,则移彼丰处以赈此荒处,彼处荒,则移此丰处以赈彼荒处。务使天下共享天父上主皇上帝大福,有田同耕,有饭同食,有衣同穿,有钱同使,无处不均匀,无人不饱暖也。

凡男妇每一人自十六岁以尚受田多踰十五岁以下一半,如十六岁以尚分尚尚田一亩,则十五岁以下减其半,分尚尚田五分,又如十六岁以尚分下下田三亩,则十五岁以下减其半,分下下田一亩五分。凡天下树墙下以桑,凡妇蚕绩缝衣裳。凡天下每家五母鸡,二母彘,无失其时。凡当收成时,两司马督伍长,除足其二十五家每人所食可接新谷外,余则归国库。凡麦豆苎麻布帛鸡犬各物及银钱亦然。盖天下皆是天父上主皇上帝一大家,天下人人不受私,物物归上主,则主有所运用,天下大家处处平匀,人人饱暖矣。此乃天父上主皇上帝特命太平真主救世旨意也。

但两司马存其钱谷数于簿,上其数于典钱谷及典出入。凡二十五家中设国库一,礼拜堂一,两司马居之。凡二十五家中所有婚娶弥月事俱用国库,但有限式,不得多用一钱。如一家有婚娶弥月事给钱一千,谷一百斤,通天下皆一式,总要用之有节,以备兵荒。凡天下婚姻不论财。凡二十五家中陶冶木石等匠俱用伍长及伍卒为之。农隙治事。凡两司马办其二十五家婚娶吉喜等事,总是祭告天父上主皇上帝,一切旧时歪例尽除。其二十五家中童子俱日至礼拜堂,两司马教读《旧遗诏圣书》《新遗诏圣书》及真命诏旨书焉。凡礼拜日,伍长各率男妇至礼拜堂,分别男行女行,讲听道理,颂赞祭奠天父上主皇上帝焉。

凡二十五家中力农者有赏,惰农者有罚。或各家有事讼,两造赴两司马,两司马听其曲直;不息,则两司马挈两造赴卒长,卒长听其曲直;不息,则卒长尚其事于旅帅、师帅、典执法及军帅,军帅会同典执法判断之。既成狱辞,军帅又必尚其事于监军,监军次详总制、将军、侍卫、指挥、检点及丞相,丞相禀军师,军师奏天王。天王降旨,命军师、丞相、检点及典执法等详核其事无出入,然后军师、丞相、检点及典执法等直启天王主断。天王乃降旨主断,或生或死,或予或夺,军师遵旨处决。

凡天下官民,总遵守十款天条及遵命令尽忠报国者则为忠,由卑升至高,世其官;官或违犯十款天条及逆命令受贿弄弊者则为奸,由高贬至卑,黜为农。民能遵条命及力农者则为贤为良,或举或赏;民或违条命及惰农者则为恶为顽,或诛或罚。凡天下每岁一举,以补诸官之缺。举得其人,保举者受赏;举非其人,保举者受罚。其伍卒民有能遵守条命及力农者,两司马则列其行迹,注其姓名,并自己保举姓名于卒长;卒长细核其人于本百家中。果实,则详其人,并保举姓名于旅帅;旅帅细核其人于本五百家中,果实,则尚其人,并保举姓名于师帅;师帅实核其人于本二千五百家中,果实,则尚其人,并保举姓名于军帅;军帅总核其人于本军中,果实,则尚其人,并保举姓名于监军;监军详总制,总制次详将军、侍卫、指挥、检点、丞相,丞相禀军师,军师启天王。

天王降旨,调选天下各军所举为某旗,或师帅,或旅帅,或卒长、两司马、伍长。凡滥保举人者黜为民。凡天下诸官三岁一升贬,以示天朝之公。凡滥保举人及滥奏贬人者黜为农。当升贬年,各首领各保升奏贬其统属。卒长细核其所统两司马及伍长,某人果有贤迹,则列其贤迹;某人果有恶迹,则列其恶迹,注其人,并自己保升奏贬姓名于军帅。至若其人无可保升并无可奏贬者,则姑置其人不保不奏也。旅帅细核其所统属卒长及两司马、伍长,某人果有贤迹,则列其贤迹,某人果有恶迹,则列其恶迹,详其人,并自己保升奏贬姓名于师帅。师帅细核其所统属旅帅以下官,某人果有贤迹,则列其贤迹;某人果有恶迹,则列其恶迹,注其人,并自己保升奏贬姓名于军帅。军帅将师帅以下官所保升奏贬姓名并自己所保升奏贬某官姓名详于监军。监军并细核其所统军帅,某人果有贤迹,则列其贤迹;某人果有恶迹,则列其恶迹,注其人,并自己保升奏贬姓名,详钦命总制。钦命总制并细核其所统监军,某人果有贤迹,则列其贤迹;某人果有恶迹,则列其恶迹,注其人,并自己保升奏贬姓名,一同达于将帅、主将。将帅、主将达六部掌及军师,军师直启天王主断。天王乃降旨主断,超升各钦命总制所保升各监军其或升为钦命总制,或升为侍卫;谴谪各钦命总制所奏贬各监军,或贬为军帅,或贬为师帅。超升各监军所保升各军帅,或升为监军,或升为侍卫;谴谪各监军所奏贬各军帅,或贬为师帅,或贬为旅帅、卒长。超升各军帅所保升各官,或升尚一等,或升尚二等,或升军帅;谴谪各军帅所奏贬各官,或贬下一等,或贬下二等,或贬为农。

天王降旨,军师宣列王,遵列王宣掌率以下官一体行。监军以下官,俱是在尚保升,奏贬在下,惟钦命总制一官,天王准其所统各监军保升奏贬钦命总制。天朝内丞相、检点、指挥、将军、侍卫诸官,天王亦准其尚下互相保升奏贬,以剔尚下相蒙之弊。至内外诸官若有大功大勋及大奸不法等事,天王准其尚下不时保升奏贬,不必拘升贬之年。但凡在尚保升奏贬在下,诬则黜为农;至凡在下保升奏贬在尚,诬则加罪。凡保升奏贬所列贤迹恶迹,总要有凭据方为实也。

凡设军,每一万三千一百五十六家先设一军帅,次设军帅所统五师帅,次设师帅所统五旅帅,共二十五旅帅,次设二十五旅帅各所统五卒长,共一百二十五卒长;次设一百二十五卒长各所统四两司马,共五百两司马;次设五百两司马各所统五伍长,共二千五百伍长;次设二千五百伍长各所统四伍卒,共一万伍卒。通一军人数共一万三千一百五十六人。凡设军以后人家添多,添多五家另设一伍长,添多二十六家另设一两司马,添多一百零五家另设一卒长,添多五百二十六家另设一旅帅,添多二千六百三十一家另设一师帅,共添多一万三千一百五十六家另设一军帅。未设军帅前,其师帅以下官仍归旧军帅统属,即设军帅,则割归本军帅统属。

凡内外诸官及民,每礼拜日听讲圣书,虔诚祭奠,礼拜颂赞天父上主皇上帝焉。每七七四十九礼拜日,师帅、旅帅、卒长更番至其所统属两司马礼拜堂讲圣书教化民,兼察其遵条命与违条命及勤惰。如第一七七四十九礼拜日,师帅至某两司马礼拜堂,第二七七四十九礼拜日,师帅又别至某两司马礼拜堂,以次第轮,周而复始。旅帅、卒长亦然。

凡天下每一夫有妻子女约三四口或五六七八九口,则出一人为兵;其余鳏寡孤独废疾免役皆颁国库以养。

凡天下诸官,每礼拜日依职份虔诚设牲馔奠祭礼拜,颂赞天父上主皇上帝,讲圣书,有敢怠慢者黜为农。

资料来源:曾亦.中国社会思想史读本.上海:上海人民出版社,2007:377-379

康有为:上清帝第二书(节选)

具呈举人康祖诒等,为安危大计,乞下明诏,行大赏罚,迁都练兵,变通新法,以塞和款而拒外夷,保疆土而延国命,呈请代奏事:

窃闻与日本议和,有割奉天沿边及台湾一省,补兵饷二万万两,及通商苏杭,听机器、洋货流行内地,免抽厘税等款,此外尚有缴械、献俘、迁民之说。阅《上海新报》,天下震动。闻举国廷诤,都人惶骇。又闻台湾臣民不敢奉诏,思戴本朝。人心之固,斯诚列祖、列宗及我皇上深仁厚泽,涵濡煦覆,数百年而得此。然伏下风数日,换约期迫矣,犹未闻明诏赫然峻拒日夷之求,严正议臣之罪。甘忍大辱,委弃其民,以列圣艰难缔构而得之,一旦从容误听而弃之,如列祖、列宗何?如天下臣民何?然推皇上孝治天下之心,岂忍上负宗庙,下弃其民哉!良由误于议臣之言,以为京师为重,边省为轻,割地则都畿能保,不割则都畿震动,故苟从权宜,忍于割弃也。又以群义纷纭,虽力挽和议,而保全大局,终无把握,不若隐忍求和,犹苟延旦夕也。又以为和议成后,可十数年无事,如庚申以后也。左右贵近,论率如此。故盈廷之言,虽切而不入;议臣之说,虽辱而易行,所以甘于割地、弃民而不顾也。

窃以为弃台民之事小,散天下民之事大;割地之事小,亡国之事大;社稷安危,在此一举,举人等栋折榱坏,同受倾压,故不避斧钺之诛,犯冒越之罪,统筹大局,为我皇上陈之。

何以谓弃台民即散天下也?天下以为吾戴朝廷,而朝廷可弃台民,即可弃我,一旦有事,次第割弃,终难保为大清国之民矣。民心先离,将有见土崩瓦解之患。《春秋》书"梁亡"者,梁未亡也,谓自弃其民,同于亡也。故谓弃台民之事小,散天下民之事大。日本之于台湾,未加一矢,大言恫喝,全岛已割。诸夷以中国之易欺也,法人将问滇、桂,英人将问藏、粤,俄人将问新疆,德、奥、意、日、葡、荷皆狡焉思启。有一不与,皆日本也,都畿必惊;若皆应所求,则自啖其肉,手足腹心,应时尽矣,仅存元首,岂能生存?且行省已尽,何以为都畿也?故谓割地之事小,亡国之事大。此理至浅,童愚可知,而以议臣老成,乃谓割地以保都畿,此敢于欺皇上、愚天下也,此中国所痛哭,日本所阴喜,而诸夷所窃笑者也。

诸国知吾专以保都畿为事,皆将阳为恐吓都畿,而阴窥边省,其来必速。日本所为日日扬言攻都城,而卒无一炮震于大沽者,盖深得吾情也。恐诸国之速以日本为师也,是我以割地而鼓舞其来也,皇上试召主割地议和之臣,以此诘之,度诸臣必不敢保他夷之不来,而都畿之不震也,则今之议割地、弃民何为乎?皇上亦可以翻然独断矣。

或以为庚申和后,乃有甲申之役,二十年中可图自强,今虽割弃,徐图补救。此又敢以美言欺皇上、卖天下者也。

夫治天下者势也,可静而不可动,如箭之在楛,如马之在堶,如决堰陂之水,如运高山之石,稍有发动,不可禁压,当其无事,相视莫敢发难;当其更变,朽株尽可为患。昔者辛巳以前,吾属国无恙也,自日本灭琉球,吾不敢问,于是,法取越南,英灭缅甸,朝鲜通商,而暹罗半羁,不过三四年间,而吾属国尽矣。甲午以前,吾内地无恙也,今东边及台湾一割,法规滇、桂,英规滇、粤及西藏,俄规新疆及吉林、黑龙江,必接踵而来,岂肯迟迟以礼让为国哉?况数十国之逐逐于后乎?譬大病后,元气既弱,外邪易侵,变症百作,岂与同治之时,吾国势犹盛,外夷窥伺情形未洽比哉?且民心既解,散勇无归,外患内讧,祸在旦夕。而欲苟借和款,求安目前,亡无日矣,今乃始基耳。症脉俱见,不待卢扁,此举人等所为日夜忧惧,不惮僭越,而谋及大计也。

夫言战者,固结民心,力筹大局,可以图存;言和者,解散民礼,鼓舞夷心,更速其亡。以皇上圣明,反覆讲辩,孰利孰害,孰得孰失,必当独断圣衷,翻然变计者。不揣狂愚,统筹大计,近之为可和可战,而必不致割地、弃民之策;远之为可富可强,而断无敌国外患之来。伏乞皇上下诏鼓天下之气,迁都定天下之本,练兵强天下之势,变法成天下之治而已。

何谓鼓天下之气也?天下之为物,譬犹器也,用其新而弃其陈,病乃不存。水积为淤,流则不腐;户闭必坏,枢则不蠹;炮烧则晶莹,久置则生锈;体动则强健,久卧则委弱。况天下大器日摩洗振刮,犹恐尘垢;置而不用,坏废放失;日趋于弊而已。今中国人民咸怀忠义之心,非不可用也。而将吏贪懦,兵士怯弱,乃至闻风哗溃,驯至辱国请和者,得无皇上未有以鼓其气耶?是有四万万之民,而不善用之也。

……

夫人主所以驾驭天下者,爵赏、刑罚也。赏罚不行,则无以作士气;赏罚颠倒,则必至离民心。今闻日本要我以释丧师之将,是欲以散众志而激民变也。苟三诏既下,赏罚得当,士气咸伸,天下必距跃鼓舞,奔走动容,以赴国家之急,所谓下诏鼓天下之气者,此也。

何谓定天下之本也?自古都畿皆凭险阻。自非周公盛德,不敢以洛邑为都,故娄敬挽辂,汉祖移驾,宋汴梁无险,致敌长驱,徽、钦之辱,非独失德使然也。方今旅顺已失,威海既隳,险阻无有,京师孤立。近自北塘、芦台、神堂、涧河,远自山海、抚宁、昌黎、乐亭、清河、蚕沙,处处可入,无以为防守之计。此次和议即成,而诸夷窥伺,皆可扬帆而达津、沽。《易》曰:"王公设险,以守其国。"险既失矣,国何可守?故今日大计,必在迁都。

……故外夷所累借以胁制者,皆以吾京师近海之故。彼虽小丑,无求不得;吾虽大胜,终必请和,亦既彰明较著矣。用事者既不早为自强之谋,又不预作迁都之计,夷衅既开,虚侨空谈,相与言战,及稍败衄,震动畏缩,苟幸得和,乃至割根本之地、弃千万之民而亦为之,其不智而失计亦甚矣。

以今事言之，吾所以忍割地、弃民者，为保都畿，安乘舆也。微论将来外夷继轨，都畿终不能保，乘舆终必致惊，而以区区十里之城，弃千里之地、十兆之民以易之，甚非策也。以后事料之，诸夷知我之专保都畿也，咸借端开衅，阳攻都畿以索边省，我必将尽割沿边十余省，以保都畿，是弃天下万里之地、数万万之民，以易区区之都城也。

夫王者有都以治天下耳，岂有割天下以保都城而恃为至计哉！以五十年来前后今事考之，吾之款和输割，皆为都畿边海之故，其事易徵，其理易明。昔者苟能自强，虽不迁都，犹可立国；今日虽欲自强，而外夷连轨，计不及待。故非迁都，智者无所骋其谋，勇者无所竭其力，必将坐困胁割尽而后已。夫以一都城之故而亡其国，岂不痛哉！故今日犹言不迁都者，非至愚病狂，则甘心鬻国。大臣既不能预鉴于前，而至辱国，又不补救于后，必至丧邦。皇上圣明，试以诘难诸臣，当无从置喙，或下群臣集议，当亦从同，而后宸衷独断，定议迁都，以安宗庙而保疆土，无逾于此。

……

何谓强天下之势也？凡两物相交，必有外患，兽有爪牙之卫，人有甲胄之蔽，列国并立，兵者，国之甲胄也。昔战国之世，魏有武卒，齐有轻骑，秦有武士。楚庄投袂，屡及剑及，即日伐宋。盖诸国并骋，无日不训讨军实，国乃可立。今环地球五十余国，而泰西争雄，皆以民为兵，大国练兵至百余万。选兵先以医生视其强弱，乃入学堂学习布阵、骑击、测量、绘图。其阵法、营垒、器械、枪炮，日夕讲求，确有程度。操练如真战，平居如临敌，所由雄视海内也。日本步武其后，遂来侮我。而我犹守大一统之旧制以待之，不训兵备，至有割地款和之事。今日氛未已，不及精练，然能将卒相知，共其甘苦，器械精利，壮其胆气，亦可自用，选将购械，犹可成军。

夫用兵者，用其气也。老将富贵已足，无所愿望，或声色销铄，精气竭衰，暮气已深，万不能战。即或效忠，一死而已，丧师辱国，不可救矣。近者杨芳失律于粤城，鲍超骄蹇于西蜀，令彼再如为兵时跳身坐炮眼上，岂可得哉？

……

《管子》谓："器械不精，以卒予敌。"外夷讲求枪炮，制作日新。枪则德有得来斯枪、毛瑟枪，法有沙士钵枪，英有亨利马梯尼枪，美有哈乞开司枪、林明敦枪、秘薄马地尼枪，俄有俾尔达奴枪，而近者英之黎姆斯枪为尤精。炮自克虏伯炮、嘉立炮外，近有毒烟开花炮、空气黄药大炮，以及暗炮台、水底自行船、机器飞车、御敌戎衣、测量炮子表，巧制日新。日本步武泰西，亦能自制新器，曰苗也理枪。而我中国未能创制，只购旧式，经办委员不解制造，于坚轻远准速无所谙晓，或以旧枪改充毛瑟，贪其价廉，乃不可用，其中饱者益无论。闻近来所购者，多暹罗废枪，香港以二两八钱购得，而中国以十二两购之。……我师溃败，虽将士不力，亦器械不精，故胆气不壮，有以致之。故吾非悬重赏，以厉新制，不足取胜。今不及办，宜选精于制造操守廉洁之士，专购英黎姆斯枪十数万，以备前敌，并广购毒烟空气之炮、御敌之衣，庶器械精利，有恃无恐，是谓购械。

又我南洋诸岛民四百万，虽久商异域，咸戴本朝。以丧师割地为外夷姗笑，其怀愤怒过于内地之民,其人富实,巨万之资以数千计,通达外情,咸思内归中国,团成一军,以雪国耻。特去天万里,无路自通。若派殷商,密令举办,派公忠智略通达商情之大臣领之,或防都畿,或攻前敌,并令联通外国,助攻日本,或有奇功。所谓练兵以强天下之本者,此也。

然凡上所陈,皆权宜应敌之谋,非立国自强之策也。伏念国朝法度,因沿明制,数百年矣。物久则废,器久则坏,法久则弊。官制则冗散万数,甚且鹜及监司,教之无本,选之无择,故营私交赂,欺饰成风,而少忠信之吏。学校则教及词章诗字,寡能讲求圣道,用非所学,学非所用,故空疏愚陋,谬种相传,而少才智之人。兵则绿营老弱,而募勇皆乌合之徒。农则地利未开,而工商无制造之业。其他凡百积弊,难以遍举。而外国奇技淫巧,流行内地,民日穷匮,乞丐遍地,群盗满山,即无外衅,精华已竭,将有他变。方今当数十国之觊觎,值四千年之变局,盛暑已至,而不释重裘,病症已变,而犹用旧方,未有不喝死而重危者也。

窃以为今之为治,当以开创之势治天下,不当以守成之势治天下;当以列国并立之势治天下,不当以一统垂裳之势治天下。盖开创则更新百度,守成则率由旧章。列国并立,则争雄角智;一统垂裳,则拱手无为。言率由则外变相迫,必至不守不成;言无为而诸国交争,必至四分五裂。《易》曰:"穷则变,变则通。"董仲舒曰:"为政不调,甚者更张,乃可谓理。"若谓祖宗之法不可变,则我世祖章皇帝何尝不变太宗文皇帝之法哉?若使仍以八贝勒旧法为治,刚我圣清岂能久安长治乎?不变法而割祖宗之疆土,驯至于亡,与变法而光宗庙之威灵,可以大强,孰轻孰重,孰得孰失,必能辨之者。

不揣狂愚,窃为皇上筹自强之策,计万世之安,非变通旧法,无以为治。变之之法,富国为先。户部岁入银七千万,常岁亦已患贫,大农仰屋,罗掘无术,鬻官税赌,亦忍耻为之,而所得无几。然且旱潦河灾,船炮巨帑,皆不能举。闻日本索偿二万万,是使我臣民上下三岁不食乃能给之。若借洋债,合以利息扣折,百年亦无偿理,是自毙之道也。与其以二万万偿日本,何如以二万万外修战备,内变法度哉!

……

资料来源:陈洪."中国近现代史纲要"阅读文献汇编与导读.重庆:重庆大学出版社,2014

四、实训指导

(一)单项选择题(请在每小题的四个选择项中,选出一个正确答案。)

1. 太平天国农民起义之所以是中国农民战争的最高峰,最主要是因为(   )。
    A.其规模和延续时间均属空前　　　　B.建立了与清政府对立的政权
    C.制定了比较完整的革命纲领　　　　D.对封建王朝的打击空前沉重
2. 太平天国农民起义失败的根本原因是(   )。
    A.旧式农民战争的局限性　　　　　　B.拜上帝教不合中国国情
    C.在军事策略上屡犯错误　　　　　　D.对封建王朝打击空前沉重

3. 太平天国由盛转衰的标志是（　　）。
   A.安庆失陷　　　B.天京事变　　　C.洪秀全病逝　　　D.天京陷落
4. 1853年冬太平天国颁布的一个以分配制度为核心的社会改革纲领是（　　）。
   A.《中国土地法大纲》　　　　　　B.《兴国土地法》
   C.《天朝田亩制度》　　　　　　　D.《资政新篇》
5. 洪秀全领导发动金田起义并建号太平天国是在（　　）。
   A.1851年1月　B.1853年3月　C.1856年9月　D.1864年6月
6. 太平天国农民战争爆发的标志是（　　）。
   A.金田起义　　B.小刀会起义　　C.惠州起义　　D.黄花岗起义
7. 太平天国在《天朝田亩制度》中提出的社会改革方案是（　　）。
   A.以解决土地问题为中心　　　　B.以发展资本主义为中心
   C.以反对封建的等级制度为中心　D.以废除儒学的纲常伦理为中心
8. 太平天国在后期提出的带有鲜明资本主义色彩的改革方案是（　　）。
   A.《原道觉世训》　　　　　　　　B.《十款天条》
   C.《天朝田亩制度》　　　　　　　D.《资政新篇》
9. 在太平天国农民起义后期，提出《资政新篇》这一统筹全局方案的是（　　）。
   A.洪秀全　　　B.杨秀清　　　C.洪仁玕　　　D.李秀成
10. 19世纪60年代，清朝统治阶级中的部分成员兴起了向西方学习的（　　）。
    A.洋务运动　　B.维新运动　　C.新政运动　　D.立宪运动
11. 最先对洋务派兴办洋务事业的指导思想做出比较完整表述的是（　　）。
    A.冯桂芬　　　B.薛福成　　　C.曾国藩　　　D.张之洞
12. 19世纪60年代，洋务派最早兴办的洋务事业是（　　）。
    A.军用工业　　B.民用企业　　C.新式学堂　　D.新式海陆军
13. 在19世纪60年代到90年代，洋务派兴办洋务事业的主要目的是（　　）。
    A.发展中国的资本主义经济　　　B.学习西方资本主义制度
    C.维护和巩固清王朝的封建统治　D.捍卫国家的主权独立和民族尊严
14. 洋务运动失败的标志是在中日甲午战争中（　　）。
    A.福建水师的全军覆没　　　　　B.广东水师的全军覆没
    C.南洋水师的全军覆没　　　　　D.北洋水师的全军覆没
15. 在近代中国，资产阶级维新运动兴起的物质条件是（　　）。
    A.洋务运动的深入进行　　　　　B.民族危机的急剧加深
    C.人民群众斗争运动的蓬勃兴起　D.中国民族资本主义的初步发展
16. 在1895年发起的"公车上书"后成为倡导维新运动旗手的是（　　）。
    A.严复　　　　B.康有为　　　C.梁启超　　　D.谭嗣同
17. 1898年，中国民族资产阶级掀起的一场政治运动是（　　）。
    A.洋务运动　　B.维新运动　　C.护国运动　　D.护法运动

18. 19世纪90年代，梁启超发表的宣传变法维新主张的著作是（　　）。
    A.《新学伪经考》　　　　　　　B.《仁学》
    C.《人类公理》　　　　　　　　D.《变法通义》

19. 在甲午战争后，通过翻译《天演论》为戊戌维新运动提供理论根据的是（　　）。
    A.严复　　　　B.康有为　　　　C.梁启超　　　　D.谭嗣同

20. 在戊戌维新运动期间，梁启超曾担任主笔的报纸是（　　）。
    A.《时务报》　　B.《民报》　　C.《国闻报》　　D.《湘报》

21. 戊戌维新运动期间，光绪皇帝在资产阶级维新派建议下设立了（　　）。
    A.天津武备学堂　　　　　　　　B.广州万木草堂
    C.长沙时务学堂　　　　　　　　D.京师大学堂

22. 在中国近代史上，资产阶级思想与封建主义思想的第一次正面交锋是（　　）。
    A.洋务派与顽固派的论战　　　　B.革命派与改良派的论战
    C.洋务派与维新派的论战　　　　D.维新派与守旧派的论战

23. 在1898年9月"百日维新"失败后拒绝出走而慷慨就义的维新派代表人物是（　　）。
    A.康有为　　　　　　　　　　　B.梁启超
    C.谭嗣同　　　　　　　　　　　D.严复

24. 标志中国民族资产阶级第一次登上政治舞台的是（　　）。
    A.洋务运动　　　　　　　　　　B.戊戌维新运动
    C.护国运动　　　　　　　　　　D.护法运动

25. 在晚清洋务派首领奕䜣提出的"灭发捻为先，治俄次之，治英又次之"主张中，其中说的"发"是指（　　）。
    A.发动起义之初的捻军　　　　　B.头发颜色不同者
    C.太平天国　　　　　　　　　　D.东洋侵略者

26. 太平天国定都后，在农村建立的基层政权组织是（　　）。
    A.拜上帝会　　　　　　　　　　B.人民公社
    C.捻子　　　　　　　　　　　　D.两

27. 近代中国，首次提出要改革财政、编制国家预算等措施，是在（　　）。
    A.《天朝田亩制度》的诏书　　　B.百日维新的诏书
    C.洋务运动的奏折　　　　　　　D.南京临时政府法令

28. 北洋大臣（　　）及其僚属对旅顺口的海防建设倾注了大量心血，"经营凡十有六年，糜巨金数千万，船坞、炮台、军储冠北洋"。
    A.李鸿章　　　　　　　　　　　B.张之洞
    C.奕䜣　　　　　　　　　　　　D.曾国藩

(二)多项选择题(请在每小题的四个选择项中,选出至少两个正确答案。多选或少选均不得分。)

1. 洋务运动创办的军事工业有(　　)。
   A.江南制造总局　　　　　　　　B.福州船政局
   C.金陵机器局　　　　　　　　　D.轮船招商局

2. 导致太平天国农民起义爆发的原因有(　　)。
   A.封建统治者的压迫　　　　　　B.外国资本主义的侵略
   C.鸦片战争后阶级矛盾的激化　　D.第二次鸦片战争爆发

3. 太平天国农民战争在早期的主要领导人除洪秀全外还包括(　　)。
   A.杨秀清　　B.冯云山　　C.韦昌辉　　D.石达开

4. 太平天国领导人希望通过《天朝田亩制度》方案建立的理想社会是(　　)。
   A.有田同耕,有饭同食　　　　　B.有衣同穿,有钱同使
   C.无处不均匀,无人不饱暖　　　D.无处不平等,无人不欢乐

5. 太平天国农民起义失败的原因包括(　　)。
   A.缺乏先进阶级的领导
   B.先后提出了两个内容不同的社会改革方案
   C.缺乏对外国列强侵华的理性认识
   D.缺乏科学理论的指导

6. 在19世纪60年代,清朝统治阶级中主张学习西方洋务派的主要代表人物有(　　)。
   A.奕䜣　　B.曾国藩　　C.李鸿章　　D.左宗棠

7. 从19世纪60年代到90年代,洋务派举办的洋务事业主要包括(　　)。
   A.派遣留学生　　B.兴办近代企业　　C.创办新式学堂　　D.建立新式海陆军

8. 在洋务运动中,洋务派兴办的重要民用企业有(　　)。
   A.金陵机器局　　B.轮船招商局　　C.天津电报局　　D.开平矿务局

9. 到19世纪90年代,洋务派建成的新式海军有(　　)。
   A.福建水师　　B.广东水师　　C.南洋水师　　D.北洋水师

10. 从19世纪60至90年代,洋务派创办的新式学堂主要是(　　)。
    A.翻译学堂　　B.工艺学堂　　C.军事学堂　　D.农艺学堂

11. 洋务运动的历史作用是(　　)。
    A.成为中国近代教育的开端
    B.传播了新知识,打开了人们的眼界
    C.引起了社会风气和价值观念的变化
    D.在客观上促进了中国早期工业和民族资本主义的发展

12. 洋务运动失败的原因是(　　)。
    A.洋务运动具有封建性　　　　　B.洋务企业的管理具有腐朽性
    C.洋务运动对西方列强具有依赖性　D.顽固势力对洋务运动的多方阻挠

第二章 对国家出路的早期探索

13. 19世纪90年代末,资产阶级维新派宣传变法维新主张的主要活动是( )。
    A.向皇帝上书　　　　　　　　B.著书立说
    C.介绍外国的变法　　　　　　D.办学会、办报纸、设学堂

14. 19世纪90年代,康有为发表的宣传变法维新主张的著作有( )。
    A.《新学伪经考》　　　　　　B.《孔子改制考》
    C.《人类公理》　　　　　　　D.《变法通义》

15. 19世纪90年代,资产阶级维新派与封建守旧派论战的主要问题是( )。
    A.要不要变法　　　　　　　　B.要不要实行民主共和
    C.要不要实行君主立宪　　　　D.要不要废八股、改科举和兴西学

16. 在1898年9月"百日维新"失败后被迫流亡国外的维新派代表人物是( )。
    A.康有为　　　B.梁启超　　　C.谭嗣同　　　D.严复

17. 在1898年9月"百日维新"失败后慷慨就义的"戊戌六君子"是( )。
    A.谭嗣同、刘光第　　　　　　B.林旭、杨锐
    C.杨深秀、康广仁　　　　　　D.康有为、梁启超

18. 在中国近代史上,戊戌维新运动的历史意义和影响在于( )。
    A.它是一次爱国救亡运动
    B.它是一场思想启蒙运动
    C.它是一场资产阶级性质的政治改革运动
    D.它是一场地主阶级统治集团的"自救"运动

(三)判断题(正确选Y,错误选N。)

1. 在帝国主义对中国的入侵中,农民是外国侵略者和本国封建统治者主要的压迫对象和反抗力量。　　　　　　　　　　　　　　　　　　　　　　( )
    Y.正确　　　　　　　　　　　N.错误

2. 《天朝田亩制度》的主张,未从根本上否定封建地主土地所有制。( )
    Y.正确　　　　　　　　　　　N.错误

3. 《资政新篇》是一个具有资本主义色彩的方案。( )
    Y.正确　　　　　　　　　　　N.错误

4. 在19世纪中叶的亚洲民族解放运动中,太平天国农民起义是其中时间最长、规模最大、影响最深的一次。　　　　　　　　　　　　　　　　　　( )
    Y.正确　　　　　　　　　　　N.错误

5. 太平天国未能正确地对待儒学。( )
    Y.正确　　　　　　　　　　　N.错误

6. 洋务派兴办洋务新政,主要是为了发展资本主义。( )
    Y.正确　　　　　　　　　　　N.错误

7. 甲午战争中,北洋海军的全军覆没,标志着洋务运动的失败。( )
    Y.正确　　　　　　　　　　　N.错误

8. 维新派与守旧派的论战实质上是资产阶级思想与封建主义思想在中国的第一次正面交锋。（　）
   Y.正确　　　　　　　　　　　　　N.错误
9. 戊戌维新运动是一场资产阶级性质的革命运动。（　）
   Y.正确　　　　　　　　　　　　　N.错误
10. 戊戌维新运动失败的主要原因是帝国主义干涉。（　）
    Y.正确　　　　　　　　　　　　　N.错误

（四）填空题（把正确答案填入空格内。）

1. 1853年3月，太平军占领_____，定为首都，改名天京。
2. 太平天国在天京事变中，率部出走并最终败亡的是翼王_____。
3. 从19世纪60年代到90年代，清政府筹办海防，分别建成_____、广东水师、南洋水师和北洋水师。
4. 洋务派的主张是"_____""求富"。
5. 维新派宣传维新主张的行动包括办报纸，其中影响最大的包括梁启超主笔的《_____》。

五、实践指南

1. 旅顺军港（军港公园）

旅顺军港始建于清代，从1880年至1890年10年间，清政府命北洋大臣李鸿章筹建北洋水师，经营旅顺港。1894年的中日甲午战争，旅顺军港被日寇侵占，随后的几十年由日俄分别占守，直至1955年才回到祖国怀抱，现为中国北海舰队的一处训练基地。如今旅顺军港东侧已辟为公园对外开放，军港游客到此可饱览海军战舰的威严风采。军港公园内的铜狮是旅顺口的标志。

2. 大连中山广场

中山广场始建于1899年，当时大连被俄国统治，取名为"尼古拉耶夫广场"。1905年日本取代沙俄统治，遂以"大连广场"称之，此名沿用至1945年8月日本战败投降。1946年6月11日，大连市政府决定将大连广场改名中山广场。中山广场的布局迥异于中国传统的方格式建筑布局，而完全是巴黎式的核辐射式布局，大连整体的城市设计风格也都是如此。

3. 大连有轨电车（201路）

1909年9月25日，满铁运输部电气作业所在当时已处于日本统治下的大连开通了第一条有轨电车试验线路，标志着大连有轨电车和公共交通的开始，使大连成为全中华地区最早拥有有轨电车和公交的城市之一。该线路由电气游园（原动物园，今中心裕景）经大正通（今中山路、人民路）至大栈桥（今港湾桥），单程2.45公里。

第三章　辛亥革命与君主专制制度的终结

一、导言

　　1911年爆发的辛亥革命是中国近代史上的重大事件。辛亥革命的领袖们，在屡次斗争失败后深刻认识到，要救国必须革命，要想救亡图存，只能是推翻封建皇权。由孙中山领导的资产阶级民主革命，推翻了清王朝的反动统治，结束了中国两千多年的封建君主专制制度。

　　随着封建帝制的废除，依附于封建帝制的种种丑恶制度也被次第扫除，民主共和的观念开始深入人心，并在中国形成了"敢有帝制自为者，天下共击之"的民主主义观念。正因为如此，当袁世凯、张勋先后复辟帝制时，均受到了社会舆论的强烈谴责和人民群众的坚决反抗。

　　辛亥革命推翻了"洋人的朝廷"也就沉重打击了帝国主义的侵略势力，帝国主义不得不一再更换他们的在华代理人，但再也找不到能够控制全局的统治工具，再也无力在中国建立比较稳定的统治秩序。辛亥革命对近代亚洲各国被压迫民族的解放运动产生了比较广泛的影响，列宁把辛亥革命视为"亚洲的觉醒"，辛亥革命在亚洲打响了民主的第一枪。

　　辛亥革命是近代中国比较完全意义上的民族民主革命。它在政治上、思想上给中国人民带来了不可低估的解放作用。辛亥革命冲破了封建思想的牢笼，不但从行动上坚决地打倒皇帝，并从舆论上对君权神授观念和皇权思想进行鞭挞和批判，极大地促进了人们的思想解放，为探索救国兴邦的道路打开了新的思想境界，为建立民主共和国做了思想准备。

　　辛亥革命不仅召唤了新文化运动和五四运动的到来，而且为马克思主义在中国的传播打开了通道。20世纪初，随着一批有觉悟的知识分子的产生，各种宣传革命的书籍报刊纷纷涌现，马克思主义思想在中国不断传播开来，为中国共产党的诞生准备了思想条件。更为重要的是，早期中国共产党人基本上都受过辛亥革命的洗礼和启蒙，然后由民主主义者转变为共产主义者。

　　辛亥革命以反对君主专制制度、建立资产阶级共和国为目标，是一次比较完全意义上的资产阶级民主革命。虽然最终胜利果实被袁世凯窃取，但其历史意义是不能磨灭的，它开创了中国社会发展的新纪元。正如毛泽东指出的："中国反帝反封建的资产阶级民主革命，正规地说起来，是从孙中山开始的。"

二、以案论史

案例1　辛亥革命在大连(节选)

19世纪末20世纪初,在资本主义列强瓜分中国的狂澜中,中国经历了甲午战争、庚子八国联军之役和甲辰日俄战争的洗劫,中华民族陷入生死存亡的漩涡之中,孱弱的清政府如同一条风雨飘摇中的破船,处在岌岌可危的境地。在这场国殇中,辽南大地成为列强争夺的重点目标,人民生灵涂炭,处在水深火热之中。而清政府及其地方官吏漠视人民的疾苦,不思拒敌之策,却变本加厉地盘剥和压榨劳苦民众,民族矛盾、阶级矛盾日益尖锐,人民群众忍无可忍,以抗租、抗捐为主要内容的反清斗争风起云涌,大连北部的庄河、复州地区斗争尤为激烈。破产农民自发地组织起来,结成民间会社,并逐渐演变成农民武装队伍,声势浩大,令官府胆寒。

……

顾家岭人顾人宜兄弟便是在此形势下,顺应革命形势的需要而崛起的一支组织有序、纪律严明的反清武装力量。顾人宜幼读私塾,在乡里属饱学之士,及长习医,为民众免费医病,深得乡民拥戴。在甲午战争中顾曾参加毅军(四川提督统率的清陆军),因与日军作战有功而升为哨官,战后退伍回乡。庚子役后,顾人宜出任地方团练团总。他目睹了官匪勾结,人民生活无以为计的惨状,在革命党的宣传鼓动下,认识到只有发展壮大联庄武装组织并尽可能地联合起来,才能最终达到抗官拒匪的自救目的。于是他以顾家兄弟为骨干,在清官府统治相对薄弱的大连北部山区组织"联庄会"。1908年,顾人宜参加了同盟会,进一步接受民主革命思想,斗争的目标更加明确,将"联庄会"由地方自卫组织引上民主革命道路,顾人宜也由一个地方枭雄成长为东北地区民主革命的重要领导人。庄复联庄会总会设在星合顾家岭顾人宜家,顾人宜担任会总,顾人敏和顾人邦分别担任文书和对外联络工作。在他们的带动下,复州、岫岩、凤城、宽甸、安东(丹东)等地也相继重新组织了联庄会。主要成员是广大农村倾向革命的农民。顾人宜与凤凰城会首刘纯一、鲍化南进一步实行联合,迅速壮大了力量,拥有各式步枪4000余支,为辛亥革命在辽南庄复地区起义做好组织准备。

1911年10月10日,武昌起义爆发,消息传来,顾人宜不失时机地选拔联庄会民军中的青壮年骨干力量,以顾家岭为根据地,成立庄复革命军。当地民众踊跃支援革命军,一些义民首领"折变家产约数十万元"捐助义军购买军械、子弹、粮食。太娘娘庙和尚庙产18万元悉数捐给义军充做军需。同期,在奉天宪政学堂执教的复州城东四平街(今普兰店市四平镇牌坊屯)人连承基(1878—1913,吉林巡警学堂毕业,后留学日本,1903年毕业于日本东京警官学校,1908年加入同盟会)于1911年11月来到大连,与同盟会大连机关总部取得联系。此时,东北地区同盟会负责人之一的徐镜心等也来到大连。他们共同为在山东举义筹饷、募兵、购买枪械,参与组建民军。11月20日,顾人宜见时机成熟,率领二千余义军向驻防在李家卧龙(今城子坦镇老古村)的清军驻军巡防营发起进攻,打响了辛亥革命在东北的第一枪。此役一举将清军巡

第三章 辛亥革命与君主专制制度的终结

防营打垮,取得了首战的胜利,此役史称"庄复之役",标志着辛亥革命在东北地区的发展进入武装斗争新阶段,极大地鼓舞了革命军的斗志。11月27日,顾人宜在李家卧龙宣布成立中华民国(庄复)军政分府,顾任军政分府关东第一军司令。义军颁布《民军之宣言》,宣布革命宗旨:"守人道主义,化除满汉畛域,为民请命,铲除暴官污吏,谋同胞之幸福为目的。"同时顾人宜也发表了宣言书,揭露清朝贪官污吏的罪恶,将其喻为"较之猛虎恶虫殆有甚焉",申明起义的目的在于推翻清政府,响应南省革命,"除莠党而成新政,除酷吏而享自由"。义军在开展武装斗争的同时,还对清军进行分化瓦解工作,向各路清军发送招降状,规劝清军官兵、巡警"无分旗汉回蒙,均可献军械以投降,并赏银6两,以示鼓励",官军受到感化,纷纷来义军投降,数日内,义军队伍扩大到4000余人,城子坦、星台地区成为义军根据地。为了进一步扩大战果,11月29日,顾人宜率义军攻打水门子(今普兰店市莲山镇)清军巡防队。义军在大队长顾人邦率领下,在敌军中"三入三返"所向披靡。据《盛京时报》报道:"顾司令亲率大队长四人,晚四点出发,四路进攻,明晨初九七时接仗,革命军奋不顾身,至十点钟,巡防队大败,死伤100余名,被革命军俘虏20余名,哨官奎裕庭亦被革命军所擒。"翌日,革命军又向退守在元合子(距瓦房店1公里)的清军巡防队发起攻击,获大胜并迅速占领了水门子。

赵尔巽见官军与义军数次恶战相持不下,企图"招抚"起义军。顾人宜等义军首领保持清醒头脑,揭露赵尔巽的阴谋:"若辈狼官狗绅,不知大体,晓晓求和,不过望得大吏之欢心,殊属卑鄙。岂知清国官场,向无信用,今仍施其欺民之手段,吾焉得受彼牢笼?"赵尔巽的武力镇压和欺骗诱降均未得逞。

庄复起义由于起义目标明确,军纪严明(颁布六条军纪,到处秋毫不扰)、实行满汉联合瓦解清军,在南方革命政府和广大民众支持下,取得重大胜利,是辛亥革命东北地区武装斗争爆发最早、坚持时间最长、声势最大、对反动势力打击最沉重的一次起义。这次起义的突出特点是实行南北联合,大连与上海革命党始终保持密切联系。革命党人首领——沈阳人蓝天蔚——曾派密使潘少臣到复州与革命军首领顾人宜、杨大实"协商各件"。后来南方革命政府又派范国梁、左汝霖携带革命旗帜于1911年12月由上海至复州联络革命事宜。在庄复起义影响下,奉天省所属地区在商震、程起陆、祁耿寰等革命党人组织下,分别于辽阳、海城、凤凰厅、铁岭、昌图、开原、锦州等地发动起义。为了对抗由赵尔巽把持的"奉天国民保安会",张榕、徐镜心等联络东北各地革命党人,在奉天成立了"奉天联合急进会"。

在各地武装起义风起云涌之际,东三省的封建官吏赵尔巽、袁金铠和反动势力疯狂地镇压起义军并屠杀革命党领导人。革命党奉天联合急进会会长张榕及《国民报》编辑田亚赟被杀,报馆被捣毁。张作霖在奉天城内"率带党羽300余反贼,每夜分投烧抢惨杀,凡剪发易服之人,无一幸免,陈尸累累,惨不忍睹"。惨遭杀害者不下400余人。

面对封建反动势力对各地武装起义的疯狂镇压和血腥屠杀,革命党人更加认清了赵尔巽等反动官吏的狰狞面目,更加坚定了推翻清王朝的决心和信心。大规模的武装起义活动暂时处于低潮,但义军的各级首领仍在秘密进行各项组织和发动工作。1912年末,从敌屠刀下逃脱出来的革命党人商镇、李培基、程起陆、张壁、鲍化南、顾人宜、尹锡五等人相继汇集大连,力图重整旗鼓,酝酿发动新的武装起义。他们在大连建立了革命领导机关——同学社,随后又组织了关外民军,推举商镇为总司令,张壁、李培基为参谋长,邵兆中、顾人宜任师长,尹锡五、鲍化南、顾人邦、阎百全任旅长。同期,被赵尔巽迫走南方的蓝天蔚,也在上海招募青年学生入伍,组成了1200余人的北伐军,并筹款购置各种枪支3000(挺)、子弹150万发。为了集中革命武装力量,顾人宜等领导的庄复革命军分批退至山东整编,被称为"关外民军"。

1912年1月1日,中国历史上第一个资产阶级共和国——中华民国——在南京成立,孙中山出任临时大总统。1月9日,由黄兴领导的南京临时政府陆军部便着手谋划北伐计划。这次计划拟分六路向北方进军,关外民军被编入北伐军第五路军,其战略目标是占领东北三省,然后配合其他路北伐军向清政府统治中心北京进击。1月11日,孙中山任命蓝天蔚为海陆军总指挥和关外大都督。蓝天蔚任命顾人宜为关外军第一镇镇统(师长)。1月14日,连承基、徐镜心、刘艺舟等人率500余名民军乘坐烟合轮船直抵山东半岛。民军装扮成商人或旅客,船行途中,连承基下令民军取出武器,逼迫船长改航蓬莱港。登陆后,他们会合当地民军,攻占老柏山炮台和水师营,登州光复,当即成立登州军政府,连承基被推举为军政府都督兼总司令,翌日即占领烟台、黄县(之后连承基驻黄县,被委任为山东革命军总司令,授予少将职,加中将衔。1913年8月因反袁事泄被捕,同年9月18日晨在北京小河沿法场被杀害,时年36岁)。1月16日至17日,蓝天蔚率关外民军分乘护航舰和客轮由大连等港先后到达烟台,与先期到达的关外民军胜利会合。关外民军在山东北部沿海地区开辟革命根据地,同时又从山东各地招募士兵,与原庄复地区南下的民军编成2个师,顾人宜与邵子峰任师长。民军多数未经历战事,缺乏基本作战技能,关外民军便将部队调往烟台港外的大、小钦岛进行军事训练,以提高部队战斗力。

1912年1月末,蓝天蔚接到黄兴"进兵北伐"的命令,火速返回大连,于1月31日设置北伐民军总司令部,并以关外大都督名义发布告示,宣布北伐的宗旨和纪律,动员东北民军拿起武器,武装推翻清朝的统治。接着600余名北伐官兵于2月1日乘舰在碧流河口、庄河尖山附近海口登陆,与在庄复地区坚持斗争的民军取得联系后,即向驻地清军发起进攻。经过激战,将清军击溃逃往庄河镇。2月3日,北伐军在花园口与清军再次遭遇并展开激战,清军溃败,统领李子锐、陈宝珊被生擒。2月4日,庄河一带清军残部集结后向北伐军反扑过来,企图趁北伐军立足未稳将北伐军赶回山东,结果又被北伐军消灭大部,余部向瓦房店地区逃溃。2月6日,镇统(师长)顾人宜率民军乘胜追击,一举攻占了瓦房店。民众群情振奋,商铺和民宅纷纷挂起象征胜利的白旗,欢呼民军的胜利。2月10日,北伐军另一路在镇统邵兆中率领下一举攻占庄河县城。至此,驻庄河、瓦房店一带清军或溃逃、或投降民军,土崩瓦解。2月

11日,清军在庄复地区的最后一个据点复州城集结,在代理前路巡防帮统官孙列臣统领下,属下炮队管带王永峰、马队管带张作祖、步队管带鲍德山各率本队兵马倾巢而出向民军发起攻击。顾人宜将民军划分成二部,分别于曲家店(今普兰店区沙包镇)和坡子店(今普兰店区莲山镇)与清军展开激战,此战是北伐军登陆后规模最大、最激烈的一次战斗。与此同时,攻占了庄河县城的邵兆中部,在安东一带民军的配合下,很快控制了庄河以东的大片地区,号召民众参加北伐军,为推翻清朝统治做最后一搏。北伐军以关外大都督蓝天蔚的名义发布《免税令》,"将境内一切恶税先行豁免"并裁撤统捐局。北伐军在军事上的节节胜利及政治宣传鼓动,极大地激发了革命党人的斗志,提高了革命军的战斗力。

正当全国革命形势迅猛发展,北伐军节节胜利,清朝反动统治分崩离析之际,政治局势风云突变,代表地主买办阶级利益的北洋军阀袁世凯通电南京临时政府假意承认"共和为最良政体",受愚弄的南京政府则保证将袁"举为总统"。在达成上述"协议"之后,袁逼迫清宣统皇帝退位,"立定共和政体"。1912年2月12日,清帝溥仪被迫退位,清朝封建统治宣告结束。不久,孙中山辞去临时大总统之职,南京临时参议院"选举"袁世凯为临时大总统,辛亥革命成果被袁世凯窃取。接着,黄兴以南京临时政府陆军部的名义,向蓝天蔚发出停战命令。正在普兰店曲家店、坡子店与清军酣战的顾人宜民军接到命令后撤出战斗,停止了军事行动。2月17日,邵兆中率北伐民军退返烟台等待改编,顾人宜也率部随后退往烟台。北京政府先是任命顾人宜为关外军第一军司令,因袁世凯歧视关外民等,改顾军为旅,任顾为陆军部中将咨议(1918年顾人宜南下广州,任孙中山帅府参军兼政府咨议)。大连北部地区轰轰烈烈的反清武装革命遂告结束。

轻而易举窃取中华民国统治权的袁世凯执政后,当即笼络前清东三省总督赵尔巽,答应东三省维持现状,"用人行政,不遽变更",任命赵尔巽为奉天都督,使得清朝重臣摇身变为民国显贵,仍然大权在握。无数革命党人和民军流血斗争换来的只是旗号和官吏名称的更易,广大人民群众仍处在水深火热之中。庄复地区轰轰烈烈的辛亥革命也以封建地方官吏窃取胜利果实而宣告失败。

资料来源:大连干部学刊,2011,27(4)

【请你思考】

1. 辛亥革命是由资产阶级领导的民主革命,它引起了近代中国的历史性变化,主要体现在哪些方面?

2. 辛亥革命,推翻了清王朝的反动统治,结束了中国两千多年的封建君主专制制度,但革命果实为什么会被袁世凯轻而易举地窃取?此后,又先后出现皇权复辟的闹剧,究其原因说明了什么?

案例2 辛亥革命期间,梁启超大连、奉天之行的目的与结局

1911年10月10日,武昌起义爆发。11月9日,梁启超从日本秘密乘天草丸号抵达大连。梁启超此时回国,是为了实现其谋划已久的宫廷政变夺权计划。

梁启超是戊戌维新运动的领袖之一。维新失败后,梁启超逃离北京东渡日本。在日本期间,梁启超思想一度倾向革命,但1903年游美后思想却发生变化。他认为中国人距离共和国国民水准相距过远,如实行共和、立宪无异于"自杀其国",更担心革命会带来动乱、破坏,导致列强侵略和瓜分的危机,因此反对革命主张。1906年,清政府宣布预备立宪,梁启超等成立政闻社加以推动,并游说清廷权贵开放"党禁",但努力失败,政闻社亦被解散。1909年光绪皇帝去世,溥仪即位,载沣摄政。这一变化为改良派带来希望,梁启超利用清廷内部矛盾,积极联络掌管军咨处事务的郡王载涛和载洵。当时载涛和庆王奕劻、载泽有矛盾,向改良派打入北京做地下工作的潘若海问计,潘建议他抚循禁卫军,使成为心腹,然后一举廓清奕劻、载泽等。梁启超则利用此计向禁卫军中打入党人。为收买禁卫军,梁启超花费了1910年来所筹的全部款项。同时,梁启超等还联系驻保定的新军第六镇统制吴禄贞为其所用,准备1911年夏历9、10月间,里应外合,发动政变,消灭奕劻、载泽等,掌握政权,拥立载涛为内阁总理。为此,他派专在北京做地下工作的潘若海持函见吴禄贞。函中说:"今后之中国,其所以起其衰而措诸安者,舍瑰伟绝特之军人莫属也。天下苍生所望于公者,岂有量哉?"吴禄贞当时掌握一支用新式武器武装的精锐部队,与保皇党和革命派都保持联系。武昌起义后,梁启超的计划被打乱,但梁分析形势,认为革命党不能使国家奠于治安,势必导致分裂,而一旦分裂,非数年时间不能平定,这样就给外国人渔利之机。因此,梁启超要迅速实现自己的计划,"乘此而建奇功"。梁启超本准备在武昌起义后马上回国,但袁党忽调毅军统领姜桂题入卫首都,迫使梁启超不得不加以考虑而耽搁了回国日期。

根据新的形势,梁启超认为目前要做的是:用禁卫军守卫宫门,防止意外事变,驱逐奕劻、载泽,以载涛为总理,杀盛宣怀以谢天下;以资政院、咨议局全数议员充任国会议员,召开国会,下罪己诏;停止进攻革命军,选举代表与革命党人谈判;并以国会掌握实权,实行政治改革,废除八旗,皇帝自改汉姓,满族赐姓,以消除满汉间之怨恨。梁启超认为这样就能争取主动权,进而消弭革命。对于袁世凯,梁启超准备与其言和、合作。

10月29日,驻滦州新军二十镇统制张绍曾及第二混成协协统蓝天蔚等联名电奏"政纲十二条",要求清廷速开国会,制定宪法,组织责任内阁,消除皇族特权,大赦国事犯。同时,第六镇统制吴禄贞驻兵石家庄,准备与张绍曾配合,联络山西革命党人,待机起事。对于张、蓝、吴等人的成功行动,梁启超非常兴奋,"前所布画,今收功将半"。同时,梁启超判断资政院已经掌握国家实权,议员大部都是自己同志,这也为他实现计划创造了条件。但梁启超认为,拨乱反正的大业,不能旦夕完成,非自己躬赴前敌,难奏全功。11月3日,梁启超定下"和袁、慰革、逼满、服汉"八字方针,6日,登舟回国。归国前,梁启超作《述归杂诗》一组,其中有"归欤欲安适,辽沈指京师"之语。梁启超要取道大连、奉天、滦州,进北京,实现谋划已久的夺权方案。

梁启超对此行较为乐观。他设想到大连后不作停顿,当晚即乘车前往奉天,小住

第三章 辛亥革命与君主专制制度的终结

半月,然后到滦州一宿,立即带领数百士兵进北京,收拾时局,掌握政权。但武昌起义后的中国形势瞬息万变,梁启超在海上航行两天,国内情况发生重大变化。一是他此行所倚重的重要人物吴禄贞于11月6日被袁世凯派人刺杀。梁启超到大连后闻知此讯,大失所望。二是梁启超一直希望北京能保持稳定秩序——这是他夺权的前提。但到大连后,他从刚刚从北京返奉的熊希龄的来电中得知,北京已呈无政府状态。梁启超认为"斯最可忧耳"。梁启超抵连后,因与他联系的熊希龄第二日晨到大连,故梁在太和旅馆住下等候。熊希龄是光绪年间进士,曾授翰林院庶吉士,戊戌时期受梁启超影响,与谭嗣同创办实务学堂,任总理。戊戌维新失败后遭革职。后经东三省总督赵尔巽提携,到东北任东三省农工商局总办等职,此时沟通于梁启超和袁世凯、端方、赵尔巽等人中间。梁启超到大连当天致书女儿,分析时局发展,讲述自己对时局的担忧和对北京能保持十余天秩序的希望。尽管时局发生重大变化,梁启超入京决心未变。他写道:"张敬如(绍曾)已入都(兹事不甚妙),蓝少豪(天蔚)在奉,闻吾来额手相庆云。吾无论如何艰险,必入都。都中若忽有他变,无论何国使馆皆可暂住,决无他虑,可极放心。入都后若冢骨(指袁世凯)尚有人心,当与共戡大难,否则取而代之,取否惟我所欲耳。若天子已下堂,则又别论也。"熊希龄行到营口,忽得奉天急电折回。10日,梁启超游旅顺,往见日本关东都督,请其电驻京日使,提议由使团设法维护京城治安。因梁恐京城有事变,想马上进京。当晚梁启超乘汽车赶往奉天。

赴奉途中,梁启超充满忧虑,难以入眠,"一夜似梦非梦,眼前千里战场"。梁到奉天后,奉天情形危急,异常混乱。梁启超因之未进城而住在日本租界。而北京方面,梁启超一直企盼十旬日内"秩序不破"也没有实现。梁启超在11月1日给女儿的信中写道:"数日以来,形势刻刻改变,在东时之理想及沿途所策画,大半不能行,只得临机以应耳。……都中虚无人焉,旧内阁已辞职,不管事,新内阁未成立,资政院议员遁逃过半,不能开会,亲贵互相阋,宫廷或尚有他变,日日预备蒙尘。天之所废,谁能兴之,真不知所届也。吾此行终以见张、蓝二人为主(若早两日到,在此可以见蓝,彼日望吾至)。二人现皆已入都矣。大约都中秩序,十日内恐必将破,冀破后,能用此二军恢复秩序,与外交团交涉,徐图进取耳。现时所思如此,到京后能否办到,又非所知也。张、蓝确是可人,但其部下如何又不可知,安保其不为吴禄贞者。今一线希望,在求保全此二人,保全此二军耳。""天之所废,谁能兴之"一语,说明梁启超此时已有无力回天之感了。

事情不幸应了梁启超所料。吴禄贞被刺后,张绍曾旋被调任去职,逃入天津租界。而蓝天蔚在11日也被解除兵权。至此,梁启超的最后一线希望破灭。11日,梁启超想会见东三省总督赵尔巽,但赵因形势"纷扰已极",在督署开保安会而未成。梁启超不得不等熊希龄回奉后,再定行止。11日和12日两天,梁启超会见一些咨议局议员及民党,但梁事后细查,其中有革命党人和马贼头目。梁感慨:"幸吾言极谨,令彼等悦服"。但梁同时感到"危机亦在此"。12日晚,梁启超忽然接到密报,谓奉天军队将拥梁而宣告独立。这等于逼梁造反,违背梁的政治理念。梁深感"此间大危"。

此时，熊希龄自大连频频催促梁启超迅速返连。此前，熊希龄因与梁启超电报联络之误，11日又到大连。适值保皇党人汤觉顿、罗瘿公从北京过奉来连，与熊希龄同住。13日，梁启超自奉返连。汤、罗二人谓蓝天蔚等将不利于梁，促梁即回日本。梁因与之同船渡日。

自奉返连途中，梁启超对自己此行无限感慨。回想自己5天前到大连时连、奉报纸竞相报道，引起轰动，而如今却无功而返，梁启超赋诗一首，中有"时人颇惊辽鹤返，长路终羞宋鹢飞"，"横流满地见龙穴，欲障泥丸力恐微"等句，沮丧、无奈之情跃然纸上。

梁启超失败并非偶然。武昌起义后，各种政治力量角力。从力量对比上看，北洋派力量最大，革命派次之，立宪派最微。袁世凯表面虽仍臣服清廷，但与清廷貌合神离，欲取清廷而代之。他不允许任何人打乱他的计划，故未进京前先刺杀吴禄贞。而清廷虽穷途末路，但也反对真正的君主立宪，它表面同意张绍曾等人提出的十二条政纲，但马上就用阴谋分化了张的二十镇，使张被迫出走。吴死张走，梁启超所倚重的军事力量全失。另外，辛亥前国内立宪运动虽一度高涨，但在清廷镇压下，已经走入死胡同。立宪派人士多已放弃依靠清廷立宪的思想，或投入袁世凯阵营，或融入革命洪流。可以说，梁启超此时虽定下"和袁""抚革""逼满""服汉"的方针，但根本没有实现这一方针的力量。

从形势上看，武昌首义后，革命烽火已经燃及半个中国，多个省份已经脱离中央独立，清政府统治之合法性大大削弱，已经失去了控制全国的能力。梁启超要拥护载涛为总理，以国会揽实权，国会投票决定一切，使清政府进行自上而下的改革，在当时已是毫无可能，因为自上而下的改革需要稳定的秩序和政治权威为保障。所以，不仅梁启超这次计划失败，就连他和康有为在此后倡导的"虚君共和论"在革命大势已席卷之下，也是旋起旋伏，没有产生任何影响。

资料来源：大连近代史研究：第13卷.沈阳：辽宁人民出版社，2016：480-486

【请你思考】

中日甲午战争之后，以康有为、梁启超为代表的先进中国人，为了救亡图存掀起了戊戌维新运动，但当革命的浪潮危及皇权统治时，康、梁二人却摇身一变成为彻头彻尾的保皇派，这说明了什么？是什么原因导致的？

三、经典精读

《民报》发刊词

近时杂志之作者亦夥矣。姱词以为美，嚣听而无所终，摘埴索涂不获，则反复其词而自惑。求其斟时弊以立言，如古人所谓对症发药者，已不可见，而况夫孤怀宏识、远瞩将来者乎？夫缮群之道，与群俱进，而择别取舍，惟其最宜。此群之历史既与彼群殊，则所以掖而进之之阶级，不无后先进止之别。由之不贰，此所以为舆论之母也。

余维欧美之进化，凡以三大主义：曰民族，曰民权，曰民生。罗马之亡，民族主义兴，而欧洲各国以独立。洎自帝其国，威行专制，在下者不堪其苦，则民权主义起。十八世纪之末,十九世纪之初,专制仆而立宪政体殖焉。世界开化,人智益蒸,物质发舒,百年锐于千载,经济问题继政治问题之后,则民生主义跃跃然动,二十世纪不得不为民生主义之擅场时代也。是三大主义皆基本于民,递嬗变易,而欧美之人种胥冶化焉。其他旋维于小己大群之间而成为故说者,皆此三者之充满发挥而旁及者耳。

今者中国以千年专制之毒而不解,异种残之,外邦逼之,民族主义、民权主义殆不可以须臾缓。而民生主义,欧美所虑积重难返者,中国独受病未深,而去之易。是故或于人为既往之陈迹,或于我为方来之大患,要为缮吾群所有事,则不可不并时而弛张之。嗟夫!所陟卑者其所视不远,游五都之市,见美服而求之,忘其身之未称也,又但以当前者为至美。近时志士舌敝唇枯,惟企强中国以比欧美。然而欧美强矣,其民实困,观大同盟罢工与无政府党、社会党之日炽,社会革命其将不远。吾国纵能媲迹于欧美,犹不能免于第二次之革命,而况追逐于人已然之末轨者之终无成耶!夫欧美社会之祸,伏之数十年,及今而后发见之,又不能使之遽去。吾国治民生主义者,发达最先,睹其祸害于未萌,诚可举政治革命、社会革命毕其功于一役。还视欧美,彼且瞠乎后也。

翳我祖国,以最大之民族,聪明强力,超绝等伦,而沉梦不起,万事堕坏;幸为风潮所激,醒其渴睡,旦夕之间,奋发振强,励精不已,则半事倍功,良非夸嫚。惟夫一群之中,有少数最良之心理能策其群而进之,使最宜之治法适应于吾群,吾群之进步适应于世界,此先知先觉之天职,而吾《民报》所为作也。抑非常革新之学说,其理想输灌于人心而化为常识,则其去实行也近。吾于《民报》之出世觇之。

资料来源:孙中山全集:第一卷.中华书局,1981:288—289

毛泽东:纪念孙中山先生

纪念伟大的革命先行者孙中山先生!

纪念他在中国民主革命准备时期,以鲜明的中国革命民主派立场,同中国改良派作了尖锐的斗争。他在这一场斗争中是中国革命民主派的旗帜。

纪念他在辛亥革命时期,领导人民推翻帝制、建立共和国的丰功伟绩。

纪念他在第一次国共合作时期,把旧三民主义发展为新三民主义的丰功伟绩。

他在政治思想方面留给我们许多有益的东西。

现代中国人,除了一小撮反动分子以外,都是孙先生革命事业的继承者。

我们完成了孙先生没有完成的民主革命,并且把这个革命发展为社会主义革命。我们正在完成这个革命。

事物总是发展的。一九一一年的革命,即辛亥革命,到今年,不过四十五年,中国的面目完全变了。再过四十五年,就是二千零一年,也就是进到二十一世纪的时候,中国的面目更要大变。中国将变为一个强大的社会主义工业国。中国应当这样。因为中国是一个具有九百六十万平方公里土地和六万万人口的国家,中国应当对于人类有较大的贡献。而这种贡献,在过去一个长时期内,则是太少了。这使我们感到惭愧。

但是要谦虚。不但现在应当这样,四十五年之后也应当这样,永远应当这样。中国人在国际交往方面,应当坚决、彻底、干净、全部地消灭大国主义。

孙先生是一个谦虚的人。我听过他多次讲演,感到他有一种宏伟的气魄。从他注意研究中国历史情况和当前社会情况方面,又从他注意研究包括苏联在内的外国情况方面,知道他是很虚心的。

他全心全意地为了改造中国而耗费了毕生的精力,真是鞠躬尽瘁,死而后已。

像很多站在正面指导时代潮流的伟大历史人物大都有他们的缺点一样,孙先生也有他的缺点方面。这是要从历史条件加以说明,使人理解,不可以苛求于前人的。

资料来源:毛泽东文集:第七卷.北京:人民出版社,1999:156

习近平:在纪念孙中山先生诞辰150周年大会上的讲话

同志们,朋友们:

今天,我们在这里隆重集会,纪念孙中山先生诞辰150周年,缅怀他为民族独立、社会进步、人民幸福建立的不朽功勋,弘扬他的革命精神和崇高品德,激励海内外中华儿女为实现中华民族伟大复兴而团结奋斗。

孙中山先生是伟大的民族英雄、伟大的爱国主义者、中国民主革命的伟大先驱,一生以革命为己任,立志救国救民,为中华民族作出了彪炳史册的贡献。

时代造就伟大人物,伟大人物又影响时代。150年前,孙中山先生出生之时,中国正遭受帝国主义列强的野蛮侵略和封建专制制度的腐朽统治,战乱频发,民生凋敝,中华民族陷入内忧外患的灾难深渊,中国人民处于水深火热的悲惨境地。在那个风雨如晦的年代,中华民族从未屈服,无数仁人志士前仆后继,探求救国救民的道路,进行可歌可泣的抗争。孙中山先生就是他们中的杰出代表。

青年时代,孙中山先生目睹山河破碎、生灵涂炭,誓言"亟拯斯民于水火,切扶大厦之将倾",高扬反对封建专制统治的旗帜,毅然投身民主革命事业。他创立兴中会、同盟会,提出民族、民权、民生的三民主义,积极传播革命思想,广泛联合革命力量,连续发动武装起义,为推进民主革命四处奔走、大声疾呼。

1911年,在他领导和影响下,震惊世界的辛亥革命取得成功,推翻了清王朝统治,结束了统治中国几千年的君主专制制度。由于历史进程和社会条件的制约,辛亥革命虽然没有改变旧中国半殖民地半封建的社会性质,没有改变中国人民的悲惨命运,没有完成实现民族独立、人民解放的历史任务,但开创了完全意义上的近代民族民主革命,打开了中国进步闸门,传播了民主共和理念,极大推动了中华民族思想解放,以巨大的震撼力和影响力推动了中国社会变革。

孙中山先生的伟大,不仅在于他领导了辛亥革命,而且在于他为了实现革命理想,与时俱进完善自己的革命理念和斗争方略,毫不妥协同逆时代潮流而动的各种势力进行斗争。他坚决反对军阀分裂割据,坚定维护民主共和制度和国家完整统一。十月革命爆发后,马克思列宁主义传入中国,为孙中山先生认识世界和中国打开了新的视野。中国共产党成立后,孙中山先生同中国共产党人真诚合作,在中国共产党帮助下,把旧三民主义发展为新三民主义,实行联俄、联共、扶助农工三大政策,改组中国国民党,推动北伐战争取得胜利,把反帝反封建的民主革命推向前进。毛泽东同志把三民主义纲领、统一战线政策、艰苦奋斗精神并称为孙中山先生"留给我们的最中心最本质最伟大的遗产",是"对于中华民族最伟大的贡献"。

孙中山先生为当时中国的积贫积弱痛心疾首,第一个响亮喊出"振兴中华"的口号。他认为,"建设为革命之唯一目的"。他坚信,革命成功以后,经过全民族努力,中国一定能够迎头赶上世界先进国家。他满怀豪情地说:"一旦我们革新中国的伟大目标得以完成,不但在我们的美丽的国家将会出现新纪元的曙光,整个人类也将得以共享更为光明的前景"。

孙中山先生为中国人民和中华民族作出了杰出贡献,在中国人民心中享有崇高威望,受到全体中华儿女景仰。今天,缅怀孙中山先生建立的历史功勋,缅怀孙中山先生为中国人民鞠躬尽瘁的光辉一生,我们心中充满着深深的崇敬之情。

同志们、朋友们!

中国共产党人是孙中山先生革命事业最坚定的支持者、最忠诚的合作者、最忠实的继承者。在他生前,中国共产党人坚定支持孙中山先生的事业。在他身后,中国共产党人忠实继承孙中山先生的遗志,团结带领全国各族人民英勇奋斗、继续前进,付出巨大牺牲,完成了孙中山先生的未竟事业,取得新民主主义革命胜利,建立了人民当家作主的中华人民共和国,实现了民族独立、人民解放。在这个基础上,中国共产党人团结带领中国人民继续奋斗,完成了社会主义革命,确立了社会主义制度。

新中国成立67年特别是改革开放30多年来,在中国共产党领导下,中国人民在社会主义道路上实现了一个又一个伟大飞跃,取得举世瞩目的伟大成就。今天,我们可以告慰孙中山先生的是,我们比历史上任何时期都更接近中华民族伟大复兴的目标,比历史上任何时期都更有信心、有能力实现这个目标。

同志们、朋友们!

我们对孙中山先生最好的纪念,就是学习和继承他的宝贵精神,团结一切可以团结的力量,调动一切可以调动的因素,为他梦寐以求的振兴中华而继续奋斗。

——我们要学习孙中山先生热爱祖国、献身祖国的崇高风范。孙中山先生最大的特点是热爱祖国,一生追求实现民族独立和发展振兴的理想,对此矢志不移、无比坚定。孙中山先生说:"做人的最大事情是什么呢?就是要知道怎么样爱国"。他总是以"爱国若命""一息尚存,不忘救国"等鞭策自己。孙中山先生具有高度的民族自尊和民族自信,不泥古、不守旧、不崇洋、不媚外,强调"中国的社会既然是和欧美的不同,所以管理社会的政治自然也是和欧美不同";"发展之权,操之在我则存,操之在人则亡"。他从坎坷人生经历和长期斗争实践中得出一个道理,就是改造中国必须从中国实际出发,走适合中国国情的道路。

古今中外的历史都告诉我们,世界上没有一个民族能够亦步亦趋走别人的道路实现自己的发展振兴,也没有一种一成不变的道路可以引导所有民族实现发展振兴;一切成功发展振兴的民族,都是找到了适合自己实际的道路的民族。今天,我们要开创中华民族伟大复兴新局面,必须大力弘扬伟大的爱国主义精神,坚信中华民族有能力走出一条成功的复兴之路。爱国主义是具体的、现实的。在当代中国,弘扬爱国主义就必须深刻认识到,中国共产党领导和中国社会主义制度必须长期坚持,不可动摇;中国共产党领导中国人民开辟的中国特色社会主义必须长期坚持,不可动摇;中国共产党和中国人民扎根中国大地、借鉴人类文明优秀成果、独立自主实现国家发展的大政方针必须长期坚持,不可动摇。我们要增强中国特色社会主义道路自信、理论自信、制度自信、文化自信,坚定不移沿着中国特色社会主义道路守护好、建设好我们伟大的国家。

——我们要学习孙中山先生天下为公、心系民众的博大情怀。孙中山先生有着深厚的为民情怀,一生坚持以"天下为公"为最高思想境界,致力于"除去人民的那些忧愁,替人民谋幸福",对此矢志不移、无比坚定。孙中山先生深知人民是最伟大的力量,强调要实现革命的目的,必须唤起民众。他关心民众疾苦,强调"国家之本,在于人民","民生为社会进化的重心","人民所做不到的,我们要替他们去做;人民没有权利的,我们要替他们去争"。他谆谆告诫大家,"要立心做大事,不要立心做大官"。孙中山先生对人民的深厚感情,是他追求真理、矢志革命的力量源泉,是他奋斗不息、永不言弃的深厚基础。

任何一项伟大事业要成功,都必须从人民中找到根基,从人民中集聚力量,由人民共同来完成。违背人民意愿,脱离人民支持,任何事业都会成为无源之水、无本之木,都是不能成功的。今天,要开创中华民族伟大复兴新局面,我们党就必须始终把全心全意为人民服务作为根本宗旨,始终把人民拥护和支持作为力量源泉,坚持把人民放在心中最高位置。我们要坚持一切为了人民、一切依靠人民,永远保持对人民的赤子之心,永远同人民站在一起,推动改革发展成果更多更公平惠及全体人民,朝着实现全体人民共同富裕的目标不断迈进,把13亿多中国人民凝聚成推动中华民族发展壮大的磅礴力量。

——我们要学习孙中山先生追求真理、与时俱进的优秀品质。孙中山先生眼界宽广、胸襟开阔,一生追求真理、坚持真理,对此矢志不移、无比坚定。世界上没有先知先觉的人物。孙中山先生以"世界潮流,浩浩荡荡,顺之则昌,逆之则亡"为座右铭,善于从实践中学习,包括从失败的教训中学习,因而能够"适乎世界之潮流,合乎人群之需要"。他说:"我一生的嗜好,除了革命外,只有好读书,我一天不读书,便不能生活。"他从不停止探索前进的步伐,从不拒绝修正自己的思想和主张。他总是内审中国之情势,外察世界之潮流,兼收众长,益以新创,努力赶上时代潮流。无论是从社会改良主义者转变为坚定的民主革命者,还是把旧三民主义发展成新三民主义,都体现了他敢于突破局限、不断自我革新的可贵精神。

历史的车轮滚滚向前,跟不上的人必将成为落伍者,必将被历史所淘汰。历史只

第三章　辛亥革命与君主专制制度的终结

会眷顾坚定者、奋进者、搏击者,而不会等待犹豫者、懈怠者、畏难者。今天,我们要开创中华民族伟大复兴新局面,就必须树立宏大历史视野,把握世界发展大势,聆听时代声音,勇于坚持真理、修正错误,不断推进理论创新、实践创新、制度创新、文化创新以及其他各方面创新,在时代前进的洪流中书写中华民族发展新篇章。

——我们要学习孙中山先生坚忍不拔、百折不挠的奋斗精神。孙中山先生"致力国民革命凡四十年",一生坚持"吾志所向,一往无前,愈挫愈奋,再接再厉",对此矢志不移、无比坚定。孙中山先生说:"以吾人数十年必死之生命,立国家亿万年不死之根基,其价值之重可知。"孙中山先生的革命生涯屡经挫折、备尝艰辛,但为了"造成独立自由之国家,以拥护国家及民众之利益",他从不因失败而灰心,也从不因困难而退缩,坚信"吾心信其可行,则移山填海之难,终有成功之日;吾心信其不可行,则反掌折枝之易,亦无收效之期也",坚信只要"精神贯注,猛力向前,应乎世界进步之潮流,合乎善长恶消之天理,则终有最后成功之一日"。任何外来威胁、内部分裂、暂时失败都不能动摇孙中山先生的革命意志,直到卧病弥留之际,他念念不忘的仍是"和平、奋斗、救中国"。孙中山先生以毕生奋斗践行了他的誓言,表现出一个伟大革命者的英雄气概和执着追求。

伟大的事业之所以伟大,不仅因为这种事业是正义的、宏大的,而且因为这种事业不是一帆风顺的。伟大的人物之所以伟大,不仅因为这样的人物为人民、为民族、为人类建立了丰功伟绩,而且因为这样的人物在艰苦磨砺中铸就了坚强意志和高尚人格。今天,我们要开创中华民族伟大复兴新局面,就必须冷静审视深刻复杂变化的国际形势,全面把握艰巨繁重的改革发展稳定任务,进行长期不懈的艰苦努力,什么时候都不要想象可以敲锣打鼓、顺顺当当实现我们的奋斗目标。我们要把责任扛在肩上,时刻准备应对重大挑战、抵御重大风险、克服重大阻力、解决重大矛盾,以不畏艰险、攻坚克难的勇气,以昂扬向上、奋发有为的锐气,不断把中华民族伟大复兴事业推向前进。

同志们、朋友们!

孙中山先生始终坚定维护国家统一和民族团结,旗帜鲜明反对一切分裂国家、分裂民族的言论和行为。孙中山先生说:"中国是一个统一的国家,这一点已牢牢地印在我国的历史意识之中,正是这种意识才使我们能作为一个国家而被保存下来。"他强调:"'统一'是中国全体国民的希望。能够统一,全国人民便享福;不能统一,便要受害。"

实现祖国完全统一,是中华民族根本利益所在,也是全体中华儿女的共同愿望和神圣职责。确保国家完整不被分裂,维护中华民族根本利益,是全体中华儿女共同意志,是不可阻挡的历史潮流。

两岸同胞是血脉相连的骨肉兄弟。两岸是割舍不断的命运共同体。两岸关系和平发展是维护两岸和平、促进共同发展、造福两岸同胞的正确道路。我们坚持"九二共识"的共同政治基础,深化两岸经济社会融合,增进同胞福祉和亲情。台湾任何党派、团体、个人，无论过去主张过什么，只要承认"九二共识"，认同大陆和台湾同属一个中国，我们都愿意同其交往。

两岸同胞前途命运同中华民族伟大复兴密不可分。两岸同胞以及海内外全体中华儿女要携起手来，共同反对"台独"分裂势力，共同为两岸关系和平发展、实现祖国完全统一而努力，共同创造所有中国人的幸福生活和美好未来。

近代以来，中国经历了长达百余年的国破山河碎、同胞遭蹂躏的悲惨历史，所有中华儿女对此刻骨铭心。维护国家主权和领土完整，绝不容忍国家分裂的历史悲剧重演，是我们对历史和人民的庄严承诺。一切分裂国家的活动都必将遭到全体中国人民坚决反对。我们绝不允许任何人、任何组织、任何政党、在任何时候、以任何形式、把任何一块中国领土从中国分裂出去！

同志们、朋友们！

国家好、民族好，大家才会好。孙中山先生毕生奋斗，就是期盼中国成为"世界上顶富强的国家""世界上顶安乐的国家"，中国人民成为"世界上顶享幸福的人民"。孙中山先生希望"发扬吾固有之文化，且吸收世界之文化而光大之，以期与诸民族并驱于世界"。

孙中山先生在从事紧张的革命活动的过程中，一直思考着建设中国的问题。1917年到1919年，他写出《建国方略》一书，构想了中国建设的宏伟蓝图，其中提出要修建约16万公里的铁路，把中国沿海、内地、边疆连接起来；修建160万公里的公路，形成遍布全国的公路网，并进入青藏高原；开凿和整修全国水道和运河，建设三峡大坝，发展内河交通和水利、电力事业；在中国北部、中部、南部沿海各修建一个世界水平的大海港；大力发展农业、制造业、矿业，等等。孙中山先生擘画的这个蓝图，显示了他对中国发展的卓越见解和强烈期盼。当时，有的外国记者认为孙中山先生的这些设想完全是一种空想，是不可能实现的。

的确，在旧中国的政治经济社会条件下，孙中山先生的这些宏大构想是难以实现的。今天，在中国共产党领导下，在全国各族人民顽强奋斗下，孙中山先生当年描绘的这个蓝图早已实现，中国人民创造的许多成就远远超出了孙中山先生的设想。祖国大地上，铁路进青藏，公路密成网，高峡出平湖，港口连五洋，产业门类齐，稻麦遍地香，神舟邀太空，国防更坚强。孙中山先生致力于建设的独立、民主、富强的国家早已巍然屹立在世界东方。

实践充分说明，只要道路正确、理论正确、制度正确、文化正确，只要坚定不移、坚韧不拔、坚持不懈、艰苦奋斗，朝着伟大目标持之以恒前进，风雨如磐不动摇，我们的目标就能够达到，我们的目标也一定能够达到！

92年前，孙中山先生这样表述他对中华民族的期盼："中国如果强盛起来，我们不但是要恢复民族的地位，还要对于世界负一个大责任。"60年前，毛泽东同志在纪念孙中山先生诞辰90周年时指出："中国应当对于人类有较大的贡献。"30年前，邓小平同志说："国家总的力量就大了，可以为人类做更多的事情，在解决南北问题方面可以尽更多的力量。我们就是有这么一个雄心壮志。"中国人民不仅希望自己发展得好,也希望各国都发展得好,希望各国人民都能拥有幸福安宁的生活。我们要推动构建以合作共赢为核心的新型国际关系,推动形成人类命运共同体和利益共同体,始终做世界和平的建设者、全球发展的贡献者、国际秩序的维护者,同世界各国人民一道,共同创造人类和平与发展的美好未来。

5000多年来,中华民族在自己的发展历程中已经为人类作出了伟大的贡献。未来岁月里,中国人民和中华民族也必将为人类和平与发展的崇高事业不断作出新的更大的贡献!

同志们、朋友们!

孙中山先生当年说:"以四百兆苍生之众,数万里土地之饶,因可发奋为雄,无敌于天下。""惟愿诸君将振兴中国之责任,置之于自身之肩上。"孙中山先生在生命的最后时刻仍然嘱咐,革命尚未成功,同志仍须努力。实现中国现代化,实现中华民族伟大复兴,实现全体中国人民共同富裕,我们还有很长的路要走,还有很多困难和风险要去战胜。

我呼吁,所有敬仰孙中山先生的中华儿女,包括大陆同胞、港澳同胞、台湾同胞、海外侨胞,无论党派信仰,无论身在何处,更加紧密地团结起来,把握历史机遇,担当历史责任,把孙中山先生等一切革命先辈为之奋斗的伟大事业继续推向前进!把近代以来一切仁人志士为之奋斗的伟大事业继续推向前进!把近代以来中国人民和中华民族为之奋斗的伟大事业继续推向前进!

资料来源:人民日报,2016-12-24(1)

四、实训指导

(一)单项选择题(请在每小题的四个选择项中,选出一个正确答案。)

1. 1904年至1905年,外国侵略者在中国东北为争夺在华利益而进行的战争是(   )。
    A.英法战争   B.英俄战争   C.日美战争   D.日俄战争
2. 标志着腐朽的清政府已经成为"洋人的朝廷"的是(   )。
    A.《天津条约》的签订   B.《北京条约》的签订
    C.《马关条约》的签订   D.《辛丑条约》的签订
3. 在近代中国,首先发动资产阶级民主革命的领袖人物是(   )。
    A.康有为   B.梁启超   C.孙中山   D.宋教仁
4. 1894年,孙中山建立的中国第一个资产阶级革命组织是(   )。
    A.兴中会   B.华兴会   C.光复会   D.岳王会
5. 20世纪初,章炳麟发表的宣传民主革命思想的著作是(   )。
    A.《驳康有为论革命书》   B.《革命军》
    C.《警世钟》   D.《猛回头》

6. 1908年,清政府颁布( ),制订了一个学习日本实现君主立宪的方案。
   A.《立宪法案》   B.《钦定宪法大纲》
   C.《政府宣言》   D.《定国是诏》

7. 清政府正式废除科举考试是在( )。
   A.1905 年   B.1906 年   C.1907 年   D.1908 年

8. 在 20 世纪初民主革命思想传播过程中发表《警世钟》和《猛回头》的是( )。
   A.章炳麟   B.邹容   C.陈天华   D.黄兴

9. 1905 年 8 月 20 日,孙中山、黄兴等人在东京成立的资产阶级革命政党是( )。
   A.国民党   B.中华革命党
   C.中国国民党   D.中国同盟会

10. 1905 年 8 月,中国同盟会成立后创立的机关报是( )。
    A.《民报》   B.《时务报》
    C.《民国日报》   D.《新民丛报》

11. 中国资产阶级民主革命进入了一个新阶段的标志是( )。
    A.兴中会的成立   B.中国同盟会的成立
    C.国民党的成立   D.中华革命党的成立

12. 1905 年 11 月,孙中山在《民报》发刊词中将中国同盟会的政治纲领概括为( )。
    A.创立民国、平均地权   B.联俄、联共、扶助农工
    C.民族主义、民权主义、民生主义 D.驱除鞑虏、恢复中华、创立合众政府

13. 1905 年至 1907 年,资产阶级革命派和改良派论战的焦点是( )。
    A.要不要平均地权   B.要不要废科举和兴西学
    C.要不要实行共和   D.要不要以革命手段推翻清政府

14. 中国历史上第一次比较完全意义上的资产阶级民主革命是( )。
    A.戊戌维新运动   B.辛亥革命
    C.二次革命   D.新文化运动

15. 1911 年 4 月,资产阶级革命派在黄兴带领下举行的起义是( )。
    A.惠州起义   B.河口起义   C.广州起义   D.武昌起义

16. 1911 年,湖北、湖南、广东、四川四省爆发的民众斗争运动是( )。
    A.拒俄运动   B.拒法运动   C.立宪运动   D.保路运动

17. 1911 年 10 月,资产阶级革命派发动了将辛亥革命推向高潮的( )。
    A.惠州起义   B.河口起义   C.广州起义   D.武昌起义

18. 中华民国临时政府正式成立宣告的时间是( )。
    A.1911 年 5 月   B.1911 年 10 月
    C.1912 年 1 月   D.1912 年 3 月

19. 中国历史上第一部具有资产阶级共和国宪法性质的法典是（　　）。
    A.《钦定宪法大纲》　　　　　　B.《中华民国临时约法》
    C.《中华民国约法》　　　　　　D.《总统选举法》

20. 1912年8月,宋教仁在征得孙中山、黄兴的同意后,以同盟会为基础,联合其他几个政党,组成（　　）。
    A.民主党　　　　　　　　　　　B.国民党
    C.中华革命党　　　　　　　　　D.共和党

21. 清帝退位的时间是（　　）。
    A.1911年12月　B.1912年1月　C.1912年2月　D.1913年2月

22. 1915年5月,阴谋复辟帝制的袁世凯接受了严重损害中国利益的（　　）。
    A."善后大借款"　　　　　　　　B."西原借款"
    C."二十一条"　　　　　　　　　D."庚子赔款"

23. 1913年宋教仁被刺后,孙中山领导发动武装反袁的（　　）。
    A."二次革命"　　　　　　　　　B.护国运动
    C.第一次护法运动　　　　　　　D.第二次护法运动

24. 中国资产阶级领导的旧民主主义革命终结的标志是（　　）。
    A.二次革命的失败　　　　　　　B.护国运动的失败
    C.辛亥革命的失败　　　　　　　D.护法运动的失败

25. 清末"新政"未能挽救清朝灭亡命运的主要原因是（　　）。
    A.清政府改革的根本目的是为了延续其反动统治
    B.清政府借"新政"之名增加税收,引起人民反抗
    C.列强反对中国实行"新政",制造障碍
    D."新政"不能解决当时的各种社会矛盾

26. 辛亥革命失败的根本原因是（　　）。
    A.资本主义的建国方案行不通　　B.南京临时政府的涣散和软弱
    C.袁世凯的政治欺骗和军事压力　D.资产阶级的软弱性和妥协性

27. "皇帝赶跑了,辫子全剪（铰）了",近代中国人经历的两件大事发生在（　　）年。
    A.1898　　　　B.1900　　　　C.1911　　　　D.1912

28. 清政府宣布实行"局外中立"的一场战争,是（　　）。
    A.第一次世界大战　　　　　　　B.日德战争
    C.日俄战争　　　　　　　　　　D.普法战争

29. "中国反帝反封建的资产阶级民主革命,正规地说起来,是从（　　）先生开始的"。
    A.康有为　　　　　　　　　　　B.陈独秀
    C.孙中山　　　　　　　　　　　D.蔡锷

(二)多项选择题(请在每小题的四个选择项中,选出至少两个正确答案。多选或少选均不得分。)

1. 1904年至1905年,为争夺在华利益而在中国东北进行战争的列强是(   )。
   A.英国   B.法国   C.日本   D.俄国
2. 从1902年至1911年,中国各地先后发生的爱国运动有(   )。
   A.拒俄运动   B.拒法运动
   C.抵制美货运动   D.收回利权运动
3. 1895年,孙中山在香港成立兴中会总部时提出的革命纲领是(   )。
   A.驱除鞑虏   B.恢复中国   C.平均地权   D.创立合众政府
4. 在20世纪初年的中国,宣传资产阶级民主革命思想的代表人物有(   )。
   A.严复   B.章炳麟   C.邹容   D.陈天华
5. 20世纪前后,在民主革命思想传播过程中建立的资产阶级革命团体包括(   )。
   A.华兴会   B.光复会   C.科学补习所   D.岳王会
6. 1905年8月,中国同盟会成立时制定的革命纲领是(   )。
   A.驱除鞑虏   B.平均地权   C.恢复中华   D.创立民国
7. 1905年11月,孙中山在《民报》发刊词中将中国同盟会的政治纲领概括为(   )。
   A.民族主义   B.民权主义   C.民生主义   D.民粹主义
8. 1905年至1907年,资产阶级革命派和改良派展开论战的各自舆论阵地是(   )。
   A.《民报》   B.《时务报》   C.《民国日报》   D.《新民丛报》
9. 1905年至1907年,资产阶级革命派与改良派论战的主要议题是(   )。
   A.要不要社会革命   B.要不要废科举和兴西学
   C.要不要实行共和   D.要不要以革命手段推翻清政府
10. 1911年,联合组织与发动武昌起义的革命团体是(   )。
    A.共进会   B.文学社
    C.兴中会   D.光复会
11. 民族资产阶级领导的辛亥革命的历史局限性主要表现在(   )。
    A.没有提出彻底反帝的革命纲领   B.没有提出彻底反封建的革命纲领
    C.没有充分发动和依靠民众   D.没有建立坚强的革命政党
12. 南京临时政府的局限性主要体现在(   )。
    A.企图用承认不平等条约换取列强承认中华民国
    B.没有提出可以满足农民土地要求的政策和措施
    C.确认了资产阶级共和国的政治制度
    D.颁布了资产阶级共和国性质的法典

第三章　辛亥革命与君主专制制度的终结

13. 袁世凯窃取辛亥革命的果实之后,北洋军阀的反动统治体现在(　　)。
    A.在政治上,北洋政府实行军阀官僚的专制统治
    B.在经济上,北洋政府竭力维护帝国主义、地主阶级和买办资产阶级的利益
    C.在文化思想方面,尊孔复古思潮猖獗一时
    D.在社会制度方面,恢复封建法律制度

14. 关于《中华民国临时约法》,正确的说法有(　　)。
    A.《临时约法》确认了资产阶级共和国的政治制度
    B.《临时约法》带有革命性和民主性
    C.《临时约法》规定中华民国之主权属于国民全体
    D.《临时约法》规定参议院有弹劾大总统的权利

15. 清末"新政"中,清政府实行预备立宪的目的包括(　　)。
    A.皇位永固　　　B.外患渐轻　　　C.资本通达　　　D.内乱可弥

16. 1905—1907年,革命派与保皇派论战的意义是(　　)。
    A.划清了革命与改良的界限　　　B.传播了民主革命思想
    C.促进了革命形势的发展　　　D.明确改革封建土地所有制

17. 下列关于辛亥革命的说法正确的有(　　)。
    A.武昌起义掀起了辛亥革命的高潮,打开了清王朝统治的缺口。
    B.在各省政权更迭的过程中,资产阶级革命派既表现出了革命性和勇敢精神,又暴露出了软弱性和妥协态度。
    C.革命的基础并不牢固,它的内部和外部都潜藏着危机。
    D.宣布"独立"的各省政权都是由革命派把持着,这是临时政府成立的基础。

18. 辛亥革命的历史意义包括(　　)。
    A.辛亥革命推翻了清王朝的统治,沉重打击了中外反动势力。
    B.辛亥革命结束了统治中国两千多年的封建君主专制制度,建立了中国历史上第一个资产阶级共和国。
    C.辛亥革命给人们带来一次思想上的解放。
    D.辛亥革命使民主共和观念开始深入人心。

19. 孙中山亲手创建的资产阶级革命团体和政党有(　　)。
    A.兴中会　　　B.中华革命党　　　C.中国同盟会　　　D.中国国民党

20. 近代在北京发生的帝制复辟活动,有(　　)。
    A.辛酉政变　　　B.袁世凯"登基"
    C."张勋复辟"　　　D.溥仪称伪满洲国皇帝

21. 辛亥革命后的十年间,孙中山与中国资产阶级的各种进步力量为捍卫辛亥革命的果实,先后发动的斗争有(　　)。
    A.反段护法　　　B.讨袁护国
    C.二次革命　　　D.东征陈炯明

(三)判断题(正确选 Y,错误选 N。)

1. 从 1902 年至 1911 年,各地较大规模的民变达 1300 多起。 （ ）
   Y.正确　　　　　　　　　　　N.错误

2. 中国的资产阶级民主革命是以孙中山为代表的资产阶级革命派首先发动的。
   （ ）
   Y.正确　　　　　　　　　　　N.错误

3. 1905 年,孙中山发表《中国问题的真解决》一文,明确提出要推翻清政府的统治,举起了民主革命的旗帜。 （ ）
   Y.正确　　　　　　　　　　　N.错误

4. 孙中山的三民主义中,民族主义包括"驱除鞑虏、恢复中华"两项内容。
   （ ）
   Y.正确　　　　　　　　　　　N.错误

5. 1905—1907 年,在革命派与改良派的论战中,梁启超属于革命派。（ ）
   Y.正确　　　　　　　　　　　N.错误

6. 南京临时政府是一个资产阶级共和国性质的革命政权。 （ ）
   Y.正确　　　　　　　　　　　N.错误

7. 南京临时政府颁布了一系列有利于工商业发展的政策措施,使随后几年成了资本主义发展的"黄金时代"。 （ ）
   Y.正确　　　　　　　　　　　N.错误

8. 《辛丑条约》的签订,标志着以慈禧太后为首的清政府已经彻底放弃了抵抗外国侵略者的念头。 （ ）
   Y.正确　　　　　　　　　　　N.错误

9. 1911 年清政府成立的责任内阁里,13 名大臣中,皇族就占了 8 人,被称为"皇族内阁"。 （ ）
   Y.正确　　　　　　　　　　　N.错误

10. 孙中山的三民主义中,民权主义的内容是"创立民国"。 （ ）
    Y.正确　　　　　　　　　　　N.错误

(四)填空题(把正确答案填入空格内。)

1. 1904—1905 年,日、俄两国为了争夺在华利益在中国东北进行战争,而清政府却宣称"_____"。
2. 清政府于 1911 年成立的责任内阁被讥讽为"_____"。
3. 1914 年 5 月,袁世凯炮制了《中华民国约法》,用_____取代内阁制。
4. 1914 年,孙中山在日本组织_____。
5. 1915 年 12 月 25 日,_____等在云南组织"护国军",宣布独立。

五、实践指南

1. 大连现代博物馆"近代大连"展

大连现代博物馆"近代大连"展主要展示了大连从1840年到1949年新中国成立前的历史。里面有一个章节叫作大连人民的反抗斗争,里面讲述了大连人民的抗英、抗俄历史以及大连人民打响了辛亥革命的东北第一枪。武昌起义后,消息迅速传播开来,大连庄河、复州地区人民组成了一支革命军,后人称为"庄复革命军"。

2. 顾人宜墓

顾人宜墓现位于普兰店区星台镇顾岭村。顾人宜(1867—1931),中国近代民主革命家。在1906年至1909年间发动千万之众,掀起了轰轰烈烈的反清斗争。1908年,顾人宜参加了同盟会,进一步接受民主革命思想,斗争的目标更加明确,由一个地方枭雄成长为东北地区民主革命的重要领导人。1911年10月10日,武昌起义爆发,顾人宜积极响应,成立庄复革命军向清军驻军巡防营发起进攻,打响了辛亥革命在东北的第一枪,史称"庄复之役",标志着辛亥革命在东北地区的发展进入武装斗争新阶段。

第四章　开天辟地的大事变

一、导言

近代以来,中国的先进分子为了挽救国家危亡,历尽千辛万苦向西方国家寻找真理,但是在实践中却再三碰壁。中国的出路是什么? 这个问题再一次被提到中国人面前。从 1919 年新文化运动发生到 1927 年国民革命失败这一历史阶段中,中国革命经历了从旧民主主义向新民主主义转变,马克思主义在中国广泛传播并与中国工人运动相结合诞生中国共产党,中国革命开辟了新的局面。特别是 1921 年,中国共产党第一次全国代表大会宣告中国共产党正式成立,这是中国历史上开天辟地的大事件。学习这一章,应该把握以下三个方面:新文化运动和五四运动、马克思主义在中国的传播与中国共产党的诞生、中国革命的新局面。

首先,关于新文化运动和五四运动。

新文化运动是从 1915 年 9 月陈独秀在上海创办《青年杂志》(后改名《新青年》)开始的一场文化思想启蒙运动,基本口号是民主和科学。新文化运动的倡导者认为,提倡民主和科学,就要反对专制和迷信,在当时获得了人们的广泛赞同,掀起了一股思想解放的思潮。1919 年五四运动前的新文化运动是资产阶级民主主义的新文化反对封建主义旧文化的斗争,五四运动后的新文化运动发展到了一个新阶段,马克思主义开始在思想文化领域发挥指导作用。

五四爱国运动,是近代中国历史上,第一次由学生、工人和其他群众掀起的反对帝国主义,反对军阀卖国的全国规模的革命斗争。导火索是巴黎和会上中国外交的失败。中国的工人阶级以自己独有的组织性和斗争的坚定性,作为一支独立的政治力量登上了历史舞台。五四运动是中国新旧民主主义革命的分水岭,是中国新民主主义革命的开端。

其次,关于马克思主义在中国的传播与中国共产党的诞生。

十月革命的一声炮响,给中国送来了马克思列宁主义。十月革命发生在中国学习西方、走资本主义道路的尝试屡遭失败,中国先进分子极度彷徨和苦闷的时候,它的胜利使中国人看到了民族解放的新希望。马克思主义的广泛传播为无产阶级建立政党创建了思想准备。李大钊是中国第一个传播马克思主义并主张向俄国十月革命学习的中国先进分子。

中国共产党是中国工人运动与马克思列宁主义相结合的产物,不是偶然的产生。从国际背景来看:第一次世界大战结束,列强重新划分和争夺世界范围内的权益,中国人民遭受列强欺凌和压迫日益加深;俄国十月革命爆发并产生了深刻的现实和历史影响,对中国人民鼓舞巨大;北洋军阀政治的持续,激起了社会各界人士的不满与反抗。从国内背景来看:新文化运动的兴起与文化思想启蒙运动,为马克思主义广泛传播开辟了道路;五四运动与马克思主义广泛传播加速了中国共产党的诞生;日本对华侵略日益加深。在国际国内背景的综合作用下,中国共产党的诞生势在必行。

1921年7月23日,中国共产党第一次全国代表大会在上海召开,正式宣告中国共产党的成立,这是中国历史上开天辟地的大事件。其历史特点和意义:中国共产党是一个以马克思列宁主义理论为基础的党,是一个区别于第二国际旧式社会改良党的新型工人阶级革命政党。

最后,关于中国革命的新局面。

中国共产党成立之后中国的革命展现了新的面貌。第一,第一次提出了反帝反封建的民主革命纲领,为中国人民指出了明确的斗争目标。谁是敌人,谁是朋友,这是革命首要问题。第二,开始采取资产阶级、小资产阶级的政党和政治派别没有采取过、也不可能采取的革命方法,即群众路线的方法。是不是相信群众、依靠群众,这是工人阶级政党区别于资产阶级政党的重要标志之一。

二、以案论史

案例1 马克思主义与中国共产党大连地方组织的建立(节选)

在党中央和中共北方区的直接帮助下,中国共产党大连地方组织于1926年1月建立起来。现就大连党组织建立问题进行初步探讨。

一、大连党组织建立前的准备

大连地区早在1894年中日甲午战争和1904年日俄战争后,先后被俄、日帝国主义强行租借。俄、日帝国主义在大连建工厂、办企业掠夺大连及东北的人力物力资源的同时,大连工人阶级也随之发展和壮大,他们在反压迫、反剥削的斗争中逐渐觉醒,成为中国共产党大连地方组织产生的阶级基础。

1917年,俄国十月革命一声炮响,给我们送来了马克思列宁主义,给中国人民指明了一条新的出路。1919年爆发的五四爱国运动,加速了社会主义思想在中国的传播,同时也加速了大连地区的爱国知识分子的思想向社会主义倾斜,他们进一步看清了帝国主义列强的嘴脸,认识到应当联合苏俄来一致反抗帝国主义,使马克思列宁主义在大连的传播向广泛和深入的方向发展。

这一时期大连的报刊上还登载了一些我国早期马克思主义者和中国共产党早期领导人李大钊、陈独秀、瞿秋白、陈望道、施存统、李达、李汉俊、恽代英等人的文章,他们在讴歌社会主义革命胜利的同时,从不同的侧面,用马克思主义的观点揭示了中国社会的矛盾,提出解决中国问题的方略。1919年12月11日,大连报纸刊登瞿秋白《中国的劳动问题?世界的劳动问题?》一文,在揭露工人被资本家残酷剥削以致难以维持生计后说:"劳动界的不平,完全是资本家的专横压迫出来的","中国的劳动问题,是中华民族全民族的问题",并指出中国的落后给外国资本家入侵以可乘之机。

当时大连报刊登的这些文章,深刻揭露了帝国主义侵略中国和国内军阀混战及他们互相勾结压迫中国人民,是造成中国贫穷落后的根本原因。指出中国要独立富强,非革命不可,同时在客观上又起到了传播马克思主义的作用。

这一时期在大连人民特别是进步青年中,通过各种渠道,公开或秘密地流传着一些马克思主义书籍和进步刊物,如《共产党宣言》《社会科学概论》《共产主义ABC》《新青年》《向导》等等,使马克思主义在大连广泛传播开来。

1923年底,中国劳动组合书记部干事、共产党员李震瀛和共产党员陈为人来大连进行革命活动,有目的地宣传马列主义,并将宣传马克思列宁主义与工人运动结合起来。他们到文化教育团体和群众组织——大连中华青年会、中华工学会、中华培智学校、中华觉民学校等处,利用星期讲坛、工人夜校、通俗讲坛做时事报告和政治讲演,与有关人士进行接触交谈,向他们传播革命思想;利用各种机会向进步青年、工人宣传马克思列宁主义,讲解中国革命的基本问题等,使马列主义在群众中扎根,并逐步开花结果。

马克思列宁主义在大连广泛传播,给人们以深邃的启迪,使人们以新的思路来探索解决中国问题的途径,用社会主义这个新药方来医治中国社会的瘤疾。只有社会主义才能救中国的思想逐步为先进分子所接受,这对唤起殖民地大连人民的爱国热情,具有不可估量的作用,为党、团在大连建立组织打下了思想基础。

二、大连党组织的建立

1.建立时间及经过

1925年12月6日,团中央北方区组织部向中共北方区委报告"大连方面成年工人甚多,且现有团员数人已超过年龄,应立即组建党组织"。12月下旬,根据中央发出《121号通知》,将大连地区8名超龄团员转党,加上先期入党的傅景阳共有9名党员。1926年1月15日,根据党中央和北方区委的指示,正式组建了中国共产党大连特别支部。同年2月,改为中共大连地方委员会。大连地方党组织建立后,由于缺乏经验,党与团的特别支部委员会是两个组织一套人马。这时,由于大连党与团是合并组织的,党与团的关系,不但工作上划分不清,连组织上都划分不清。

为了改变大连地区党团组织不分的局面,充分发挥党团组织各自的作用,同年6月,北方区委派特派员张炽到大连,整顿和加强大连党的工作。由于新加入组织的党员较多,内部的教育训练跟不上。鉴于这种情况,张炽与大连地委同志经过研究决定,5月30日召集党团员大会,分别建立了党和团的地方委员会。改选后,中共大连地方委员会书记为杨志云,共青团大连地方委员会书记为王少坡。为了加强对工人运动和学生运动的领导,成立了党的教育宣传委员会、工人运动委员会,团的教育宣传委员会和经济斗争委员会。从此,大连党团组织才完全分开,改变了以前党团不分的局面,由于党团组织加强了各自的工作,使大连地区的革命斗争开创了新局面。

2.党组织建立后的主要活动

(1)举行孙中山先生逝世一周年纪念会

1926年3月12日,孙中山先生逝世一周年。为唤起民众的新觉醒,中共大连党组织事前利用报纸发表《孙中山先生逝世一周年纪念日动议》一文并散发传单,号召大连人民隆重纪念这个日子,并联合其他革命群众团体,以大连中华团体有志联合会的名义发起组织纪念活动。3月12日上午9点,在永善茶园举行隆重的纪念大会,到会者达5000多人。会场的布置,庄严肃穆,尤其使人注意的,便是各种纸书的标语,如:打倒帝国主义!取消不平等条约!打倒残民军阀!武装民众!国民革命万岁!世界被压迫民族联合万岁!把群众的革命情感燃烧起来——这实是空前未有的鲜明口号。会议在老同盟会会员、国民党党员傅立鱼的主持下进行,悼念仪式之后,各界代表登台讲演,颂扬孙中山先生的伟大功绩,使与会者受到深刻教育,进一步激发了反帝爱国热情,促进了大连民众的民族觉醒。

(2)领导"福纺"纱厂"四二七"罢工

1926年春,"满洲福岛纺绩株式会社"(即"福纺"纱厂)1000余名工人,不堪忍受日本资本家的残酷剥削和压迫,于4月27日爆发了声势浩大的大罢工。罢工一开始即得到了大连党、团组织的直接领导和大连中华工学会的具体组织,把自发的经济斗争引向与争人权、反压迫的政治斗争相结合的自觉斗争中去。在罢工的过程中,为取得大连各界群众和舆论界的支持,地委工运委员、工学会委员长傅景阳主持召开了大连中文报纸的记者招待会,介绍罢工的真相,揭露敌人的暴行和阴谋。各报纷纷报道罢工的有关消息,使罢工斗争得到了各界的广泛同情和赞助。同时为取得全国工人阶级和广东革命政府的支持,大连党组织先后派林升亭、王立功、辛培源赴上海、广州等地,向党中央、中华全国总工会及国民政府和群众团体报告罢工情况并请求援助。在全国工人阶级和广东革命政府的大力支持下,大连工人阶级和全市、全国人民团结战斗,不畏强暴,不怕坐牢,战胜重重困难,坚持罢工一百天,终于取得了胜利。

这场罢工斗争,高举反帝旗帜,打击了日本帝国主义的殖民统治,大长了中国工人阶级的志气,进一步唤醒了大连工人阶级和广大人民的民族民主革命觉悟,为大连工运史写下了光荣的一页。

纵观大连地方党组织的建立过程,马克思列宁主义在大连的广泛传播,对唤起殖民地大连人民的爱国热情,具有不可估量的影响,给他们点燃了挣脱枷锁奔向解放的指路明灯。首先,它指引着大连的工人运动由自发的分散的行动向自觉地组织起来进行斗争的方向发展。其次,大连工人阶级在党领导的工会组织带领下,走上了反对帝国主义和资本家压迫剥削的自觉斗争道路。1925年和1926年,在共青团大连支部和中共大连特支的领导下,联合全市进步力量同日本殖民当局开展了一系列的斗争,使大连的爱国反帝斗争和工人运动开展得有声有色、如火如荼。随着中共大连支部的建立,大连人民在党的领导下,深入、广泛、持久地开展革命斗争,使工人运动走上了有组织有领导的轨道,发展到一个崭新的历史阶段。

资料来源:米娓娓.马克思主义与中国共产党大连地方组织的建立.大连近代史研究,2011,8:296-299

【请你思考】

1. 1917年的俄国"十月革命"和1919年爆发的"五四"爱国运动,加速了社会主义思想在中国的传播,同时也加速了大连地区的爱国知识分子的思想向社会主义倾斜,使马克思列宁主义在大连的传播向广泛和深入的方向发展。根据上述材料,结合所学知识,请你总结一下,中国早期马克思主义者队伍的形成和早期马克思主义思想运动的特点。

2. 在大连党组织的领导下,震惊全国的大连"福纺"工人大罢工(又称"四二七"大罢工)取得胜利,写下了中国工人运动史光辉一页。这场罢工高举反帝旗帜,打击了日本帝国主义的殖民统治,大长了中国工人阶级的志气,进一步唤醒了大连工人阶级和广大人民民族、民主革命觉悟。就此请你谈谈如何理解中国共产党是马克思主义和工人运动相结合的产物?

案例2 第一次国共合作在辽宁(节选)

国共合作在党的历史上占有重要地位。第一次国内革命战争时期,国共合作对辽宁地区革命形势的发展,起到了重要的推动作用。

第一次国共合作在辽宁的活动

在沈阳,国共两党的合作是在奉系军阀和日本帝国主义的统治和严密监视下建立起来的,活动十分困难,但由于两党有反帝反封建的共同目标,合作较好。开始时,中共奉天党支部全力以赴地发动党、团员,帮助国民党扩大组织,发展党员,协助国民党奉天省党部向黄埔军校和北阀军输送学员和战士。据统计,从1925年至1926年上半年,向广州输送百余人。1926年春,周东效一人就发展了6至7名国民党员,其中丁占甲、鲍澄吉、唐凤池等人被输送到广州参加了黄埔军校和国民革命军。此外还组织党团员和进步青年,为国民党在沈阳主办的《东三省民报》撰稿,公开揭露帝国主义在东北地区从事的政治、经济、军事、宗教和文化等方面的侵略,组织进步青年散发传单,张贴标语,号召广大市民抵制日货,发动群众掀起不售日货,不购日货,不用日货和销毁日货的斗争;争取民族独立,要求自由平等以及发动城乡人民捐款支援上海人民反帝斗争。这些活动大部分是以国民党的名义进行的。

国民党大连市党部成立之后,与中共大连特支一样是秘密组织。但日本殖民当局对国民党地方组织的活动不大限制,所以,中共大连特支安排共产党员在国民党市党部发挥作用,并以国民党的名义进行工作。当时最主要的活动有:一是纪念孙中山逝世一周年。国民党大连市党部成立不久,恰值孙中山先生逝世一周年,中共大连党组织利用这个机会向大连人民进行了一次广泛的国民革命运动教育。特请老同盟会会员傅立鱼出面发起组织纪念活动。3月12日《泰东日报》发表了中共大连党组织撰写的纪念性文章《孙中山先生逝世一周年纪念日的动议》,号召大连人民纪念这个日子,学习孙中山先生的革命精神。同时印发通告式的信报千份。

二是营救福纺厂大罢工被捕工人,争取各方面的援助。为营救被捕工人,中共大连地委同各方面研究决定,派国民党大连市党部书记林升亭,以罢工委员会的名义外出求援。林升亭7月10日抵达上海特别市党部、国民党江苏省党部、上海总工会、上海商界联合会和上海总商会,报告了福纺厂工人罢工的经过,得到了上海舆论界及各阶层人民的有力支持。然后,又去广州,先到全国总工会,向苏兆征、邓中夏、刘少奇等领导人报告了情况。接着在全国总工会的帮助下,争得了国民政府、国民党中央等各个方面的援助。他们向日本驻沙面领事馆、大连关东厅致函电以示抗议。国民政府还拨款2500元援助罢工工人。

在全国各方面的援助下,终于迫使日本殖民当局,答复了罢工工人提出的条件和要求,结束了坚持百日的大罢工。

三是国民党大连市党部正式成立前后,大连地区曾以国民党地方组织的名义,多次派人到黄埔军校和广州农民运动讲习所学习。

1926年夏,国民党北方区执行部,为了加强国民党奉天省党部的工作,从北京大学、朝阳大学和中国大学的应届毕业生中,派韩静远、李桂庭、孟大厚、孟传大和韦仲达等5人来沈阳充实国民党奉天省党部的工作。由于省党部内的国民党员中存在派系斗争,他们来沈阳后,竟被分配到教育界和军界任职,有的甚至被分配去东北大学学习。后来,这些人以办补习班的名义,成立一个启明补习学校,广召学员宣传党义(三民主义),发展党员,成为后期国民党在辽宁的活动基地。

第一次国共合作在辽宁的破裂

正当国共合作使全国革命形势迅速发展的时候,在革命阵营内部的国民党右派日益猖獗起来。辽宁地区国共合作的局面也趋于恶化。

1926年夏,沈阳有人以"民族自治同盟会"的名义,散发反共传单,破坏革命活动。担任《东三省民报》编辑工作的俞若愚和北关中学的孙百急等人,曾多次给国民党奉天省临时党部执行委员兼组织部长吴竹村写秘信,提示:"中国共产党不适合中国国情",要求辩论国共合作问题,为分裂国共合作制造舆论。国民党奉天省临时党部的负责人钱公来,也一反常态,唆使跨党的中共党员李光忱叛变,并制造谣言排斥加入国民党的中共党员、国民党奉天省临时党部执委兼组织部长吴竹村。并从加入国民党的共青团员、国民党奉天省临时党部的工作人员张景珍那里,夺去了国民党奉天省临时党部的工作的铃记(图章)。重新改选了国民党奉天省临委的执行委员会和监察委员会。改选后的国民党奉天省党部的成员中,跨党的中共党员只占执、监委员的三分之一。从而大大地削弱了共产党人在国共合作中的领导作用。在基层,国民党右派也篡夺领导权。中共奉天党支部为团结广大青年,发展革命统一战线,曾以文艺团体的形式组织了一个中国共产党和青年团的外围组织《春潮社》。1926年夏,沈阳的国民党右派制造分裂,派人钻入《春潮社》争夺领导权,进行分化瓦解活动。梅佛光竟利用《春潮社》例会的机会,公然提出某某是共产党,不能入社等,把一个很有影响、很有作为的组织搅散了。

1926年秋,国民党中央组织部,为了进一步控制国民党在东北地区,特别是沈阳地区的党务工作,又从黄埔军校应届毕业生中,指派刘不同、包景华、单成仪、刘广瑛、王立亭等5人来沈,组成"整理党务指导委员会"。他们为进一步排挤共产党人在国民党奉天省党部中的领导地位,在"整理党务指导委员会"的策划下,于11月又改组了国民党奉天省党部。这时国民党奉天省党部的领导成员中,只保留了五分之一的共产党员。新的省党部在石派控制下,要求中共奉天党支部将参加国民党的中共党员和共青团员的名单报送国民党奉天省党部备案。从此,有些加入国民党的中共党员和共青团员,除在国民党奉天省党部担任职务的和其他经党组织批准留在国民党组织中的少数人外,绝大多数退出了国民党。

　　1927年3月,国民党奉天省党部负责人钱公来被张作霖逮捕。李光忱等逃往武汉,为免遭牵连和破坏,中共奉天特支及时通知在国民党奉天省党部备案的10名中共党员转移到北京、大连、哈尔滨等地。这样,第一次国共合作的局面在沈阳就不存在了。

　　在大连,国共合作的情况与全国总的情况大体相似。在国民党右派日益篡夺革命领导权的过程中,国民党大连市党部宣传部长李仲刚逐步反动。开始他反对共产党加入国民党,以后他发现国民党大连市党部书记林升亭靠近共产党,就企图夺权。广州中山舰事件发生后,他利用星期讲坛,以《国民党将赤化》为题进行反共宣传。随后,他不辞而别从大连到广州投靠国民党右派。1927年初,他重返大连投靠了日本殖民当局。1927年6月,曾任中共大连地委组织部长的杨志云在奉天被捕,李仲刚向日本当局告密,证实杨志云的共产党员身份,致使杨志云惨遭酷刑。由于李仲刚叛变,国民党大连市党部在大连人民中失去了威信。随着大革命的失败和中共大连党组织遭到破坏,国民党大连市党部也名存实亡。到此,第一次国共合作在大连地区的活动也告结束。

　　资料来源:赵清泉.第一次国共合作在辽宁.党史纵横,1989(6):23-27

【请你思考】

　　1. 国共合作在党的历史上占有重要地位,第一次国内革命战争时期,国共合作对辽宁地区革命形势的发展,起到了重要的推动作用。请简述中国共产党在大革命中的历史作用。

　　2.1925年至1927年中国的反帝反封建的国民革命是一场规模宏伟的大革命。根据上述材料,请你总结一下,第一次国共合作期间的大革命失败的原因和历史意义有哪些?

三、经典精读

陈独秀:《新青年》宣言

　　本志具体的主张,从来未曾完全发表。社员各人持论,也往往不能尽同。读者诸君不免怀疑,社会上颇因此发生误会。现当第七卷开始,敢将全体社员的共同意见,明白宣布。就是后来加入的社员,也共同担负此次宣言的责任。但"读者言论"一栏,乃为容纳社外异议而设,不在此例。

我们相信世界上的军国主义和金力主义,已经造了无穷罪恶,现在是应该抛弃的了。

我们相信世界各国政治上、道德上、经济上因袭的旧观念中,有许多阻碍进化而且不合情理的部分。我们想求社会进化,不得不打破"天经地义""自古如斯"的成见,决计一面抛弃此等旧观念,一面综合前代贤哲、当代贤哲和我们自己所想的,创造政治上、道德上、经济上的新观念,树立新时代的精神,适应新社会的环境。

我们理想的新时代新社会,是诚实的、进步的、积极的、自由的、平等的、创造的、美的、善的、和平的、相爱互助的、劳动而愉快的、全社会幸福的。希望那虚伪的、保守的、消极的、束缚的、阶级的、因袭的、丑的、恶的、战争的、轧轹不安的、懒惰而烦闷的、少数幸福的现象,渐渐减少,至于消灭。

我们新社会的新青年,当然尊重劳动,但应该随个人的才能兴趣,把劳动放在自由愉快艺术美化的地位,不应该把一件神圣的东西当作维持衣食的条件。

我们相信人类道德的进步,应该扩张到本能(即侵略性及占有心)以上的生活;所以对于世界上各种民族,都应该表示友爱互助的情谊。但是对于侵略主义、占有主义的军阀、财阀,不得不以敌意相待。

我们主张的是民众运动、社会改造,和过去及现在各派政党,绝对断绝关系。

我们虽不迷信政治万能,但承认政治是一种重要的公共生活。而且相信真的民主政治,必会把政权分配到人民全体,就是有限制,也是拿有无职业作标准,不拿有无财产作标准;这种政治,确是造成新时代一种必经的过程,发展新社会一种有用的工具。至于政党,我们也承认他是运用政治应有的方法;但对于一切拥护少数人私利或一阶级利益,眼中没有全社会幸福的政党,永远不忍加入。

我们相信政治、道德、科学、艺术、宗教、教育,都应该以现在及将来社会生活进步的实际需要为中心。

我们因为要创造新时代新社会生活进步所需要的文学道德,便不得不抛弃因袭的文学道德中不适用的部分。

我们相信尊重自然科学实验哲学,破除迷信妄想,是我们现在社会进化的必要条件。

我们相信尊重女子的人格和权利,已经是现在社会生活进步的实际需要,并且希望他们个人自己对于社会责任有彻底的觉悟。

我们因为要实验我们的主张,森严我们的壁垒,宁欢迎有意识有信仰的反对,不欢迎无意识无信仰的随声附和。但反对的方面没有充分理由说服我们以前,我们理当大胆宣传我们的主张,出示决断的态度;不取乡愿的、紊乱是非的、助长惰性的、阻碍进化的、没有自己立脚地的调和论调;不取虚无的、不着边际的、没有信仰的、没有主张的、超实际的、无结果的绝对怀疑主义。

资料来源:林文光.陈独秀文选.成都:四川文艺出版社,2009:3-4

李大钊：我的马克思主义观（节选）

（一）

一个德国人说过，五十岁以下的人说他能了解马克思的学说，定是欺人之谈。因为马克思的书卷帙浩繁，学理深晦。他那名著"资本论"三卷，合计二千一百三十五页，其中第一卷是马氏生存时刊行的，第二第三两卷是马氏死后他的朋友昂格思替他刊行的。这第一卷和二三两卷中间，难免有些冲突矛盾的地方，马氏的书本来难解，添上这一层越发难解了。加以他的遗著未曾刊行的还有很多，拼上半生的工夫来研究马克思，也不过仅能就他已刊的著书中，把他反复陈述的主张得个要领，究不能算是完全了解"马克思主义"的。我平素对于马氏的学说没有什么研究，今天硬想谈"马克思主义"已经是僭越的很。但自俄国革命以来，"马克思主义"几有风靡世界的势子，德奥匈诸国的社会革命相继而起，也都是奉"马克思主义"为正宗。"马克思主义"既然随着这世界的大变动，惹动了世人的注意，自然也招了很多的误解。我们对于"马克思主义"的研究，虽然极其贫弱，而自一九一八年马克思诞生百年纪念以来，各国学者研究他的兴味复活，批评介绍他的很多。我们把这些零碎的资料，稍加整理，乘本志出"马克思研究号"的机会，把他转介绍于读者，使这为世界改造原动的学说，在我们的思辨中，有点正确的解释，吾信这也不是绝无裨益的事。万一因为作者的知能浅陋，有误解马氏学说的地方，亲爱的读者肯赐以指正，那是作者所最希望的。

（二）

我于评述"马克思主义"以前，先把"马克思主义"在经济思想史上占若何的地位，略说一说。

由经济思想史上观察经济学的派别，可分为三大系，就是个人主义经济学、社会主义经济学与人道主义经济学。

个人主义经济学，也可以叫作资本主义经济学。三系中以此为最古。著"原富"的亚丹斯密（Adam Smith）是这一系的鼻祖。亚丹斯密以下，若马查士（Malthus）、李嘉图（Ricardo）、杰慕士·穆勒（James Mill）等，都属于这一系。把这一系的经济学发挥光大，就成了正系的经济学，普通称为正统学派。因为这个学派是在模范的资本家国的英国成立的，所以英国以外的学者也称他为英国学派。这个学派的根本思想是承认现在的经济组织为是，并且承认在此经济组织内，各个人利己的活动为是。他们以为现在的经济组织，就是个人营利主义的组织，是最巧最妙、最经济不过的组织。从生产一面讲，各人为自己的利益，自由以营经济的活动，自然努力以致自己的利益于最大的程度。其结果：社会全体的利益不期增而自增。譬如各人所有的资本，自然都知道把他由利益较少的事业，移到利益较多的事业上去。社会全体的资本，自然也都舍了那利益较少的事业，投到利益较多的事业上去。所以用不着什么政治家的干涉，自由竞争的结果，社会上资本的全量自然都利用到社会全体最有利的方面去。而事业家为使他自己的利益达于最大的程度,自然努力以使他自己制品全体的价增大,努力以求其商品全体的卖出额换回很多的价来。社会全体的富是积个人的富而成的。个人不断的为增加自己的富去努力,你这样作,他也这样作,那社会全体的富也不期增而日增了。再从消费一面讲,我们日用的一切物品,都不是在自己家内生产的,都是人家各自为营利、为商卖而生产的。自己要得一种物品:米、盐、酱、醋,乃至布匹、伞、屐、新闻、杂志之属,都不是空手向人家讨得来的。依今日的经济组织,都是各人把物卖钱,各人拿钱买货。各人按着自己最方便的法子去活动,比较着旁人为自己代谋代办,亲切的多,方便的多,经济的多。总而言之,他们对于今日以各人自由求各自利益为原则的经济组织,很满足,很以为妥当。他们主张维持他,不主张改造他。这是个人主义经济学。也就是以资本为本位,以资本家为本位的经济学。

  以上所述个人主义经济学,有二个要点:其一是承认现在的经济组织为是;其二是承认在这经济组织内,各个人利己的活动为是。社会主义经济学正反对他那第一点。人道主义经济学正反对他那第二点。人道主义经济学者以为无论经济组织改造到怎么好的地步,人心不改造仍是现在这样的贪私无厌,社会仍是没有改善的希望,于是否认经济上个人利己的活动,欲以爱他的动机代那利己的动机;不置重于经济组织改造的一方面,而置重于改造在那组织下活动的各个人的动机。社会主义经济学者以为现代经济上社会上发生了种种弊害,都是现在经济组织不良的缘故,经济组织一经改造,一切精神上的现象都跟着改造,于是否认现在的经济组织,而主张根本改造。人道主义经济学者持人心改造论,故其目的在道德的革命。社会主义经济学者持组织改造论,故其目的在社会的革命。这两系都是反对个人主义经济学的,但人道主义者同时为社会主义者的也有。

  现在世界改造的机运,已经从俄、德诸国闪出了一道曙光。从前经济学的正统,是在个人主义。现在社会主义、人道主义的经济学,将要取此正统的位系,而代个人主义以起了。从前的经济学,是以资本为本位,以资本家为本位。以后的经济学,要以劳动为本位,以劳动者为本位了。这正是个人主义向社会主义、人道主义过渡的时代。

  马克思是社会主义经济学的鼻祖,现在正是社会主义经济学改造世界的新纪元,"马克思主义"在经济思想史上的地位如何重要,也就可以知道了。

  本来社会主义的历史并非自马氏始的,马氏以前也很有些有名的社会主义者,不过他们的主张,不是偏于感情,就是涉于空想,未能造成一个科学的理论与系统。至于马氏才用科学的论式,把社会主义的经济组织的可能性与必然性,证明与从来的个人主义经济学截然分立,而别树一帜,社会主义经济学才成一个独立的系统,故社会主义经济学的鼻祖不能不推马克思。

(三)

  "马克思主义"在经济思想史上的价值,既如上述,我当更进而就他的学说的体系略为大体的分析,以便研究。

  马氏社会主义的理论,可大别为三部:一为关于过去的理论,就是他的历史论,也称社会组织进化论；二为关于现在的理论，就是他的经济论，也称资本主义的经济论；三为关于将来的理论，就是他的政策论，也称社会主义运动论，就是社会民主主义。离了他的特有的史观，去考他的社会主义，简直的是不可能。因为他根据他的史观，确定社会组织是由如何的根本原因变化而来的；然后根据这个确定的原理，以观察现在的经济状态，就把资本主义的经济组织，为分析的、解剖的研究，豫言现在资本主义的组织不久必移入社会主义的组织，是必然的运命；然后更根据这个豫见，断定实现社会主义的手段、方法仍在最后的阶级竞争。他这三部理论，都有不可分的关系，而阶级竞争说恰如一条金线，把这三大原理从根本上联络起来。所以他的唯物史观说："既往的历史都是阶级竞争的历史。"他的"资本论"也是首尾一贯的根据那"在今日社会组织下的资本阶级与工人阶级，被放在不得不仇视、不得不冲突的关系上"的思想立论。关于实际运动的手段，他也是主张除了诉于最后的阶级竞争，没有第二个再好的方法。为研究上便利起见，就他的学说各方面分别观察，大概如此。其实他的学说是完全自成一个有机的有系统的组织，都有不能分离不容割裂的关系。

资料来源：李大钊.李大钊选集.北京：人民出版社，1959

习近平：弘扬"红船精神" 走在时代前列

1921年8月初，中国共产党第一次全国代表大会在浙江嘉兴南湖的一条游船上胜利闭幕，庄严宣告中国共产党的诞生。这条游船因而获得了一个永载中国革命史册的名字——红船。

红船，见证了中国历史上开天辟地的大事变，成为中国革命源头的象征。红船，一直接受着人们特别是共产党人的瞻仰。上世纪60年代，中共"一大"代表董必武同志两次重访南湖，即兴赋诗。改革开放以来，邓小平、江泽民、胡锦涛等党和国家领导人，亲切关怀党的诞生地，或瞻仰红船，或亲笔题词，勉励我们"沿着南湖红船开辟的革命航道奋勇前进"。2002年10月，我调任浙江后，即怀着无限崇敬的心情，专程到嘉兴南湖瞻仰红船，接受革命精神教育。今年春节后的第一个工作日，浙江省委理论学习中心组成员来到南湖瞻仰红船，举行保持共产党员先进性教育活动专题学习会。在先进性教育活动期间，成千上万的共产党员从祖国各地来到南湖，看一次展览，听一次党课，学一次党章，观一次专题片，瞻仰一次红船，重温一次入党誓词。嘉兴市广泛开展以"精神传承、思想升华"为主要内容的"红船精神"大讨论活动，有力地促进了先进性教育活动。

红船劈波行，精神聚人心。红船所代表和昭示的是时代高度，是发展方向，是奋进明灯，是铸就在中华儿女心中的永不褪色的精神丰碑。"红船精神"同井冈山精神、长征精神、延安精神、西柏坡精神等一道，伴随中国革命的光辉历程，共同构成我们党在前进道路上战胜各种困难和风险、不断夺取新胜利的强大精神力量和宝贵精神财富。80多年来，"红船精神"一直激励和鼓舞着我们党坚持站在历史的高度，走在时代的前列，勇当舵手，引领航向，不断取得革命、建设和改革的一个又一个胜利。

"红船精神"——党的先进性之源

一个大党诞生于一条小船。从此,中国共产党引领革命的航船,劈波斩浪,开天辟地,使中国革命的面貌焕然一新。伟大的革命实践产生伟大的革命精神。"红船精神"正是中国革命精神之源:中国共产党历史上形成的优良传统和革命精神,无不与之有着直接的渊源关系。中国共产党作为中国工人阶级和中华民族的先锋队,从这条红船扬帆起航,就始终代表着中国先进生产力的发展要求,代表着中国先进文化的前进方向,代表着最广大人民的根本利益,在推动中国历史前进中发挥着无可替代的领导核心作用。正如党的十六大报告所明确指出的,党的先进性"归根到底要看党在推动历史前进中的作用"。红船正是走在时代前列的象征,"红船精神"就充分体现了走在时代前列的精神,这也就集中体现了党的先进性,是党的先进性之源。

中国共产党沿着红船的航向,以开天辟地、敢为人先的首创精神,始终站在历史和时代发展的潮头。上世纪20年代的旧中国,是一个半封建半殖民地的社会。"十月革命"一声炮响给我们送来马克思列宁主义,"五四"运动中工人阶级登上政治舞台,这都为中国共产党的诞生作了思想和组织上的准备。中国共产党正是顺应求民族独立、谋人民解放的历史使命,勇立社会历史发展的潮头,在南湖红船上宣告成立,从此使中国革命的历史翻开了崭新的一页。对此,毛泽东同志称之为"开天辟地的大事变"。董必武同志在故地重游中欣然命笔:"烟雨楼台革命萌生,此间曾著星星火;风云世界逢春蛰起,到处皆闻殷殷雷。"南湖红船点燃的星星之火,形成了中国革命的燎原之势,使四海翻腾,五岳震荡。我们党从这里走向井冈山,走向延安,走向西柏坡,由一个领导人民为夺取政权而奋斗的党,成为领导人民掌握政权并长期执政的党。

中国共产党扬起红船的风帆,以坚定理想、百折不挠的奋斗精神,矢志推动中国革命和建设事业不断前进。中国共产党是以马克思主义理论武装起来的先进政党。中国共产党的诞生,使中国革命从此有了坚定的理想信念和强大的精神支柱。在惊涛骇浪不断的革命大潮中,红船在升腾,共产党人的信念也在升腾。当初,党的"一大"会议在白色恐怖中召开,由上海转至嘉兴,在南湖红船上完成缔造中国共产党的使命,靠的是坚定的理想信念和百折不挠的革命精神。之后,我们党在长期艰苦卓绝的奋斗中,历经曲折而不畏艰险,屡受考验而不变初衷,由小到大,由弱变强,靠的还是坚定的理想信念和百折不挠的革命精神。中国共产党人不管风吹浪打,不怕急流险滩,始终坚定自己的理想和信念,以压倒一切敌人、战胜一切困难的大无畏英雄气概,矢志推动中国革命和建设事业的大船劈波斩浪、不断奋进。

中国共产党载着红船的意愿,以立党为公、忠诚为民的奉献精神,努力维护好、实现好、发展好最广大人民的根本利益。"革命声传画舫中,诞生共党庆工农"。中国共产党从诞生那天起,从来就没有自己的私利,而是以全心全意为人民谋福利为根本宗旨。密切联系群众是我们党区别于其他任何一个政党的显著标志。依水行舟,忠诚为民,成为贯穿中国革命和建设全过程的一条红线,也是"红船精神"的本质所在。肩负为人民谋利益的神圣职责和崇高使命,中国共产党人以自己的身体力行,宣传、发动和引领全国各族人民团结一心,和衷共济,英勇奋战,在推进中国革命和建设的进程中,不断维护好、实现好、发展好最广大人民的根本利益。

开天辟地、敢为人先的首创精神,坚定理想、百折不挠的奋斗精神,立党为公、忠诚为民的奉献精神,是中国革命精神之源,也是"红船精神"的深刻内涵。我们要高举"三个代表"重要思想伟大旗帜,始终保持党的先进性,就必须永远铭记我们党的"母亲船",重温红船的历史沧桑,在继承和弘扬"红船精神"中永葆党的先进性,进一步激发为中国特色社会主义事业而奋斗的信念和力量。

"红船精神"对党的先进性建设具有重要意义

新世纪新阶段,我国已踏上全面建设小康社会、加快推进社会主义现代化的伟大征程。保持党的先进性,既面临着新的要求,也面临着新的考验。在新的形势下,继承和弘扬"红船精神",对于加强党的先进性建设,进一步巩固党的执政地位,完成党的执政使命,具有十分重要的理论意义和实践意义。

"红船精神"是激励我们把握发展这一时代主题和党执政兴国第一要务,大胆探索、创新创业的强大思想武器。发展是当今时代的一大主题,也是党执政兴国的第一要务。加强党的先进性建设,首要任务就是提高领导发展的能力。当今世界处于深刻变化之中,综合国力的竞争日趋激烈,我国全面建设小康社会的进程中也出现了许多前所未有的新情况、新问题。"红船精神"昭示我们,在社会发展的进程中,我们不能因循守旧,刻舟求剑,必须勇立潮头,敢为人先,以创新的精神永葆党的生机和活力。面对新挑战、新机遇和新形势、新任务,我们要坚持和发扬"红船精神",有敢于突破前人的勇气和智慧,自觉克服安于现状、不思进取的思想观念,坚持用创新的理论成果武装头脑,用创新的思想观念谋划工作,紧紧扭住发展不放松,与时俱进,开拓创新,不断推进建设中国特色社会主义的伟大事业。

"红船精神"是鼓舞我们坚定共产主义理想和中国特色社会主义信念,不畏艰险、艰苦奋斗的强大精神支柱。中国革命的航船是在惊涛骇浪中到达成功的彼岸的,中国改革和建设事业的航程同样不会一帆风顺。建设中国特色社会主义是一项前无古人的创造性事业,全面建设小康社会是一项空前艰巨的宏图伟业,在推进其发展的漫漫征程中充满了重重困难和各种风险。"红船精神"昭示我们,逆水行舟,不进则退。面对我们的基本国情和我们党的历史使命,没有坚定的理想和必胜的信念,没有不畏艰辛、励精图治的精神状态和艰苦奋斗、顽强拼搏的作风,就难以克服前进道路上的重重困难,难以战胜前进道路上的风险和挑战。我们必须坚持和发扬"红船精神",坚定理想信念,增强忧患意识,居安思危,处盛虑衰,以共产党人的胸襟和眼界观察世界、判断形势,恪尽职守、脚踏实地,不怕艰难、坚韧不拔,矢志拼搏、艰苦创业,努力谱写全面建设小康社会、加快推进社会主义现代化的新篇章。

"红船精神"是鞭策我们牢记立党为公、执政为民本质要求和全心全意为人民服务的根本宗旨,求真务实、一心为民的强大道德力量。作为马克思主义政党,我们党自诞生之日起就以解放全人类、实现共产主义为己任,以全心全意为人民服务为根本宗旨。坚持立党为公、执政为民,始终保持党同人民群众的血肉联系,是马克思主义政党与生俱来的政治品质和最高从政道德,是衡量党的先进性的根本标尺。"红船精神"昭示我们,党和人民的关系就好比舟和水的关系,"水可载舟,亦可覆舟"。革命战争年代,正是在"红船精神"引领下,我们党从民族大义和人民群众的根本利益出发,充分发动并紧紧依靠人民群众夺取了政权,从此成为在全国掌握政权并长期执政的执政党。改革开放以来,我们党经受着执政和改革开放的双重考验。党的先进性能否始终保持,党的执政地位能否不断巩固,根本取决于人民群众对党的信赖和拥护,而这又取决于我们党能否践行立党为公、执政为民的本质要求,取决于我们党能否团结带领人民群众求真务实、真抓实干。我们必须牢记"权为民所用、情为民所系、利为民所谋"的谆谆教诲,继续发扬"红船精神",始终不渝地为最广大人民谋利益,坚持人民利益高于一切的政德,真正干出有利于党和人民事业的政绩。

在新的实践中继承和弘扬"红船精神"

"红船精神"是我们党创立时期坚持和实践自身先进性的一个历史明证。正如党的先进性不是与生俱来、一劳永逸的,"红船精神"也是具体的、历史的。我们要把"红船精神"贯穿于树立和落实科学发展观、构建社会主义和谐社会和加强党的先进性建设的实践上来。把握住这一点,就从根本上把握了"红船精神"的实质与核心,同时也就把握了党的先进性的真谛。

红船起航于浙江,既有历史的偶然性,也有历史的必然性。这是浙江的光荣,也是推进浙江发展的精神力量所在。联系浙江实际,我们要在新的实践中继承和弘扬"红船精神",就必须结合当前正在开展的保持共产党员先进性教育活动,高扬理想的风帆,荡起奋发的双桨,乘着改革开放的浪潮,认真贯彻胡锦涛总书记对浙江工作提出的"努力在全面建设小康社会、加快推进社会主义现代化的进程中走在前列"的要求,做到学在深处,谋在新处,干在实处,再铸浙江改革开放和现代化建设新的辉煌。

第一,要深入实施"八八战略",努力在树立和落实科学发展观方面走在前列。科学发展观是指导浙江实现更快更好发展的根本指南,深入实施"发挥八个方面优势、推进八个方面举措"的"八八战略",是浙江落实科学发展观的具体实践。我们要不断深化对科学发展观的认识,不断提高用科学发展观来指导实践的自觉性和坚定性,不断推进"八八战略"的深化细化具体化,在经济社会发展中更加注重统筹兼顾、加强薄弱环节,更加注重经济增长的质量和效益,更加注重以人为本,实现和维护广大人民群众的切身利益。要坚持在贯彻中央宏观调控政策中把握经济发展全局,正确处理发挥市场机制作用与加强政府宏观调控的关系,确保经济平稳较快发展。要以主动的姿态推进经济结构调整和增长方式转变,切实把提高自主创新能力作为结构调整的中心环节,把建设节约型社会放在重要位置,把统筹城乡发展作为解决"三农"问题的着力点,把加快建设先进制造业基地和发展现代服务业作为结构调整的突破口,把深化改革、扩大开放作为根本动力,努力在更高层次上推动浙江的发展。

第二,要全面建设"平安浙江",努力在构建社会主义和谐社会方面走在前列。构建社会主义和谐社会,是我们党根据当今时代社会实践发展的新要求和人民群众生产生活的新需要,而提出的建设中国特色社会主义的新战略、新举措。浙江在构建社会主义和谐社会方面具有较好的条件。特别是建设"平安浙江"的具体实践,为我省构建和谐社会打下了工作基础,积累了有益经验。我们要以建设"平安浙江"为载体,积极构建具有中国特色、时代特征、浙江特点的和谐社会。要建设"法治浙江",发展社会主义民主政治,为构建和谐社会提供法制保障。要加快文化大省建设,增强构成浙江综合竞争力的软实力,为构建和谐社会提供智力支持和精神支撑。要坚持"效率优先、兼顾公平",激发社会发展的活力和创造力,促进社会公平和正义,进一步做好关心群众生产生活特别是帮扶困难群众的各项工作,不断健全社会保障和社会救助体系,为构建和谐社会营造良好的氛围。要加强社会建设和管理,努力形成党委领导、政府负责、社会协同、公众参与的社会管理格局,高度重视并切实做好维护社会稳定的各项工作,为构建和谐社会提供良好的社会秩序。

第三,要切实增强执政本领,努力在加强党的先进性建设方面走在前列。党的先进性建设是关乎党生存、发展、壮大的根本性建设。要扎实抓好保持共产党员先进性教育活动,把"走在前列"的要求贯穿于先进性教育活动的全过程,做到谋划工作有"走在前列"的意识,学习动员有"走在前列"的内容,分析评议有"走在前列"的标准,整改提高有"走在前列"的要求,努力解决存在的突出问题,真正使我省先进性教育活动成为推进各级党组织自身建设的基础工程、提高党员思想政治水平和工作能力的素质工程、人民群众真正得到实惠的满意工程。要以改革的精神推进党的建设各项工作,围绕深化理论武装这一首要任务,深入研究如何全面贯彻"真学、真懂、真信、真用"的要求,坚定建设中国特色社会主义的理想信念问题;围绕建设高素质干部队伍这一总体要求,深入研究在选人用人、党管人才、政绩考核、能上能"下"、管理监督、基层基础等方面的一些难题,努力求突破、创特色、出成果;围绕保持党同人民群众的血肉联系这一核心,深入研究如何全面贯彻求真务实的要求,进一步转变作风,推进党风廉政建设和反腐败工作。同时,要把制度建设贯穿于党的思想、组织、作风建设之中。

总之,我们要在新的实践中继承和弘扬"红船精神",在"红船精神"的激励和鼓舞下,不断强化前列意识,切实把"走在前列"的要求体现到精神状态上,贯彻到衡量标准上,落实到各项工作上,再接再厉,乘势而上,努力为全国大局作出积极的贡献。

资料来源:光明日报,2005-06-21

四、实训指导

(一)单项选择题(请在每小题的四个选择项中,选出一个正确答案。)

1. 新文化运动兴起的标志是(　　)。
   A.梁启超在上海主办《时务报》　　B.严复在天津主办《国闻报》
   C.陈独秀在上海创办《青年杂志》　　D.周恩来在天津创办《觉悟》杂志

第四章　开天辟地的大事变

2. 五四运动前新文化运动的主要内容是(　　)。
   A.提倡民主和科学　　　　　　B.宣传公平和正义
   C.弘扬民族文化　　　　　　　D.主张文学革命

3. 在俄国十月革命影响下,中国率先举起马克思主义旗帜的知识分子是(　　)。
   A.陈独秀　　　B.陈望道　　　C.李大钊　　　D.毛泽东

4. 五四运动爆发的直接导火线是(　　)。
   A.北洋军阀接受日本提出的"二十一条"
   B.北洋军阀与日本签订"西原借款"合同
   C.中国外交在巴黎和会上的失败
   D.中国外交在华盛顿会议上的受挫

5. 中国新民主主义革命的伟大开端是(　　)。
   A.护国战争　　　　　　　　　B.五四运动
   C.五卅运动　　　　　　　　　D.北伐战争

6. 1919年6月3日后,五四运动的主力(　　)。
   A.从学生转为工人　　　　　　B.从工人转为学生
   C.从农民转为工人　　　　　　D.从工人转为农民

7. 中国工人阶级开始登上政治舞台,成为中国革命的领导力量是在(　　)。
   A.五四运动　　　　　　　　　B.京汉铁路罢工
   C.五卅运动　　　　　　　　　D.省港大罢工

8. 1919年,李大钊发表了比较全面系统的介绍马克思主义学说的(　　)。
   A.《法俄革命之比较观》　　　B.《Bolshevism的胜利》
   C.《我的马克思主义观》　　　D.《科学的社会主义》

9. 1920年8月在上海出版的《共产党宣言》第一个中文全译本的翻译者是(　　)。
   A.李大钊　　　　　　　　　　B.陈望道
   C.陈独秀　　　　　　　　　　D.蔡和森

10. 李大钊于1918年7月发表的,认为资本主义文明"当入盛极而衰之运"的文章是(　　)。
    A.《法俄革命之比较观》　　　B.《Bolshevism的胜利》
    C.《我的马克思主义观》　　　D.《科学的社会主义》

11. 中国第一个成立的地方共产党组织是(　　)。
    A.北京共产主义小组　　　　　B.上海共产主义小组
    C.武汉共产主义小组　　　　　D.广州共产主义小组

12. 1920年11月,共产党早期组织领导建立的第一个产业工会组织是(　　)。
    A.安源路矿工人俱乐部　　　　B.上海机器工会
    C.北京长辛店工人俱乐部　　　D.京汉铁路总工会

13. 中国共产党正式成立的标志是(　　)。
    A.上海共产主义小组的建立　　　B.《中国共产党宣言》的制定
    C.中共一大的召开　　　　　　　D.《中国共产党章程》的颁布

14. 中国共产党第二次全国代表大会第一次明确提出了(　　)。
    A.实现共产主义的最高纲领　　　B.反帝反封建的民主革命纲领
    C.新民主主义革命的总路线　　　D.土地革命的总路线

15. 中国共产党领导的中国工人运动第一个高潮的起点是(　　)。
    A.香港海员大罢工　　　　　　　B.安源路矿工人大罢工
    C.京汉铁路工人大罢工　　　　　D.省港大罢工

16. 1921年9月,中国共产党领导成立的第一个农民协会是在(　　)。
    A.广东省海丰县　　　　　　　　B.浙江省萧山县
    C.湖南省湘潭县　　　　　　　　D.福建省上杭县

17. 以第一次国共合作为基础的革命统一战线正式形成的标志是(　　)。
    A.中共二大的召开　　　　　　　B.中共三大的召开
    C.国民党一大的召开　　　　　　D.国民党二大的召开

18. 第一次国共合作的政治基础和国民革命统一战线的共同纲领是(　　)。
    A.三民主义　　　　　　　　　　B.新三民主义
    C.社会主义　　　　　　　　　　D.共产主义

19. 第一次国共合作建立后形成的全国范围的大革命风暴起始于(　　)。
    A.五四运动　　　　　　　　　　B.香港海员大罢工
    C.五卅运动　　　　　　　　　　D.省港大罢工

20. 北伐战争正式开始是在(　　)。
    A.1925年7月　　　　　　　　　B.1925年8月
    C.1926年5月　　　　　　　　　D.1926年7月

21. 1927年,汪精卫在武汉制造了对共产党员和革命群众进行大屠杀的(　　)。
    A.中山舰事件　　　　　　　　　B.整理党务案事件
    C.四一二政变　　　　　　　　　D.七一五政变

22. 中国新民主主义革命必须实现的首要任务是(　　)。
    A.反对封建主义　　　　　　　　B.反对帝国主义
    C.反对民族资本主义　　　　　　D.反对官僚资本主义

23. 中国新民主主义革命必须实现的基本任务是(　　)。
    A.反对封建主义　　　　　　　　B.反对帝国主义
    C.反对民族资本主义　　　　　　D.反对官僚资本主义

24. 革命的根本问题是(　　)。
    A.国家政权问题　　　　　　　　B.统一战线问题
    C.领导阶级问题　　　　　　　　D.政党问题

第四章 开天辟地的大事变

25. "中国的土地可以征服而不可以断送！中国的人民可以杀戮而不可以低头！国亡了！同胞起来呀！"这是（　　）的宣言。
    A. 五卅运动　　　　　　　　B. 五四运动
    C. 一二·一运动　　　　　　D. 一二·九运动

26. 新文化运动期间,陈独秀即大声宣告："我们现在认定,只有这两位先生可以救治中国政治上、道德上、学术上、思想上一切的黑暗。"他这里所指的"这两位先生"是（　　）。
    A. 孔子与孟子两位先哲
    B. 德先生（Democracy）与赛先生（Science）
    C. 康有为与梁启超两位老前辈
    D. 孙中山先生与黄兴两位革命领袖

27. 大革命初期作为"一般资产阶级代表人物"的蒋介石,在制造了（　　）之后,其立场就转到了"大地主大资产阶级方面,变为新右派"。
    A. "四一二政变"　B. "皖南事变"　C. "皇姑屯事件"　D. "中山舰事件"

28. 在1927年"四一二"反动政变之前发生的、由英美等国军舰制造的（　　）,加速了以蒋介石为代表的国民党新右派同帝国主义势力勾结的步伐。
    A. 皖南事变　　B. 南京事件　　C. 皇姑屯事件　　D. 沙基惨案

29. 中国共产党在同孙中山领导的国民党合作时采取"党内合作"的方式,是（　　）在中共二大后召开的西湖特别会议上提出的。
    A. 毛泽东　　　B. 列宁　　　C. 陈独秀　　　D. 马林

（二）多项选择题（请在每小题的四个选择项中,选出至少两个正确答案。多选或少选均不得分。）

1. 中国民族资本主义经济的发展,受到了多方面的阻碍,包括（　　）。
    A. 外国资本的压迫　　　　　B. 官僚资本的排挤
    C. 封建生产关系的束缚　　　D. 军阀官僚政府的压榨

2. 在1921年中国共产党诞生到1949年新中国成立以前这个时期,中国存在的三种主要政治力量是（　　）。
    A. 地主阶级和买办性大资产阶级
    B. 民族资产阶级
    C. 工人阶级、农民阶级和城市小资产阶级
    D. 小资产阶级

3. 五四运动以前新文化运动的局限包括（　　）。
    A. 新文化运动的倡导者批判孔学,是为了给中国发展资本主义扫清障碍
    B. 他们把改造国民性置于优先地位
    C. 那时的许多领导人物,还没有马克思主义的批判精神
    D. 他们用资产阶级民主主义进行思想启蒙

4. 新文化运动的主要阵地是(　　)。
   A.北京大学　　　　　　　　　　B.中山大学
   C.《新青年》编辑部　　　　　　D.《湘江评论》编辑部
5. 中国早期接受、宣传马克思主义的先进分子主要来自于(　　)。
   A.五四运动前新文化运动的精神领袖
   B.五四运动中的左翼骨干
   C.五四运动中的工人骨干
   D.一部分辛亥革命时期的活动家
6. 在中国早期接受、宣传马克思主义的先进分子中,来自于新文化运动精神领袖的代表是(　　)。
   A.毛泽东　　　B.李大钊　　　C.陈独秀　　　D.董必武
7. 在中国早期接受、宣传马克思主义的先进分子中,来自于辛亥革命时期活动家的代表是(　　)。
   A.董必武　　　B.吴玉章　　　C.林伯渠　　　D.毛泽东
8. 五四运动爆发的时代条件和社会条件有(　　)。
   A.新的社会力量的成长、壮大　　B.新文化运动掀起的思想解放的潮流
   C.俄国十月革命对中国的影响　　D.地主阶级的逐渐没落
9. 五四运动具有旧民主主义革命不具备的历史特点,主要有(　　)。
   A.五四运动表现了反帝反封建的彻底性
   B.五四运动是一次真正的群众运动
   C.五四运动有坚强的领导政党
   D.五四运动促进了马克思主义在中国的传播及其与中国工人运动的结合
10. 1920年10月成立的北京共产党早期组织的主要成员有(　　)。
    A.陈独秀　　　B.李大钊　　　C.张申府　　　D.张国焘
11. 1920年秋后在武汉成立的共产党早期组织的主要成员有(　　)。
    A.董必武　　　B.陈潭秋　　　C.包惠僧　　　D.王尽美
12. 1920年秋后在长沙成立的共产党早期组织的主要成员有(　　)。
    A.毛泽东　　　B.何叔衡　　　C.董必武　　　D.谭平山
13. 1920年秋后在济南成立的共产党早期组织的主要成员有(　　)。
    A.董必武　　　B.陈潭秋　　　C.王尽美　　　D.邓恩铭
14. 中国各地共产党早期组织成立后着重进行的工作包括(　　)。
    A.研究和宣传马克思主义
    B.制定民主革命纲领
    C.到工人中去开展宣传和组织工作
    D.开展关于建党问题的讨论和实际组织工作

15. 中国共产党早期组织的成员同反马克思主义思潮进行的主要论战包括（　　）。
    A.同康有为关于"改良与革命"的论战
    B.同胡适围绕"问题与主义"的论战
    C.同张东荪等关于社会主义的论战
    D.同黄凌霜等关于无政府主义的论战

16. 中国共产党领导的中国工人运动第一个高潮中爆发的罢工斗争包括（　　）。
    A.香港海员大罢工　　　　B.安源路矿工人大罢工
    C.京汉铁路工人大罢工　　D.省港大罢工

17. 中国国民党第一次全国代表大会实际上确立的三大政策是（　　）。
    A.联俄　　　　　　　　　B.联共
    C.打倒军阀　　　　　　　D.扶助农工

18. 第一次国共合作期间,国民党作为革命联盟所包含的阶级有（　　）。
    A.工人阶级　　　　　　　B.农民阶级
    C.城市小资产阶级　　　　D.民族资产阶级

19. 北伐战争的直接目标是得到帝国主义支持的北洋军阀,其中主要包括（　　）。
    A.皖系军阀段祺瑞　　　　B.直系军阀吴佩孚
    C.直系军阀孙传芳　　　　D.奉系军阀张作霖

20. 由于北伐战争胜利进军的推动,中国人民在反帝斗争中于1927年收回了（　　）。
    A.广州法租界　　　　　　B.上海法租界
    C.汉口英租界　　　　　　D.九江英租界

21. 早期马克思主义思想运动的特点有（　　）。
    A.重视对马克思主义基本原理的学习,明确地同第二国际的社会民主主义划清界限
    B.注意从中国的实际出发,学习、运用马克思主义的理论
    C.提出知识分子应当同劳动群众相结合的思想
    D.提出无产阶级专政的思想

22. 中国共产党第一次全国代表大会确定的党的纲领包括（　　）。
    A.大会确定党的名称为中国共产党
    B.以无产阶级革命军队推翻资产阶级,采用无产阶级专政以达到阶级斗争的目的
    C.消灭阶级,废除资本私有制
    D.联合第三国际

23. 在五四运动的压力下,北洋政府被迫释放被捕的爱国学生,并且( )从这些意义上说,五四运动的直接目标得到了实现。
   A.罢免了三名亲日派官僚的职务
   B.拒绝在《凡尔赛条约》上签字
   C.其代表也没有出席巴黎和会的签字仪式
   D.派军队接管了山东省

24. 下述人物中,在1921年7月参加了中国共产党一大会议的有( )。
   A.陈独秀   B.邓恩铭   C.毛泽东   D.刘少奇

(三)判断题(正确选 Y,错误选 N。)

1. 北洋军阀是在清朝末年由李鸿章建立起来的封建的买办的反动政治武装集团。 (　　)
   Y.正确   N.错误

2. 1919年五四运动以前的新文化运动是资产阶级民主主义的新文化反对封建主义的旧文化的斗争。 (　　)
   Y.正确   N.错误

3. 新文化运动的倡导者以反对旧道德提倡新道德、反对旧文学提倡新文学为文化革命的两大旗帜。 (　　)
   Y.正确   N.错误

4. 五四运动以前的新文化运动中,民主既指资产阶级民主主义制度,又指以劳动群众为主体的民主。 (　　)
   Y.正确   N.错误

5. 新文化运动的倡导者为了彻底批判孔学而否定了中国的全部传统文化。
   (　　)
   Y.正确   N.错误

6. 在五四运动以前,新文化运动中的先进分子,在宣传西方资产阶级民主的时候,就已经开始对它有所怀疑和保留了。 (　　)
   Y.正确   N.错误

7. 新文化运动发展到后来,分成了两个潮流。一部分人继承了它的民主与科学的精神,并在马克思主义基础上加以改造;另一部分人(如陈独秀)则沿着资产阶级的道路继续走下去了。 (　　)
   Y.正确   N.错误

8. 在巴黎和会上,中国代表团迫于国际压力,最终不得不在巴黎和约上签字。
   (　　)
   Y.正确   N.错误

9. 中国共产党的成立,是一个开天辟地的大事变。 (　　)
   Y.正确   N.错误

(四)填空题(把正确答案填入空格内。)

1. 1917年1月,出任北大校长的是_____。
2. 《新青年》编辑部的主要撰稿人包括李大钊、_____、胡适等。
3. 1919年,巴黎和会竟规定德国应将在中国山东获得的一切特权转交给_____。
4. 针对胡适提出的"多研究些问题,少谈些'主义'"的主张,1919年8月,发表《再论问题与主义》一文的共产党早期组织的成员是_____。
5. 1920年底,张东荪、梁启超挑起关于_____的论战。

五、实践指南

1. 张氏帅府

张氏帅府又称"大帅府"或"少帅府",位于辽宁省沈阳市,是张作霖及其长子张学良的官邸和私宅。张氏帅府是东北地区保存最为完好的名人故居,是全国重点文物保护单位。2017年12月2日,入选第二批中国20世纪建筑遗产名单。

2. 东三省兵工厂

东三省兵工厂(沈阳旧址现为黎明发动机公司;枪所搬迁至北安,成立庆华工具厂[626厂],现为庆华军工遗址博物馆),始建于1921年。2018年1月,入选第一批中国工业遗产保护名录。20世纪20~30年代全国规模最大的兵工厂,机床数量上万台,超过其他所有兵工厂总和,年产步枪6万多支,还可生产轻重机枪、各式迫击炮、山炮、野炮;"民生牌"卡车是中国第一款自主生产的汽车;1950年枪所搬迁至北安后成立庆华工具厂,为我国创建的唯一冲锋枪厂,诞生了新中国第一批制式冲锋枪——50式冲锋枪,新中国成立后我军所用制式轻武器大部分出于该厂,改变了中国军队枪械"万国牌"的落后局面。2018年1月,入选第一批中国工业遗产保护名录。

第五章　中国革命的新道路

一、导言

20世纪二三十年代,我国正处于内忧外患的严峻境地。日本军国主义加紧侵略中国,社会危机四伏,人民饱受煎熬,中华民族到了最危险的时候。国民党反动派置民族危亡于不顾,背信弃义叛变革命,并顽固推行"攘外必先安内"的政策,向革命根据地接连发动大规模"围剿",企图消灭中国共产党和工农红军。

在那个风雨如磐的年代,中国共产党人不畏艰辛,团结带领人民在艰难困苦中奋起、在艰辛探索中前进,百折不挠地为改变中国的面貌和中华民族的命运而斗争。但由于党内"左"倾教条主义的错误领导,中央革命根据地第五次反"围剿"失败。在党和红军面临生死存亡考验的紧急关头,党领导红军进行战略转移。

从1934年10月至1936年10月,红军第一、第二、第四方面军和第二十五军先后进行长征。在长征途中,党领导红军跨越滔滔急流,征服皑皑雪山,穿越茫茫草地,突破层层封锁,粉碎了上百万敌军的围追堵截,克服了以王明为代表的"左"倾教条主义和张国焘的分裂主义等错误,纵横十余省,最远的行程二万五千里,胜利前进到陕甘宁地区,实现了红军主力的大会师。

长征途中,党独立召开遵义会议,确立了毛泽东同志在红军和党中央的领导地位,开始确立了以毛泽东同志为代表的党中央的正确路线,使红军和党中央得以在极其危急的情况下保存下来,为我们党从挫折走向胜利提供了重要保证,这是我们党走向成熟的重要标志。以毛泽东同志为核心的党的第一代中央领导集体逐步形成,是我们党在领导中国革命的实践中,经过胜利和失败的长期比较做出的历史性选择。

三大武装起义、农村革命根据地的开辟、红军主力长征以及留在南方八省的红军游击队、西北地区的红军、党领导下的东北人民抗日武装以及在白色恐怖下开展地下斗争的党组织,充分展示了中国共产党人领导革命战争的卓越能力,充分体现了中国共产党人为民族独立和人民解放勇于牺牲、敢于胜利的大无畏气概,充分证明了人民革命战争的正义力量是不可战胜的。

二、以案论史

案例1　中共满洲省临委成立的通告

"四一二"反革命政变后,东北各地的党组织相继遭到严重破坏。为了恢复和发展东北地区的党组织,领导东北人民的革命斗争,1927年10月,中共中央北方局派陈为人到东北传达"八七会议"精神,筹建满洲临时省委。10月24日,东北地区第一次党员代表大会召开,选举陈为人任省临委书记。满洲临时省委负责领导奉天、吉林、黑龙江三省党务工作,省临委机关设在奉天北市场福安里。

资料来源:兰台世界,2014,5

【请你思考】

国共第一次合作的效果是明显的,但孙中山先生去世之后,蒋介石、汪精卫二人迅速发动反革命政变,是什么原因导致国共第一次合作的破裂?而在国共爆发内战期间,谁成为最大的受益者?

案例2 我军第一次全军政治工作会议始末

在我军87年的光辉历程中,先后组织召开了15次全军政治工作会议。这些会议根据当时的革命斗争形势、国防和军队建设的实际需要,遵循中共中央、中央军委的路线、方针、政策以及军队担负的使命任务,认真总结我军政治工作的经验和教训,研究确定一个时期政治工作的方针、任务、政策、制度,讨论并通过了许多重要的决议,对加强和改进我军政治工作产生了深远的影响。

1934年2月7日至12日,中国工农红军全国政治工作会议在江西瑞金召开。这是我军历史上的第一次全军政治工作会议,也是唯一一次在革命战争年代召开的全军政治工作会议。你了解它吗?

中国工农红军全国政治工作会议是在极其特殊的背景下召开的。此前5个月,即1933年9月,蒋介石亲自坐镇南昌,指挥国民党50万大军,对中央革命根据地发动了规模空前的第五次"围剿"。此次卷土重来,蒋介石吸取了前四次"围剿"失败的教训,一改过去"长驱直入""分进合击"的战法,采用持久战和堡垒主义的新战略,层层修筑碉堡,逐步向中央苏区腹地推进,寻找主力红军决战,企图用"竭泽而渔"的办法来达到消灭红军的目的。而这时的中央苏区,年仅24岁的博古成为中共临时中央的总负责人,直接领导中央苏区的各项工作。他不折不扣地执行王明"左"倾教条主义错误路线,全面推行所谓的"进攻路线",积极开展反"罗明路线"斗争,打击执行毛泽东正确主张的干部。连毛泽东本人也被剥夺了红军的领导职务,只任中华苏维埃中央临时政府主席,专做地方工作。不懂军事的博古又把第五次反"围剿"的军事指挥权交给了共产国际派驻中国的军事顾问、连中国话都不会讲的鲁莽汉李德。

李德曾在奥匈帝国军队中服役,后加入苏联红军,在伏龙芝军事学院进修。虽然他有些实战经验,但对中国情况一无所知,更不了解中国革命的特殊规律,只是将他的经验和在军事学院课堂上学到的书本知识,盲目、机械地搬到中国,指导红军反"围剿"作战。这就好比是一局中国象棋,请来了一位国际象棋手,还未弄清车马炮的关系便仓促上阵了。第五次反"围剿"的"棋局"处处被动、连连失利,乃至最终失败,也就不足为奇了。

就在蒋介石运用堡垒战术打得得心应手之时,忽然后院起火。11月20日,驻福建的国民党第十九路军在陈铭枢、蒋光鼐、蔡廷锴的领导下,联合国民党内李济深等反蒋势力,公开宣布联共抗日,成立"中华共和国人民革命政府",与蒋介石国民党政府彻底决裂。"福建事变"爆发后,蒋介石又急又气,又恨又怕,迅速从"围剿"中央苏区的前线抽调9个师入闽,讨伐十九路军。这无疑为红军扭转战局、粉碎敌人的第五次"围剿"提供了一个千载难逢的良机。毛泽东、朱德、周恩来、彭德怀等极力主张联合十九路军,共同对付蒋介石。然而,博古、李德坚持认为,蔡廷锴等人是比蒋介石更坏更危险的"中间派",现在他们反目成仇,互相打起来,正是求之不得的事,因此坚决反对红军介入这场"军阀混战",更不愿替蔡廷锴去打蒋介石。就这样,在蒋介石的大举围攻下,拥有5万余人的十九路军兵败如山倒,仅仅坚持了两个月便宣告失败。事后,毛泽东沉痛地对妻子贺子珍说:"我们丧失了打破第五次'围剿'的有利时机了。"

1934年1月中旬,蒋介石还在忙于镇压"福建事变",中共临时中央在江西瑞金召开了六届五中全会。会议由博古主持,通过了《目前的形势与党的任务决议》等文件。同时补选了中央委员和候补委员,改选了中央政治局,并选举了中央党务委员会。

六届五中全会是以王明为代表的"左"倾错误发展到顶点,被载入中共党史史册的。它完全接受了共产国际执委第十二次全会对世界和中国形势分析的错误观点,盲目判断"中国的革命危机已到了新的尖锐的阶段",第五次反"围剿"的斗争"即是争取苏维埃中国完全胜利的斗争",并说这一斗争将决定中国的"苏维埃道路与殖民地道路之间谁战胜谁的问题"。会议宣称"在我们已将工农民主革命民主专政推广到中国重要部分的时候,实行社会主义革命将成为共产党的基本任务,只有在这个基础上,中国才会统一,中国民众才会完成民族的解放",同时继续批判"富农路线",贯彻错误的下层统一战线策略,在反对"主要危险的右倾机会主义""反对对右倾机会主义的调和态度"和反对"以两面派的态度在实际工作中对党的路线怠工"等口号之下,继续在党内和红军内推行宗派主义的过火斗争和打击政策。

鉴于此时十九路军败局已定,会议认为蒋介石即将对苏区发动更为猛烈的进攻,为此做出了关于紧急动员全部力量夺取第五次反"围剿"胜利的决定。为贯彻这一精神,同时也为了总结建军以来政治工作的经验教训,研究确定政治工作的方向、任务和办法等,红军总政治部决定召开全国政治工作会议。

2月7日下午,"对彻底粉碎敌人五次'围剿',争取一省数省革命首先胜利,对创造和扩大百万铁的红军有决定意义的第一次全国政治会议开幕了"。出席会议的有中央红军各军团、中革军委直属队、湘赣军区、湘鄂赣军区、闽浙赣军区、江西军区、福建军区、闽赣军区、粤赣军区和中央苏区红军学校、兵站医院、地方武装代表共258人。红四方面军、红三军、红二十五军因交通不便等原因,未能派代表出席会议。大会主席团由王稼祥、贺昌、李弼廷、李卓然、袁国平5人组成。会议期间,博古代表中共临时中央作党的六届五中全会精神的传达报告,王稼祥作《关于目前形势与政治工作任务》的报告,红一军团政治部主任李卓然介绍战时政治工作的经验,朱德就红军政治工作问题发表重要演说,周恩来作《一切政治工作为着前线上的胜利》的演说,李德发表关于第五次反"围剿"中的军事问题的讲话。共有30多人在大会上发言。其中,陈云就争取白军工作、凯丰就青年团与青年工作、张爱萍就赤少队与红军的关系、罗荣桓就训练赤卫队成为红军预备队等问题分别做了发言。会议结束时,王稼祥做会议总结,总政治部副主任贺昌致闭幕词。

这次会议是红军创建后的第一次全军政治工作会议,是"在战斗环境中来讨论战斗的政治工作",对军队政治工作的理论、方针、原则和方法等问题做了一些正确的阐释,如在大会发言中多次强调了"政治工作是红军的生命线"的科学论断,确立了"一切政治工作为着前线的胜利,为着实现整个作战计划"的指导思想,规定了"从政治工作来领导提高红军中军事技术与战术"的要求,提出了"加强与改善政治教育工作""造成铁的红军"的任务,系统总结了战时政治工作经验,强调了加强游击队、赤少队政治工作的重要性,并要求政治工作必须改进工作方式等。这对红军乃至后来人民军队的政治工作都产生了深远影响。

然而,这次会议毕竟是"左"倾教条主义错误路线在苏区登峰造极、毛泽东对红军的领导权被解除的情况下召开的,不可避免地受到了"左"倾错误的影响。如认为红军的第五次反"围剿"是同敌人"最后的决战",是"解决谁胜谁负"的问题,并多次把带有游击性运动战的正确战略思想作为所谓"游击主义残余""浓厚的保守主义"进行批判,要求"扩大百万铁的红军",以"持久战""阵地战""堡垒战"来"粉碎敌人五次围剿"等错误主张。李德在会上所作的军事报告,更是极力鼓吹"左"倾错误思想,提出了反对堡垒主义的新战术——"短促突击"。

所谓"短促突击",就是敌人筑碉堡红军也筑碉堡,然后对从堡垒内出来作短距离推进筑垒的敌人,乘其立足未稳时予以不意的、迅速的、短促的突击,以消灭敌人的有生力量。这种战术要求极高,既要有准确的情报和判断,又要集中精干的兵力,还要和敌人作阵地战,更要能积极地结束战斗。由于敌人重兵集结,弹药充足,火力较强,四面呼应,红军稍有不慎,就会陷入敌人的包围。而这种战术,限制了红军的主动性。红军不能去主动调动敌人,只能坐等敌人出碉堡时以求一战。

实际上,"短促突击"是对敌人堡垒主义的恐惧,对堡垒主义估计过高与对运动战的可能估计不足而产生的一种单纯消极防御理论。正是这种"短促突击"的战法,使红军的反"围剿"战争成了不折不扣的阵地战、堡垒战、消耗战,帮助了敌人三里五里一进、十里八里一推的堡垒主义战法。其结果就是红军消灭敌人的数量极少,自己却遭受很大的损失。不少红军指战员称"短促突击"为"肉包子打狗战术"。自此,第五次反"围剿"由进攻中的冒险主义转变为防御中的保守主义了。

对这种战略战术上的转变,军委内部有些同志曾经不只一次提出批评意见,而且发生过激烈的争论。但自以为是的李德根本听不进去,博古则随声附和,顽固坚持"短促突击"的战法,不惜牺牲红军的有生力量,实行节节抵抗的单纯防御路线。他们一再命令红军在重要城镇、居民点、交通要道、隘口等地构筑碉堡,处处设防,以阵地防御战结合"短促突击",企图"迟滞敌人的进攻,削弱其力量,以达到制止敌人第五次'围剿'的最终目的"。

当时,中央红军各军团从战斗部队到直属机关、分队,都被分配担任修筑堡垒的任务,甚至将红五军团以连排为单位分散去守堡垒。这种以集中对集中、以堡垒对堡垒的战法,在敌强我弱、敌大我小的形势下,同敌军打阵地战、拼消耗,岂能有好的结果。毛泽东更是形象地将其比作"乞丐要和龙王比宝"。

果然,在此后的反"围剿"作战中,红军一败再败,损失惨重。到1934年9月上旬,中央苏区仅存瑞金、会昌、雩都、兴国、宁都、石城、宁化、长汀等县的狭小地区,人力、物力极度匮乏,失去了在内线打破"围剿"的可能,只剩下长征一条路了。

资料来源:解放军报,2014-02-23(5)

【请你思考】

20世纪20年代后期至30年代前期,中国共产党内为什么连续出现"左"倾错误?

案例3　遵义会议,中国共产党的"成人礼"

遵义市老城子尹路96号,这是一幢坐北朝南、临街而立的两层楼房。1935年1月15日至17日在这里召开的一次会议改变了党和红军的命运,改变了当代中国的历史进程。

军阀柏辉章旧宅——甩掉共产国际的"拐杖",是偶然还是必然

遵义会议主会址南面,有一幢不起眼的建筑。七间砖木结构平房围成的小院自成格局,环境清幽。这是黔军军阀柏辉章的旧宅。红军攻占遵义后,这里人流往来、文电飞传,红军总部第一局机要科便设于此。

光影流转,当人们走进这间屋子,仿佛还能听到电台的嘀嗒声,老式的发报机向红军各部传递着中枢的脉搏,接收着四面的声音。但彼时却收听不到来自遥远的共产国际的声音。

1934年10月,作为和共产国际联系中转站的上海中央局被破坏,损失了一大批电讯器材,中央苏区和共产国际的电讯联系中断。然而,谁也没有想到,这次联系中断却酝酿着我党历史上的一次大变革。

再回顾这段历史,有人说,与共产国际失去联系,这是偶然。但这次偶然却让我们党接受了一个必然性真理:一个政党,一个国家,必须实事求是,独立思考,独立自主,才能称其为政党和国家。

由于实行大搬家式的转移方针,湘江战役后,中央红军由出发时的8.6万人锐减到3万人。面对危局,红军上下已经对博古、李德的军事指挥产生怀疑,在通道、黎平、猴场,中央政治局连续召开会议,否决了博古、李德的错误指挥,按照毛泽东的建议,进兵贵州。可以说,从那时起,博古、李德就已经开始丧失对红军的领导。

刘少奇在中共八大的政治报告中指出:"党在1935年的转变,基本上就是党的高级干部的多数从失败中得到了经验,提高了觉悟的结果。"能够自我调整,这正是我们这个政党的伟大之处,也是成熟的象征。

或许,如果没和共产国际失去联系,不会有遵义会议,但肯定会有类似的"贵州会议""四川会议"抑或"云南会议"……随着共产党人的成长,逐渐走上成熟的中国共产党,甩掉共产国际的"拐杖",独立自主地走自己的路,这是历史的必然。只是历史选择了遵义。

原川南边防军旅长易怀芝官邸——对宗派主义的胜利

在今日的遵义新城,坐落着一幢砖木结构的旧式洋房。这里原为川南边防军旅长易怀芝官邸,红军进驻遵义后,毛泽东、张闻天、王稼祥就住在这里。

为什么他们三人没有住在遵义会议主会址,也就是当时的红军总部,而住在了这么偏僻的一个地方?

最通俗的解释是,当时毛泽东只是政治局委员,并且无军职,没资格住在红军总部。根据当年李德的翻译王智涛回忆,这样的住宿安排是周恩来刻意布置的,让毛泽东、张闻天、王稼祥三个关系较好的人在一起,并且远离博古、李德。

听罢,不由赞叹周恩来确实是处理党内矛盾的高手,连短短几天的住宿都安排细致、用心良苦。但也可从中读出一点东西:作为博古的同学,同为"留苏派"的张闻天、王稼祥已经站到了毛泽东一边。

说到这,不得不提一个词,"28个半布尔什维克"。

1929年,莫斯科中山大学举行大会,讨论王明为首的学校支部局的报告,结果只有29个人支持,其中的徐以新因为年纪小,还只是个团员,被称为半个。学生们便挖苦这些人为"28个半布尔什维克"。以后的王明宗派集团就是从这29个人发展起来的。而张闻天、王稼祥和博古便在其中。

在中共六届四中全会上,王明"左"倾冒险主义上台,从此党内宗派主义横行,任人唯亲,毛泽东也受到了排挤。然而,在长征路上王稼祥、张闻天却和毛泽东越走越近。

而作为博古的"百分之百布尔什维克"战友,张闻天在毛泽东的劝说下也由衷感慨:"我从毛泽东同志那里第一次领受了关于领导中国革命战争的规律性教育。"

最终,在遵义会议上,我党打破了"宗派主义"束缚,恢复了党的任人唯贤、五湖四海的组织路线,这也保障了今后党的政治路线和军事路线的贯彻执行,这不能不说是我党的一次大进步、大成熟。

军阀柏辉章官邸——"主报告"与"反报告",党内民主的光辉典范

遵义会议主会址是遵义当年最好的建筑,虽然历经近百年风雨,如今依旧是遵义的地标。

来到那间不大的会议室,20张藤椅团团围放,宁静的会场中依然能嗅到当年的硝烟:作为党的总负责人和领导战事的"三人团"主要成员,博古在会上做了《关于反对敌人五次"围剿"的总结》的主报告,将第五次"反围剿"的失利主要归结于敌人过于强大等客观原因。而随后周恩来做的副报告,则侧重检讨了军事指挥方面的主观因素。最后,张闻天做了一个和博古题目一模一样的报告,对"左"倾领导人进行了系统的揭露和批评,史称"反报告"。

中央会议上,出现一正一反背道而驰的两个报告,这在我党历史上还是第一次。3个报告一出,点燃了会场的硝烟。紧接着毛泽东发言,直切博古、李德在军事指挥上的错误;王稼祥随后的发言虽短却使会议进入了高潮,他明确提出应让毛泽东出来领导红军。毛泽东后来回忆说,王稼祥"投了关键的一票"。

最终会议出现了一边倒的声音,《遵义会议决议》应势而生。会议改组了中央领导机构,通过了"毛泽东同志选为常委"等4项决定。

在会址展柜里存放着这份油印的决议。十分有意思的是,在报告中还有"□"符号。第一页第一句中的□□是指博古,而接着的□□是指周恩来,这改变了以往党内斗争动不动就点名批判的做法。

这都是细节,其实最主要的是遵义会议恢复了党内民主集中制。过去在陈独秀实行"家长制",以至王明"左"倾路线猖獗时,我党民主空气完全窒息,一直处在"一言堂"的状态,而遵义会议从筹划到召开到决议,则完整地体现了我党的民主集中制原则:

个别酝酿——遵义会议前,毛泽东和张闻天、王稼祥等其他中央领导同志就有意在交换思想;民主集中——遵义会议期间,始终贯穿着民主的原则,正反两方面的意见都得到充分的发表,成为"群言堂";会议决定——以压倒性优势通过了《遵义会议决议》,连毛泽东事后都感慨:"办什么事都要有个大多数啊!"

有人说,遵义会议是党内民主的光辉典范,从此,中国共产党手握民主集中制这一法宝,从幼稚走向成熟,并一步步从一个胜利走向另一个胜利。

资料来源:新湘评论,2011(14)

【请你思考】

1. 长征是党和红军面临生死存亡考验的紧急关头进行的一次战略大转移,这在我们党和军队历史上,乃至人类历史上都是一个奇迹,它留给我们的还有一种革命精神——长征精神,怎样认识长征的历史意义?为什么要继承和发扬长征精神?

2. 长征途中召开的遵义会议是党内民主的光辉典范,它是我党历史当中一次生死攸关的转折点,是我们党从幼稚走向成熟的标志,请谈一谈遵义会议前后党在各方面发生的变化。

三、经典精读

毛泽东:反对本本主义(节选)

一、没有调查,没有发言权

你对于某个问题没有调查,就停止你对于某个问题的发言权。这不太野蛮了吗?一点也不野蛮,你对那个问题的现实情况和历史情况既然没有调查,不知底里,对于那个问题的发言便一定是瞎说一顿。瞎说一顿之不能解决问题是大家明了的,那末,停止你的发言权有什么不公道呢?许多的同志都成天地闭着眼睛在那里瞎说,这是共产党员的耻辱,岂有共产党员而可以闭着眼睛瞎说一顿的吗?

要不得！

要不得！

注重调查！

反对瞎说！

二、调查就是解决问题

你对于那个问题不能解决吗？那末，你就去调查那个问题的现状和它的历史吧！你完完全全调查明白了，你对那个问题就有解决的办法了。一切结论产生于调查情况的末尾，而不是在它的先头。只有蠢人，才是他一个人，或者邀集一堆人，不作调查，而只是冥思苦索地"想办法"，"打主意"。须知这是一定不能想出什么好办法，打出什么好主意的。换一句话说，他一定要产生错办法和错主意。

许多巡视员，许多游击队的领导者，许多新接任的工作干部，喜欢一到就宣布政见，看到一点表面，一个枝节，就指手画脚地说这也不对，那也错误。这种纯主观地"瞎说一顿"，实在是最可恶没有的。他一定要弄坏事情，一定要失掉群众，一定不能解决问题。

许多做领导工作的人，遇到困难问题，只是叹气，不能解决。他恼火，请求调动工作，理由是"才力小，干不下"。这是懦夫讲的话。迈开你的两脚，到你的工作范围的各部分各地方去走走，学个孔夫子的"每事问"，任凭什么才力小也能解决问题，因为你未出门时脑子是空的，归来时脑子已经不是空的了，已经载来了解决问题的各种必要材料，问题就是这样子解决了。一定要出门吗？也不一定，可以召集那些明了情况的人来开个调查会，把你所谓困难问题的"来源"找到手，"现状"弄明白，你的这个困难问题也就容易解决了。

调查就像"十月怀胎"，解决问题就像"一朝分娩"。调查就是解决问题。

三、反对本本主义

以为上了书的就是对的，文化落后的中国农民至今还存着这种心理。不谓共产党内讨论问题，也还有人开口闭口"拿本本来"。我们说上级领导机关的指示是正确的，决不单是因为它出于"上级领导机关"，而是因为它的内容是适合于斗争中客观和主观情势的，是斗争所需要的。不根据实际情况进行讨论和审察，一味盲目执行，这种单纯建立在"上级"观念上的形式主义的态度是很不对的。为什么党的策略路线总是不能深入群众，就是这种形式主义在那里作怪。盲目地表面上完全无异议地执行上级的指示，这不是真正在执行上级的指示，这是反对上级指示或者对上级指示怠工的最妙方法。

本本主义的社会科学研究法也同样是最危险的，甚至可能走上反革命的道路，中国有许多专门从书本上讨生活的从事社会科学研究的共产党员，不是一批一批地成了反革命吗？就是明显的证据。我们说马克思主义是对的，决不是因为马克思这个人是什么"先哲"，而是因为他的理论，在我们的实践中，在我们的斗争中，证明了是对的。我们的斗争需要马克思主义。我们欢迎这个理论,丝毫不存什么"先哲"一类的形式的甚至神秘的念头在里面。读过马克思主义"本本"的许多人,成了革命叛徒,那些不识字的工人常常能够很好地掌握马克思主义。马克思主义的"本本"是要学习的,但是必须同我国的实际情况相结合。我们需要"本本",但是一定要纠正脱离实际情况的本本主义。

怎样纠正这种本本主义?只有向实际情况作调查。

四、离开实际调查就要产生唯心的阶级估量和唯心的工作指导,那末,它的结果,不是机会主义,便是盲动主义

你不相信这个结论吗?事实要强迫你信。你试试离开实际调查去估量政治形势,去指导斗争工作,是不是空洞的唯心的呢?这种空洞的唯心的政治估量和工作指导,是不是要产生机会主义错误,或者盲动主义错误呢?一定要弄出错误。这并不是他在行动之前不留心计划,而是他于计划之前不留心了解社会实际情况,这是红军游击队里时常遇见的。那些李逵式的官长,看见弟兄们犯事,就懵懵懂懂地乱处置一顿。结果,犯事人不服,闹出许多纠纷,领导者的威信也丧失干净,这不是红军里常见的吗?

必须洗刷唯心精神,防止一切机会主义盲动主义错误出现,才能完成争取群众战胜敌人的任务。必须努力作实际调查,才能洗刷唯心精神。……

——毛泽东选集:第一卷.北京:人民出版社,1991:109-118

埃德加·斯诺:西行漫记(节选)

……

我问毛泽东,在他看来,对于一九二七年共产党的失败,武汉联合政府的失败,南京独裁政权的整个胜利,谁应负最大的责任。毛泽东认为陈独秀应负最大的责任,陈独秀的"动摇的机会主义,在继续妥协显然意味着灾难的时刻,使党失去了决定性的领导作用和自己的直接路线"。

他认为仅次于陈独秀,对于失败应负最大责任的是俄国首席政治顾问鲍罗廷。毛泽东解释说,鲍罗廷完全改变了他的立场,他在一九二六年是赞成大规模重新分配土地的,可是到了一九二七年又竭力反对,对于自己的摇摆没有提出任何合乎逻辑的根据。"鲍罗廷站在陈独秀右边一点点,"毛泽东说,"他随时准备尽力去讨好资产阶级,甚至于准备解除工人的武装,最后他也下令这样做了。"共产国际的印度代表罗易,"站在陈独秀和鲍罗廷两人左边一点点,可是他只是站着而已"。据毛泽东说,他"能说,而且说得太多了,却不提出任何实现的方法。"毛泽东认为,客观地来说,罗易是个蠢货,鲍罗廷是个冒失鬼,陈独秀是个不自觉的叛徒。

……

看来共产国际在一九二七年提供给中国共产党的不是什么"意见",而是干脆发的命令,中国共产党显然甚至无权不接受。当然,武汉的大失败,后来成了俄国国内

第五章　中国革命的新道路

在世界革命性质问题上的斗争的焦点。在这个阶段以后,俄国反对派被摧毁,托洛茨基的"不断革命"理论被弄臭,苏联开始认真"在一国建设社会主义"——它由此出发,今天成了世界和平砥柱的地位。

即使共产党在和国民党分裂以前采取了比较积极的政策,从工人和农民中创建了党的军队,毛泽东也并不认为反革命在一九二七年会被打败,"但是,苏维埃就可能在南方大规模展开,就可能有一个后来无论如何不会被消灭的根据地……"

毛泽东的自述现在已经谈到苏维埃的开端。苏维埃是从革命的废墟上兴起的,它要赤手空拳从失败中斗争出一个胜利的结果来。他接着说:"一九二七年八月一日,贺龙、叶挺率领的第二十军,同朱德合作,领导了具有历史意义的南昌起义,红军的前身组织起来了。一星期以后,即八月七日,党中央委员会举行了非常会议,撤销了陈独秀的总书记职务。自从一九二四年广州第三次代表大会以来,我就是党的政治局委员,对于这个决定,我是积极出了力的。出席会议的其他十位委员中,有蔡和森、彭公达和瞿秋白。党采取了新的路线,同国民党合作的一切希望暂时是放弃了,因为国民党已经无可救药地成了帝国主义的工具,不能完成民主革命的任务了。长期的公开夺取政权的斗争现在开始了。

"我被派到长沙去组织后来被称为'秋收起义'的运动。我在那里的纲领,要求实现下面五点:(一)省的党组织同国民党完全脱离;(二)组织工农革命军;(三)除了大地主以外也没收中、小地主的财产;(四)在湖南建立独立于国民党的共产党政权;(五)组织苏维埃。第五点当时受到共产国际的反对,后来它才把这一点作为一个口号提出来。

……

"由于秋收起义的纲领没有得到中央委员会批准,又由于第一军遭受严重损失,而且从城市观点来看,这个运动好像是注定要失败的,因此中央委员会这时明确地批评我。我被免去政治局和党的前委的职务。湖南省委也攻击我们,说我们是'枪杆子运动'。尽管这样,我们仍然在井冈山把军队团结起来了,深信我们执行的是正确的路线。后来的事实充分地证明了这一点。部队补充了新兵,这个师人员又充实了,我担任了师长。

……

"一九二七年冬天,两个以前在井冈山附近当土匪头子的王佐和袁文才参加了红军。这使红军的实力增加到将近三团人。王、袁都被任为团长,我是军长。这两个人虽然过去当过土匪,可是率领队伍投身于国民革命,现在愿意向反动派作战。我在井冈山期间,他们是忠实的共产党人,是执行党的命令的。

"一九二八年五月,朱德来到井冈山,我们的队伍会了师。我们一同制订了一个计划,要建立一个包括六个县的苏区,逐步地稳定并巩固湘赣粤边区的共产党政权,并以此为根据地,向更广大的地区发展。这个战略同党的建议是相反的,后者一味作迅速发展的空想。在军队内部,朱德和我得同两个倾向作斗争:第一个倾向是要立即进攻长沙,我们认为这是冒险主义;第二个倾向是要撤退到广东边界以南去,我们认为这是'退却主义'。根据我们当时的看法,我们的主要任务有二:分地和建立苏维埃。我们要武装群众来加速这个过程。我们的政策主张自由贸易,优待被俘敌军,以及总的来说主张民主的温和主义。

"一九二八年秋天,在井冈山召开了一个代表会议,出席的有井冈山以北的苏区的代表。在苏区的党员中,对于上述各点仍然有一些意见分歧。在这次会议上,各种不同的意见充分地发表出来了。少数人认为在上述政策的基础上我们的前途大受限制,但是多数人相信这个政策,因此当宣告苏维埃运动将获得胜利的决议案提交表决的时候很容易就通过了。但是,党中央委员会还没有批准这个运动。直到一九二八年冬天,中国共产党第六次代表大会在莫斯科举行的消息传到井冈山的时候,才得到批准。

"对于那次代表大会所采取的新路线,朱德和我是完全同意的。从那时起,党的领导人和农村地区苏维埃运动的领导人之间的分歧消除了,党恢复了一致。

……

"我们的队伍在井冈山会师以后,进行了改编,著名的红军第四军创立了,朱德任军长,我任党代表。一九二八年冬天,何键的部队发生起义和哗变以后,井冈山来了更多的军队,这样就产生了红军第五军。彭德怀任军长。除了彭德怀以外,还有长征途中在贵州遵义牺牲的邓萍;一九三一年在江西牺牲的黄公略;和滕代远。

"来了这么多军队,山上的条件变得很差了。部队没有冬衣,粮食奇缺。我们有好几个月几乎只靠吃南瓜过活。战士们喊出他们自己的口号:'打倒资本主义吃南瓜!'——在他们看来资本主义就是地主和地主的南瓜。朱德留下彭德怀守井冈山,自己突破了白军的封锁,一九二九年一月,我们的第一次守山就此结束。

"第四军这时迅速而顺利地展开了打通江西南部的战斗。我们在东固建立了苏维埃,和当地的红军部队会合。我们接着分兵挺进永定、上杭和龙岩,在这几县成立了苏维埃。红军来到以前就存在于这些地区的战斗的群众运动,保证了我们的胜利,帮助我们能够在稳定的基础上,非常迅速地巩固苏维埃政权。通过群众性的土地运动和游击队活动,红军的影响扩大到了其他几县,但是共产党人到后来才在那里充分掌握权力。

"红军在物质上和政治上的情况都有了改进,但是还存在着许多不良倾向。例如'游击主义'就是一种弱点,反映在缺乏纪律、极端民主化和组织涣散上面。另一种需要克服的倾向,是'流寇思想'——不愿意安心做建立政权的艰苦工作,喜欢流动、变换环境,喜欢新奇的经历和事件。还有军阀主义残余,个别指挥员虐待甚至殴打战士,凭个人好恶,对人有所歧视或者偏爱。

"一九二九年十二月在闽西古田召开红四军第九次党代表大会以后,许多这样的弱点都被克服了。大会讨论了改进的办法,消除了许多的误解,通过了新的计划,这就为在红军中提高思想领导奠定了基础。在这以前,上面所说那些倾向是十分严重的,而且被党内和军事领导内的一个托洛茨基派别利用了来削弱运动的力量。这时开展了猛烈的斗争来反对他们,有些人被撤销了党内职务和军队指挥职务。刘恩康——一个军长,就是其中的一个典型。据揭发,他们阴谋在对敌作战时使红军陷入困境而消灭红军。几次作战失败后,他们的计划就暴露得非常明显了。他们恶毒地攻击我们的纲领,反对我们的一切主张。经验已经证明他们的错误,他们被撤去领导职务,在福建会议以后,他们就没有影响了。

"这次会议为在江西建立苏维埃政权铺平了道路。第二年取得了一些光辉的胜利。几乎整个江西南部都落入红军之手。中央苏区的根据地建立起来了。

……

——埃德加·斯诺.西行漫记.董乐山,译.北京:生活·读书·新知三联书店,1979:138-147

习近平:在纪念红军长征胜利80周年大会上的讲话(节选)

同志们:

今天,我们在这里隆重集会,纪念中国工农红军长征胜利80周年。

红军长征的那个年代,中国处在半殖民地半封建社会的黑暗境地,社会危机四伏,日寇野蛮侵略,国民党反动派置民族危亡于不顾,向革命根据地连续发动大规模"围剿",中国共产党和红军到了危急关头,中国革命到了危急关头,中华民族到了危急关头。

面对生死存亡的严峻考验,从1934年10月至1936年10月,红军第一、第二、第四方面军和第二十五军进行了伟大的长征。我们党领导红军,以非凡的智慧和大无畏的英雄气概,战胜千难万险,付出巨大牺牲,胜利完成震撼世界、彪炳史册的长征,宣告了国民党反动派消灭中国共产党和红军的图谋彻底失败,宣告了中国共产党和红军肩负着民族希望胜利实现了北上抗日的战略转移,实现了中国共产党和中国革命事业从挫折走向胜利的伟大转折,开启了中国共产党为实现民族独立、人民解放而斗争的新的伟大进军。

这一惊天动地的革命壮举,是中国共产党和红军谱写的壮丽史诗,是中华民族伟大复兴历史进程中的巍峨丰碑。

在这里,我代表党中央、国务院和中央军委,代表全党全军全国各族人民,向领导红军创造这一历史伟业的毛泽东、周恩来、朱德同志等老一辈革命家,向在长征中浴血奋战和在各地坚持革命斗争的红军指战员,向当年支援红军长征的各族人民特别是各革命根据地人民,向所有健在的红军老战士,致以崇高的敬意!

我提议,全体起立,为在长征途中和在各地革命斗争中英勇牺牲的革命烈士默哀!

同志们!

穿越历史的沧桑巨变,回望80年前那段苦难和辉煌,我们更加深刻地认识到,长征在我们党、国家、军队发展史上具有十分伟大的意义,对中华民族历史进程具有十分深远的影响。

——长征是一次理想信念的伟大远征。崇高的理想,坚定的信念,永远是中国共产党人的政治灵魂。中国共产党从成立之日起,就把共产主义确立为远大理想,始终团结带领中国人民朝着这个伟大理想前行。党和红军几经挫折而不断奋起,历尽苦难而淬火成钢,归根到底在于心中的远大理想和革命信念始终坚定执着,始终闪耀着火热的光芒。

长征途中,英雄的红军,血战湘江,四渡赤水,巧渡金沙江,强渡大渡河,飞夺泸定桥,鏖战独树镇,勇克包座,转战乌蒙山,击退上百万穷凶极恶的追兵阻敌,征服空气稀薄的冰山雪岭,穿越渺无人烟的沼泽草地,纵横十余省,长驱二万五千里。主力红军长征后,留在根据地的红军队伍和游击队,在极端困难的条件下,紧紧依靠人民群众,坚持游击战争。西北地区红军创建陕甘革命根据地,同先期到达陕北的红二十五军一起打破了敌人的重兵"围剿",为党中央把中国革命的大本营安置在西北创造了条件。东北抗日联军、坚持在国民党统治区工作的党组织以及党领导的各方面力量都进行了艰苦卓绝的斗争,都为长征胜利作出了不可磨灭的贡献。

长征的胜利,是中国共产党人理想的胜利,是中国共产党人信念的胜利。"风雨浸衣骨更硬,野菜充饥志越坚;官兵一致同甘苦,革命理想高于天。"在风雨如磐的长征路上,崇高的理想,坚定的信念,激励和指引着红军一路向前。在红一方面军二万五千里的征途上,平均每300米就有一名红军牺牲。长征这条红飘带,是无数红军的鲜血染成的。艰难可以摧残人的肉体,死亡可以夺走人的生命,但没有任何力量能够动摇中国共产党人的理想信念。

长征的胜利,靠的是红军将士压倒一切敌人而不被任何敌人所压倒、征服一切困难而不被任何困难所征服的英雄气概和革命精神。长征向全中国、向全世界庄严宣告,中国共产党及其领导的人民军队,是用马克思主义武装的、以共产主义为崇高理想和坚定信念的。长征路上的苦难、曲折、死亡,检验了中国共产党人的理想信念,向世人证明了中国共产党人的理想信念是坚不可摧的。

——长征是一次检验真理的伟大远征。真理只有在实践中才能得到检验,真理只有在实践中才能得到确立。长征途中,红军面临着凶恶残暴的追兵阻敌,面临着严酷恶劣的自然环境,还面临着同党内错误思想的激烈斗争。经过长征,党和红军不是弱了,而是更强了,因为我们党找到了中国革命的正确道路,找到了指引这条道路的正确理论。

长征途中,党中央召开的遵义会议,是我们党历史上一个生死攸关的转折点。这次会议确立了毛泽东同志在红军和党中央的领导地位,开始确立了以毛泽东同志为主要代表的马克思主义正确路线在党中央的领导地位,开始形成以毛泽东同志为核心的党的第一代中央领导集体,这是我们党和革命事业转危为安、不断打开新局面最重要的保证。

长征的胜利,使我们党进一步认识到,只有把马克思列宁主义基本原理同中国革命具体实际结合起来,独立自主解决中国革命的重大问题,才能把革命事业引向胜利。这是在血的教训和斗争考验中得出的真理。

长征的胜利,实现了在追求真理、坚持真理的基础上全党的空前团结、红军的空前团结。没有这种思想上政治上的大团结,中国革命胜利是不可能实现的。经过长征的千锤百炼,我们党在思想上不断成熟,成为中国人民进行抗日战争的中流砥柱,成为中国革命赢得最后胜利的中坚力量。

资料来源:人民网,2016-10-21

四、实训指导

(一)单项选择题(请在每小题的四个选择项中,选出一个正确答案。)

1. 1928年12月在东北宣布"改易旗帜"、归顺南京国民政府的是(   )。
   A.张作霖   B.冯玉祥   C.张学良   D.冯国璋

2. 1928年10月,国民党中央常务委员会通过了废除议会制度的(   )。
   A.《中华民国临时约法》   B.《中华民国约法》
   C.《军政纲领》   D.《训政纲领》

3. 毛泽东提出"政权是由枪杆子中取得的"这一著名论断是在(   )。
   A.遵义会议   B.南昌起义   C.八七会议   D.秋收起义

4. 中国共产党独立领导革命战争、创建人民军队和武装夺取政权的开端是在(   )。
   A.遵义会议   B.南昌起义   C.八七会议   D.秋收起义

5. 毛泽东等人领导秋收起义的时间是(   )。
   A.1927年8月9日   B.1927年9月9日
   C.1927年10月9日   D.1928年10月9日

6. 在大革命失败向土地革命战争转变的关键时刻,中国共产党召开了(   )。
   A.西湖特别会议   B.八七会议
   C.遵义会议   D.瓦窑堡会议

7. 中共八七会议在大革命失败的危急关头确定的方针是(   )。
   A.推翻北洋军阀黑暗统治   B.开辟农村革命根据地
   C.开展土地革命和武装斗争   D.建立工农民主统一战线

8. 毛泽东在1927年中共八七会议上提出的著名论断是(   )。
   A.须知政权是由枪杆子中取得的   B.没有调查就没有发言权
   C.兵民是胜利之本   D.一切反动派都是纸老虎

9. 1927年9月9日,作为中共中央特派员的毛泽东领导发动了(   )。
   A.湘赣边界秋收起义   B.海陆丰秋收起义
   C.湘鄂西武装起义   D.鄂豫边界武装起义

10. 秋收起义公开打出的旗帜是（　　）。
    A.工人革命军　　　　　　　　　B.工农革命军
    C.中国共产党先锋队　　　　　　D.农民先锋队

11. 1927年10月,毛泽东率领秋收起义部队开辟的农村革命根据地是（　　）。
    A.井冈山革命根据地　　　　　　B.湘鄂西革命根据地
    C.闽浙赣革命根据地　　　　　　D.左右江革命根据地

12. 毛泽东明确提出"中国革命斗争的胜利要靠中国同志了解中国情况"论断的著作是（　　）。
    A.《中国的红色政权为什么能够存在?》
    B.《井冈山的斗争》
    C.《星星之火,可以燎原》
    D.《反对本本主义》

13. 毛泽东在《反对本本主义》一文中提出的著名论断是（　　）。
    A.须知政权是由枪杆子中取得的　　B.没有调查就没有发言权
    C.兵民是胜利之本　　　　　　　　D.一切反动派都是纸老虎

14. 毛泽东主持制定的中国共产党历史上的第一个土地法是（　　）。
    A.《井冈山土地法》
    B.《兴国土地法》
    C.《关于清算、减租及土地问题的指示》
    D.《中国土地法大纲》

15. 从1930年到1931年,红一方面军在三次反"围剿"斗争胜利的基础上形成了（　　）。
    A.鄂豫皖革命根据地　　　　　　B.左右江革命根据地
    C.湘鄂西革命根据地　　　　　　D.中央革命根据地

16. 1931年11月召开中华苏维埃第一次全国代表大会的地点是（　　）。
    A.江西省永新县　　　　　　　　B.江西省瑞金县
    C.福建省上杭县　　　　　　　　D.福建省永新县

17. 在1931年当选为中华苏维埃共和国临时中央政府主席的是（　　）。
    A.毛泽东　　　　　　　　　　　B.周恩来
    C.张国焘　　　　　　　　　　　D.王稼祥

18. 在土地革命战争时期,中华苏维埃共和国实行的政权组织制度是（　　）。
    A.国民参议院制度　　　　　　　B.工农兵代表大会制度
    C.国民参政会制度　　　　　　　D.人民代表大会制度

19. 在1931年1月至1935年1月,在中国共产党内出现的主要错误是（　　）。
    A."左"倾盲动主义　　　　　　　B.右倾机会主义
    C."左"倾教条主义　　　　　　　D.右倾投降主义

20. 1931年11月,在"国际路线"的旗号下召开的批评和指责毛泽东正确主张的会议是( )。
   A.八七会议　　　　　　　　B.古田会议
   C.赣南会议　　　　　　　　D.遵义会议

21. 1933年中共临时中央政治局迁入中央革命根据地后,在福建错误地开展了( )。
   A.反对"立三路线"的斗争　　B.反对"朱毛路线"的斗争
   C.反对"罗明路线"的斗争　　D.反对"王明路线"的斗争

22. 中国共产党领导工农红军开始实施战略大转移的万里长征是在( )。
   A.1934年1月　　　　　　　B.1934年10月
   C.1935年1月　　　　　　　D.1935年10月

23. 1936年10月,红二、红四方面军同红一方面军三大主力胜利会师是在( )。
   A.四川懋功地区　　　　　　B.陕北吴起镇
   C.西康甘孜地区　　　　　　D.甘肃会宁、静宁将台堡

24. 中国共产党在政治上大大前进了一步,开始了从大革命失败到土地革命战争兴起转折的标志是( )。
   A.八七会议　　　　　　　　B.秋收起义
   C.南昌起义　　　　　　　　D.洛川会议

25. 毛泽东指出:"红军、游击队和红色区域的建立和发展,是半殖民地中国在无产阶级领导之下的农民斗争的最高形式,和半殖民地农民斗争发展的必然结果"的文章是( )。
   A.《中国的红色政权为什么能够存在?》
   B.《井冈山的斗争》
   C.《星星之火,可以燎原》
   D.《反对本本主义》

(二)多项选择题(请在每小题的四个选择项中,选出至少两个正确答案。多选或少选均不得分。)

1. 1928年12月29日,张学良从东北发出通告,内容有( )。
   A.遵守三民主义　　　　　　B.服从国民政府
   C.对东三省拥有军事控制权　D.改易旗帜

2. 国民党政府实行一党专政的军事独裁统治,表现在( )。
   A.为了镇压人民和消灭异己力量,建立了庞大的军队
   B.为了镇压人民和消灭异己力量,建立了庞大的全国性特务系统
   C.为了控制人民,禁止革命活动,国民党大力推行保甲制度
   D.为了控制舆论,剥夺人民的言论和出版自由,国民党还厉行文化专制主义

3. 大革命失败后,中国共产党处于艰难的环境,表现在( )。
   A.反革命力量几乎超过有组织的革命力量
   B.共产党的组织不断遭到破坏,大批党员干部被杀
   C.一些不坚定分子脱离共产党
   D.共产党被宣布为"非法"

4. 大革命失败后,中国共产党在1927年发动的三大著名起义是( )。
   A.南昌起义　　　B.秋收起义　　　C.广州起义　　　D.百色起义

5. 1928年到1930年,毛泽东阐述工农武装割据思想的重要文章有( )。
   A.《中国的红色政权为什么能够存在?》
   B.《星星之火,可以燎原》
   C.《反对本本主义》
   D.《井冈山的斗争》

6. 到1930年初,中国共产党在全国建立的农村革命根据地包括( )。
   A.赣南闽西根据地　　　　　　B.湘鄂西根据地
   C.鄂豫皖根据地　　　　　　　D.闽浙赣根据地

7. 在开辟农村革命根据地的斗争中,毛泽东制定的土地革命中的阶级路线是( )。
   A.坚定地依靠贫农、雇农　　　B.联合中农,限制富农
   C.保护中小工商业者　　　　　D.消灭地主阶级

8. 在土地革命战争时期,中国共产党在中央根据地创办的干部教育机构有( )。
   A.马克思共产主义学校　　　　B.列宁师范学校
   C.中央农业学校　　　　　　　D.高尔基戏剧学校

9. 在土地革命战争前中期,先后在中共中央领导机关取得统治地位的"左"倾错误包括( )。
   A."左"倾经验主义　　　　　　B."左"倾冒险主义
   C."左"倾盲动主义　　　　　　D."左"倾教条主义

10. 1933年王明"左"倾错误在中央革命根据地全面推行后,在江西遭受到严厉批判的是( )。
    A.邓小平　　　B.毛泽覃　　　C.谢唯俊　　　D.古柏

11. 在1931年1月至1935年1月期间出现的王明"左"倾错误主要体现在( )。
    A.继续坚持以城市为中心　　　B.提出坚决打击富农的主张
    C.实行退却中的逃跑主义　　　D.推行"残酷斗争,无情打击"的方针

12. 1935年遵义会议后,中共中央成立的全权负责红军军事行动的新三人团成员是( )。
    A.毛泽东　　　B.周恩来　　　C.张闻天　　　D.王稼祥

13. 遵义会议的历史意义是（　　）。
    A.遵义会议开始确立以毛泽东为代表的马克思主义的正确路线在中共中央的领导地位
    B.在极其危急的情况下挽救了中国共产党、挽救了工农红军、挽救了中国革命
    C.是中国共产党历史上一个生死攸关的转折点
    D.标志着中国共产党实事求是思想路线的形成

14. 在第二次国内革命战争的十年中，中国共产党经历的失败和崛起分别是（　　）。
    A.大革命的失败　　　　　　　B.人民军队、农村革命根据地的创建
    C.第五次反"围剿"的失败　　　D.红军长征的胜利

15. 长征精神包括（　　）。
    A.把全国人民和中华民族的利益看得高于一切，坚信正义事业必然胜利的精神
    B.为了救国救民，不惜牺牲一切的精神
    C.同人民群众生死相依、艰苦奋斗的精神
    D.顾全大局、紧密团结的精神

16. 八七会议的主要内容有（　　）。
    A.彻底清算了大革命后期的陈独秀右倾机会主义错误
    B.确定了土地革命和武装反抗国民党反动统治的总方针
    C.选出了以毛泽东为首的中央临时政治局
    D.确定了农村包围城市的战略方针

17. 明确地指出"以农业为主要经济的中国革命，以军事发展暴动，是一种特征"，并科学地阐述了土地革命、武装斗争和根据地建设这三者之间的辩证统一的关系的文章包括（　　）。
    A.《中国的红色政权为什么能够存在?》
    B.《反对本本主义》
    C.《星星之火，可以燎原》
    D.《井冈山的斗争》

18. 在探索中国革命新道路的过程中，开展土地革命的目的在于（　　）。
    A.消灭封建地主的土地私有制　　B.实行农民的土地私有制
    C.使广大农民在政治上得到翻身　D.使农村生产力得到解放和发展

（三）判断题（正确选 Y，错误选 N。）

1. 张学良改易旗帜后，北洋军阀仍然作为独立的政治力量继续存在。　（　　）
    Y.正确　　　　　　　　　　　N.错误

2. 在1927年大革命失败后，国民党变成了一个由代表地主阶级、买办性的大资产阶级利益的反动集团所控制的政党。　（　　）
    Y.正确　　　　　　　　　　　N.错误

3. 国民党政府的统治同北洋军阀的统治没有本质区别。（　）
   Y.正确　　　　　　　　　　　　　　N.错误

4. 在1928年至1929年,中国民族工业有过短暂的繁荣。（　）
   Y.正确　　　　　　　　　　　　　　N.错误

5. 国民党的特务组织"中统"隶属于国民党军事委员会。（　）
   Y.正确　　　　　　　　　　　　　　N.错误

6. 八七会议标志着从大革命失败到土地革命战争兴起的转折。（　）
   Y.正确　　　　　　　　　　　　　　N.错误

7. 在大革命失败、白色恐怖极其严重的条件下,中国革命之所以能够得到坚持和发展,根本的原因,就在于中国共产党紧紧依靠了农民,领导农民进行了土地制度的革命（　）。
   Y.正确　　　　　　　　　　　　　　N.错误

8. 由于当时的条件限制,1931年成立的中华苏维埃共和国还不能实行民主选举制。（　）
   Y.正确　　　　　　　　　　　　　　N.错误

9. 1928年10月,国民党中央常务委员会通过的《训政纲领》彻底废除了议会制度。（　）
   Y.正确　　　　　　　　　　　　　　N.错误

（四）填空题（把正确答案填入空格内。）

1. 参加中国共产党第一次全国代表大会的共产国际代表有_____和尼科尔斯基。

2. 党的一大选举产生了由陈独秀、张国焘、李达组成的党的领导机关——_____。

3. 秋收起义的部队在攻打长沙的计划受挫后,起义部队南下,到达江西省宁冈县茅坪,创建了_____农村革命根据地。

4. 在土地革命战争前中期,以_____为代表的"左"倾教条主义错误,对中国革命造成了极其严重的危害。

5. 毛泽东等领导的秋收起义公开打出了"_____"的旗帜。

五、实践指南

皇姑屯事件历史博物馆

皇姑屯事件历史博物馆位于沈阳市天山路211号。该展馆建筑始建于1913年,原为皇姑屯火车站附属建筑。该展馆主要展出1928年张作霖被日本人炸死的皇姑屯事件的相关史料,同时反映民国时期沈阳风貌及日本侵华史,为沈阳市第一批历史建筑。

第六章　中华民族的抗日战争

一、导言

中华民族的抗日战争，是中国人民反抗日本帝国主义侵略的正义战争，是世界反法西斯战争的重要组成部分，也是中国近代以来抗击外敌入侵第一次取得完全胜利的民族解放战争。在这场战争中，中华民族同仇敌忾，浴血奋战，创造了**弱国打败强国**的光辉业绩。

1868年明治维新后，具有深厚军事封建传统的日本，效法西方，"脱亚入欧"，实行资本主义改革，迅速走上对外侵略扩张的军国主义道路，制定了以侵略中国、朝鲜为主要目标的"大陆政策"。日本发动大规模侵华战争旨在变全中国为其独占的殖民地。在十四年的侵华战争中，日本帝国主义肆意践踏中国大地，大肆残杀中国同胞，疯狂掠夺中国资源，蓄意摧残中国文化，犯下罄竹难书的法西斯暴行。日本是近代历史上给中国造成灾难和伤害最大的国家，日本的侵略严重阻碍了中国社会的发展。

中华民族的抗日战争是一场中国人民奋起救亡的民族解放战争。毛泽东指出："日本敢于欺负我们，主要的原因在于中国民众的无组织状态。"为实现国家独立和民族解放，在中国共产党倡导建立的以国共合作为基础的抗日民族统一战线旗帜下，中国各民族、各阶级、各党派、各社会团体、各界爱国人士、港澳台同胞和海外侨胞，同仇敌忾，共赴国难，义无反顾地投身到这场决定国家前途、民族命运的抗日战争中，以鲜血和生命铸就了反侵略战争的历史丰碑，以其辉煌的胜利载入了中华民族解放战争的史册。

十四年的抗日战争包括局部抗战和全国抗战两个时期。其中，1931年至1937年是六年局部抗战，虽然军事行动主要发生在东北、华北及上海等局部地区，却是与全国抗日救亡运动相互推动、共同发展的，它既是抗日战争不可分割的组成部分，又对发动全民族抗战产生重要作用；而1937年至1945年是八年全国抗战，这是中华民族和日本帝国主义进行的一次决死的战争，其广度、深度、范围和影响都是空前的。前者是后者的基础和准备，后者是前者的继续和发展。

抗日战争，以中华民族的完全胜利和日本帝国主义的彻底失败而宣告结束。在抗日战争中，中国共产党作为中华民族解放的先锋队，代表着全中国人民的意志，先后提出一系列重大思想理论，创造性地回答了决定抗日战争成败的一系列根本性、战略性问题，组织与推动了伟大的抗日战争，并始终奋斗在抗战第一线，成为全民族团结抗战的中流砥柱。

中华民族的抗日战争是世界反法西斯战争的重要组成部分，是世界反法西斯战争的东方主战场。在世界反法西斯战争中，中国抗日战争开始时间最早，持续时间最长,抗击日军最多,付出代价最大,发挥了不可替代的巨大作用。中国人民付出巨大的民族牺牲,为夺取世界反法西斯战争的胜利、维护世界和平做出了不可磨灭的贡献。

中华民族的抗日战争是中国近代最重大的历史事件之一,是中华民族由衰败走向振兴的重大转折。回望屈辱和悲壮的中国近代史,从鸦片战争到抗日战争前的近百年间,世界列强几乎都参与了对中国的侵略和掠夺;尽管中国人民进行过一次又一次抵抗,但没有一次战争不是以中国失败而告终的。而抗日战争则不同,由于有了中国共产党,有了国共合作形成的抗日民族统一战线,亿万中华儿女形成了举国御侮的生动局面,最终赢得了近代以来民族解放战争的第一次完全胜利。

二、以案论史

案例 1　大连卫生研究所——日本关东军第七三一部队支队

1938年,日本关东军为了扩大和加紧细菌战的准备,以军方需要血清和疫苗为由,将满铁设在大连的"满铁卫生研究所"接收,交给石井部队,成为第七三一部队的一个支队机构,并改名为"大连卫生研究所"以掩人耳目。从此,大连卫生研究所的一切研究活动全都纳入石井部队的罪恶的细菌战轨道。石井调整了该所的研究方针,要以制造为主,研究为辅,以服务于七三一部队。如"每当该所血清原料供不应求时,七三一部队本部负责补充;当七三一部队及各支队需要血清和疫苗时,该所则保证满足供应。血清和疫苗对七三一部队是至关重要的。因为七三一部队在进行细菌战研究和实验过程中使用血清和疫苗既可检验细菌或病毒的效能,又能够防止队员被细菌或病毒传染而丧命。"这期间,第七三一部队为了加强该所的研究力量,曾于1940年派大批研究人员到该所工作。据细菌战犯渡边道博士的助手山内风纪的交代材料称:"我向当时的班长中黑少佐提出要到大连,同时听说菌苗班全员最近要移到大连,……""这时七三一部队昆虫班队员也大举来到大连,大量搜集市内的老鼠,当然是用来制作跳蚤,做鼠疫感染鼠,放到前线去。"由此可见,大连卫生研究所已参与第七三一部队本部研制和生产细菌,进行侵华战争的一系列细菌战的罪恶活动。

……

石井部队为转移人们的视线,经常变更其番号。将大连卫生研究所改称"满洲第319部队"。满洲第319部队也曾利用活人做细菌实验。据担任过关东州厅警察部长的潮海辰亥口供:"1944年2月至3月间,哈尔滨石井部队所辖的大连细菌研究支所要求我批准用活人做细菌试验。我记得曾批准过一次,将一个活人做了细菌试验。"

总之,大连卫生研究所就是第七三一部队在大连的支队——"满洲第三一九部队"。它参与了日本细菌战的研制和生产活动,发挥了在大连作为侵略中国的基地的作用,其罪恶的历史不容抹煞。日本投降时,尽管已将有关资料烧毁,并将大批实验器具偷偷扔到黑咀子至香炉礁一带海域,但却洗刷不掉日本在侵略中国的数十年中给中国人民所带来所造成的灾难和深仇大恨。

资料来源:大连近百年史(上卷).沈阳:辽宁人民出版社,1999:409-412

第六章 中华民族的抗日战争

【请你思考】

日本侵华战争中,日军实施大规模屠杀政策,制造了南京大屠杀、旅顺大屠杀等100多起惨绝人寰的惨案。同时,日本还实施细菌战、化学战、毒气战等,导致中国军民大量死亡。这些是毋庸置疑的,然而战后日本的所谓反省是非常不彻底、不真诚的,甚至肆意歪曲历史,日本教育部门还三番五次修订历史教科书,扬言要去除"自我折磨的受虐史观",请你思考其中的原因。

案例2 在烈火中永生——大连抗日放火团档案

在日本帝国主义统治时期,大连有一个充满传奇色彩的抗日放火团。他们烧日军仓库、工厂,点燃了熊熊的反抗之火,不熄的爱国之火。

在大连港,有一块锈迹斑驳的大铁牌:"三二二场'抗日放火团'火烧日军仓库遗址……"三二二场是1940年6月5日被烧毁的,6月中下旬,抗日放火团还烧毁了更多的仓库,日寇损失惨重。在这里放火的是抗日放火团的一个主要成员于守安。他多次化装成"雇工",把发火药放在挽起的裤腿里,混过鬼子的入港检查。6月15日,于守安分别在西部二一一仓库北库的露天场和一零五号仓库放上发火药。当晚21时左右,西部二一一仓库首先燃起大火,16日早8时左右,一零五号仓库也火势凶猛,日寇眼望大火,束手无策。6月22日,于守安又放火烧毁了敌人的大量电器,这是抗日放火团在大连燃起的最后一场大火。

抗日放火团烧毁大量日军后方的战略物资,严重破坏了日军的战斗力,日寇对抗日放火团展开严密追查和跟踪。1940年9月,由于叛徒泄密,日本关东州厅警察部逮捕了150多位抗日放火团成员。1942年3月15日,日本关东地方法院以"对军需品及其他物资实施放火,并对铁路实行破坏"为罪名判处姬守先、邹立升、秋世显、高绪慎等12位放火团成员死刑。

1942年12月9日,姬守先第一个被执行绞刑。当绞索已经套在他的脖子上时,监狱长石河竹次郎仍不放过最后的机会。他问道:"你们放火团到底有多少人?"姬守先大声道:"一传十,十传百,百传千,千传万,到处都是,不知有多少!"气壮山河的声音,在绞刑场内回荡着。

大连市档案馆建立了专门的抗日放火团档案,近几年来的广泛收集和征集,不断丰富了内容,能全面反映大连抗日放火团的主要活动情况。抗日放火团又称"抗日谋略团""国际情报组""国际工作班""国际特科""红军后防别动队"。它是上个世纪30年代,苏联红军参谋部领导的一个以破坏日本占领区的军事设施和烧毁日军后方战略物资为目标的国际性反法西斯组织。成员包括共产党员和爱国进步青年。总部设在上海,活动重心在大连,活动范围包括安东(丹东)、奉天(沈阳)、天津、北京、唐山、青岛等地。据《中共大连地方党史资料汇辑》记载:1934年到1940年7月间,抗日放火团在日本帝国主义侵华基地的"关东州"展开神出鬼没的破坏活动,仅在大连就先后放火57次,焚毁日军物资价值2000多万日元,足够日军两个师团六七万人全年所需。抗日放火团的英雄们以他们的熊熊之火,有力打击了侵华日军的嚣张气焰。

资料来源:兰台世界,2009(17)

【请你思考】

中国人民在抗日战争这一波澜壮阔的历史进程中,形成了伟大的抗战精神。中国人民在抗日战争历史中形成并展示出来的天下兴亡、匹夫有责的爱国情怀,视死如归、宁死不屈的民族气节,不畏强暴、血战到底的英雄气概,百折不挠、坚忍不拔的必胜信念,你如何理解"抗战精神"的内涵?

案例 3　　杨靖宇最后的五天五夜

长白山下,松花江畔,一个美丽的小县城,名曰靖宇。

提到靖宇,第一时间你就会想到东北抗日联军第一路军总司令杨靖宇将军。上世纪三、四十年代,杨靖宇领导东北抗联部队与日寇殊死搏斗,在这里书写了荡气回肠的抗日诗篇。

抗日战争胜利后,为纪念这位抗日民族英雄,1946年东北民主联军通化支队改名为杨靖宇支队,吉林省濛江县改名为靖宇县。英雄壮举,浩气长存,当地政府把将军殉国地建设成园林式的公园,供人们景仰敬拜。

用兵如神,他是日寇的心腹大患

"'九一八',大炮响,小鬼子,占沈阳。蒋介石下令不抵抗,扔下百姓遭了殃。不是下令要劳工,就是强征出苛粮。逼得人们没活路,上山去找大老杨。"这是一首在靖宇县流传甚广的民谣,"大老杨"说的就是杨靖宇,那是东北民众对他的昵称,当年他和战友们浴血抗战,牵制了数十万日寇入关南犯。

然而,在敌人眼中,杨靖宇却是挥之不去的"心腹大患"。"敌人为啥非得置杨将军于死地,因为他用兵如神,只要有他在,小鬼子睡觉都不踏实。"抗联老战士黄殿军回忆起当年的抗战岁月,仍心潮澎湃。

黄殿军如今已年过九旬,家住靖宇县龙泉镇。"当时敌人对杨靖宇真是又怕又恨。"黄殿军说。1939年日本侵略者发动了伪通化、间岛、奉天"三省联合大讨伐",由关东军第二独立守备队司令官野副昌德统一指挥2万余人,专门剿杀杨靖宇领导的抗联部队。"据说当时野副昌德下了命令,同时遇到山林队和抗联,就打抗联放过山林队;如果遇到杨靖宇和其他的抗联队伍,就放过其他,死死咬住杨靖宇。"黄殿军掰着颤抖的手指告诉记者。

1939年的冬天,格外寒冷。此时,一张陆空交织的大网,正一步步向杨靖宇撒开。面对敌人的疯狂剿杀,杨靖宇部队决定化整为零,分散突围,待机重新集结。靖宇县杨靖宇精神研究会会长李立斌介绍说,"1939年12月24日,杨靖宇身边尚有400余人的抗联部队,到1940年2月2日就只剩二十七八个人了。2月18日,杨靖宇身边的最后两名警卫员在濛江县附近向群众购买粮食和衣服时被捕,敌人从他们身上搜出杨靖宇的印章,判断他可能就在附近,于是增派兵力和飞机展开围捕。"

1940年2月23日下午3时10分,也就是杨靖宇牺牲前的1个多小时,接到叛徒告密的敌人又派出5批近200人围剿他。

"敌人心里明白,杨靖宇身经百战,他们不多派日军是根本斗不过大老杨的。"李立斌说。

为了抗日,他吃的苦常人难以想象

"火烤胸前暖,风吹背后寒"。这是杨靖宇自己创作的歌词,也是抗联将士们奋战林海雪原的真实生活。

1940年2月23日10点左右,杨靖宇踏着没膝的白雪,来到濛江县保安村三道崴子林中,遇到4个进山打柴的农民。由于行动不便,他将购买吃穿用等事委托给他们。

"那时他已6天6夜粒米未进,周围还有几百个敌人在全力围捕。"李立斌介绍说,1939年冬天,杨靖宇领导的抗联部队在濛江县境内浴血奋战了94天,别说吃口饱饭、喝口热水,就连踏实睡上一觉都是一种奢望。

杨靖宇将军殉国地的对面有一家门脸不大的饭店,饭店经理刘国良9年来执著地做着一件事:凡是专程赶来拜谒、祭奠杨靖宇将军的客人,在饭店用餐全部免费。

"那时储存抗联过冬物资的密营几乎都被敌人破坏了,冬天根本找不到吃的,莫要说粮食,就连草都埋在二三尺深的积雪里。"身为东北义勇军的后代,刘国良这些年一直担任杨靖宇将军殉国地的编外解说员,"现在生活好了,想吃点儿啥都行。可当年抗联战士吃的是树皮、棉絮和草根。吃树皮得先把老皮刮掉,把那层泛绿的嫩皮一片片削下来,放在嘴里嚼。我曾亲自试过,根本咽不下去,就是勉强吃下去了,肚子里也不好受。"说到这里,这位身材魁梧的东北汉子禁不住泪洒当场。

杨靖宇牺牲后,日本侵略者始终无法理解的是:自2月18日以来,他已被围困在冰天雪地里,完全断粮五天五夜,他究竟靠什么生存?为了解开谜团,敌人残忍地将他剖腹查看,发现他的胃里尽是枯草、树皮和棉絮,竟无一粒粮食!连参与围剿的伪通化省警务厅长岸谷隆一郎也不得不承认:"虽为敌人,睹其壮烈亦为之感叹,大大的英雄!"

血战到底,他把最后的子弹射向敌人

杨靖宇将军纪念碑的护碑亭下,长着一棵青松。

靖宇县人武部部长杨建国介绍:"当年,杨靖宇与敌人作战时背靠的是一棵扭筋子树,就是这棵树的位置,后来干枯了。"上世纪60年代,为纪念将军,靖宇县人民在此栽了这棵针叶松,起名常青树,寓意将军壮志如松柏常青,永留人间。

杨靖宇当年的联络员于会斌已去世多年,他的女儿于勇告诉我们:"尽管敌人用了很多手段来围剿杨靖宇,但杨将军仍然有机会脱身,可他还是最终选择与敌人血战到底。"

面对敌人的疯狂围剿,杨靖宇丝毫没有动摇自己的抗日决心。《抗日名将杨靖宇》一书中有这样一段记载:1935年5月,杨靖宇在辉南县石道河子召开会议,专门研究粉碎敌人"大讨伐"的对策。主张撤退的同志提出两个方案,一是部队向苏联转移,形势好转后再回来;二是杨靖宇带司令部隐蔽到长白山深山老林里,其他部队留下打游击。

"这两个方案都被杨靖宇推翻了。"于勇说,"杨靖宇当时嗓门很大,他主张在这里坚持打下去,这样不仅能牵制敌人一部分力量,给党中央减轻抗战压力,而且对巩固当地群众抗日基础也有一定作用。"

直到生命里的最后一刻,杨靖宇还是把枪口对准了敌人。关东军留下的一段战场实录这样记述:"讨伐队已经向他(杨靖宇)逼近到一百米、五十米,完全包围了他。劝他投降。可是,他连答应的神色都没有,依然不停地手持双枪向讨伐队射击。交战20分钟,有一弹中其左腕。但是,他继续用右手的枪应战。讨伐队认为生擒困难,遂猛烈向他开火。"

终因寡不敌众,杨靖宇被敌弹射中胸膛,他持平手中匣子枪,厉声怒斥:"谁是抗联投降的,滚出来我有话说。"语毕,高大的身躯便仰面倒在大树旁,终年35岁。鲜血染红了皑皑白雪——时间定格在1940年2月23日16时30分。

最激荡悲壮的诗文,往往在最惨烈、最残酷的漩涡里分娩。因为写它的不是笔墨,而是生命血性的最后奉献。杨靖宇用英雄壮举诠释了一名共产党员的坚定信仰,更展现了东北抗联将士骨里的刚烈血性。置身杨靖宇将军牺牲的地方,当年艰苦卓绝的抗战硝烟仿佛并未走远,"松花江水流不停,不灭日寇心不平,长白山上英雄多,数着那杨靖宇杨司令。"这首歌从1936年起开始在白山黑水间传唱,半个多世纪不曾绝响。

除了杨靖宇,在白山黑水间曾活跃着许多没有留下姓名的抗日英雄。在靖宇县,记者向一位老人打听近郊的抗联遗迹,这位老者沉思半晌说:"在长白山,到处都有抗联战士活动的身影,在密林深处的小山村,基本上是村村一碑。"

石碑无言,英雄无语,但我们永远不会忘记……

资料来源:解放军报,2014-08-29(08)

【请你思考】

中国人民抗日战争是争取民族独立和解放的反侵略战争,开辟了世界反法西斯战争的东方主战场,这场战争是一场正义与邪恶、光明与黑暗、进步与反动的殊死较量,中华民族为之付出了巨大的代价,如何理解中国人民抗日战争是弱国战胜强国的范例?

三、经典精读

毛泽东:论持久战(节选)

……

兵民是胜利之本

(一一一)日本帝国主义处在革命的中国面前,是决不放松其进攻和镇压的,它的帝国主义本质规定了这一点。中国不抵抗,日本就不费一弹安然占领中国,东四省的丧失,就是前例。中国若抵抗,日本就向着这种抵抗力压迫,直至它的压力无法超过中国的抵抗力才停止,这是必然的规律。日本地主资产阶级的野心是很大的,为了南攻南洋群岛,北攻西伯利亚起见,采取中间突破的方针,先打中国。那些认为日本将在占领华北、江浙一带以后适可而止的人,完全没有看到发展到了新阶段迫近了死亡界线的日本帝国主义,已经和历史上的日本不相同了。我们说,日本的出兵数和进攻点有一定的限制,是说:在日本一方面,在其力量基础上,为了还要举行别方面的进攻并防御另一方面的敌人,只能拿出一定程度的力量打中国打到它力所能及的限度为止;在中国一方面,又表现了自己的进步和顽强的抵抗力,不能设想只有日本猛攻,中国没有必要的抵抗力。日本不能占领全中国,然而在它一切力所能及的地区,它将不遗余力地镇压中国的反抗,直至日本的内外条件使日本帝国主义发生了进入坟墓的直接危机之前,它是不会停止这种镇压的。日本国内的政治只有两个出路:或者整个当权阶级迅速崩溃,政权交给人民,战争因而结束,但暂时无此可能;或者地主资产阶级日益法西斯化,把战争支持到自己崩溃的一天,日本走的正是这条路。除此没有第三条路。那些希望日本资产阶级中和派出来停止战争的,仅仅是一种幻想而已。日本的资产阶级中和派,已经作了地主和金融寡头的俘虏,这是多年来日本政治的实际。日本打了中国之后,如果中国的抗战还没有给日本以致命的打击,日本还有足够力量的话,它一定还要打南洋或西伯利亚,甚或两处都打。欧洲战争一起来,它就会干这一手;日本统治者的如意算盘是打得非常之大的。当然存在这种可能:由于苏联的强大,由于日本在中国战争中的大大削弱,它不得不停止进攻西伯利亚的原来计划,而对之采取根本的守势。然而在出现了这种情形之时,不是日本进攻中国的放松,反而是它进攻中国的加紧,因为那时它只剩下了向弱者吞剥的一条路。那时中国的坚持抗战、坚持统一战线和坚持持久战的任务,就更加显得严重,更加不能丝毫懈气。

(一一二)在这种情况下,中国制胜日本的主要条件,是全国的团结和各方面较之过去有十百倍的进步。中国已处于进步的时代,并已有了伟大的团结,但是目前的程度还非常之不够。日本占地如此之广,一方面由于日本之强,一方面则由于中国之弱;而这种弱,完全是百年来尤其是近十年来各种历史错误积累下来的结果,使得中国的进步因素限制在今天的状态。现在要战胜这样一个强敌,非有长期的广大的努力是不可能的。应该努力的事情很多,我这里只说最根本的两方面:军队和人民的进步。

(一一三)革新军制离不了现代化,把技术条件增强起来,没有这一点,是不能把敌人赶过鸭绿江的。军队的使用需要进步的灵活的战略战术,没有这一点,也是不能胜利的。然而军队的基础在士兵,没有进步的政治精神贯注于军队之中,没有进步的政治工作去执行这种贯注,就不能达到真正的官长和士兵的一致,就不能激发官兵最大限度的抗战热忱,一切技术和战术就不能得着最好的基础去发挥它们应有的效力。我们说日本技术条件虽优,但它终必失败,除了我们给以歼灭和消耗的打击外,就是它的军心终必随着我们的打击而动摇,武器和兵员结合不稳。我们相反,抗日战争的政治目的是官兵一致的。在这上面,就有了一切抗日军队的政治工作的基础。军队应实行一定限度的民主化,主要地是废除封建主义的打骂制度和官兵生活同甘苦。这样一来,官兵一致的目的就达到了,军队就增加了绝大的战斗力,长期的残酷的战争就不患不能支持。

(一一四)战争的伟力之最深厚的根源,存在于民众之中。日本敢于欺负我们,主要的原因在于中国民众的无组织状态。克服了这一缺点,就把日本侵略者置于我们数万万站起来了的人民之前,使它像一匹野牛冲入火阵,我们一声唤也要把它吓一大跳,这匹野牛就非烧死不可。我们方面,军队须有源源不绝的补充,现在下面胡干的"捉兵法""买兵法",亟须禁止,改为广泛的热烈的政治动员,这样,要几百万人当兵都是容易的。抗日的财源十分困难,动员了民众,则财政也不成问题,岂有如此广土众民的国家而患财穷之理?军队须和民众打成一片,使军队在民众眼睛中看成是自己的军队,这个军队便无敌于天下,个把日本帝国主义是不够打的。

(一一五)很多人对于官兵关系、军民关系弄不好,以为是方法不对,我总告诉他们是根本态度(或根本宗旨)问题,这态度就是尊重士兵和尊重人民。从这态度出发,于是有各种的政策、方法、方式。离了这态度,政策、方法、方式也一定是错的,官兵之间、军民之间的关系便决然弄不好。军队政治工作的三大原则:第一是官兵一致,第二是军民一致,第三是瓦解敌军。这些原则要实行有效,都须从尊重士兵、尊重人民和尊重已经放下武器的敌军俘虏的人格这种根本态度出发。那些认为不是根本态度问题而是技术问题的人,实在是想错了,应该加以改正才对。

(一一六)当此保卫武汉等地成为紧急任务之时,发动全军全民的全部积极性来支持战争,是十分严重的任务。保卫武汉等地的任务,毫无疑义必须认真地提出和执行。然而究竟能否确定地保卫不失,不决定于主观的愿望,而决定于具体的条件。政治上动员全军全民起来奋斗,是最重要的具体的条件之一。不努力于争取一切必要的条件,甚至必要条件有一不备,势必重蹈南京等地失陷之覆辙。中国的马德里在什么地方,看什么地方具备马德里的条件。过去是没有过一个马德里的,今后应该争取几个,然而全看条件如何。条件中的最基本条件,是全军全民的广大的政治动员。

(一一七)在一切工作中,应该坚持抗日民族统一战线的总方针。因为只有这种方针才能坚持抗战,坚持持久战,才能普遍地深入地改善官兵关系、军民关系,才能发动全军全民的全部积极性,为保卫一切未失地区、恢复一切已失地区而战,才能争取最后胜利。

(一一八)这个政治上动员军民的问题,实在太重要了。我们之所以不惜反反复复地说到这一点,实在是没有这一点就没有胜利。没有许多别的必要的东西固然也没有胜利,然而这是胜利的最基本的条件。抗日民族统一战线是全军全民的统一战线,决不仅仅是几个党派的党部和党员们的统一战线;动员全军全民参加统一战线,才是发起抗日民族统一战线的根本目的。

资料来源:毛泽东选集:第二卷.北京:人民出版社,1991:509-513

中共中央关于目前形势与党的任务的决定

（一）芦沟桥的挑战与平津的占领不过是日寇大举进攻中国本部的整个的开始。日寇已经开始了全国的战时动员。他们一切所谓不求扩大的宣传不过是掩护进攻的烟幕弹。

（二）南京政府在日寇进攻与人心愤激的压迫下已经开始定了抗战的决心。整个的国防部署与各地的实际抗战也已经开始，中日大战不可避免。七月七日卢沟桥的抗战，已经成了中国全国性抗战的起点。

（三）中国的政治形势从此开始了一个新的阶段，这就是实行抗战的阶段。抗战的准备阶段已经过去了，在这一阶段内的最中心的任务，是动员一切力量争取抗战的胜利。过去阶段中，由于国民党的不愿意和民众的动员不够，因而没有完成争取民主的任务，这必须在今后争取抗战胜利的过程中去完成。

（四）在这一新阶段内，我们同国民党及其他抗日派别的区别与争论，已经不是应否抗战的问题，而是如向争取抗战胜利的问题。

（五）今天争取抗战胜利的中心关键，是在使已经发动的抗战发展为全面全民族的抗战。只有这种全面的全民族的抗战，才能使抗战得到最后胜利。本党今天所提出的抗日救国的十大纲领，即是争取抗战最后胜利的具体的道路。

（六）今天所发动的抗战，中间包含着极大的危险性。这主要的是由于国民党还不愿意发动全国人民参加抗战。相反的，他们把抗战看成只是政府的事，处处惧怕与限制人民的参战运动，阻障政府军队与民众结合起来，不给人民以抗日救国的民主权利，不去彻底改革政治机构，使政府成为全民族的国防政府。这种抗战可能取得局部的胜利，然而决不能取得最后胜利。相反的，这种抗战存在着严重失败的可能。

（七）由于当前的抗战还存在着上述的严重弱点，所以在今后抗战过程中，可能发生许多挫败，退却，内部的分化叛变，暂时与局部的妥协等不利的情况。平津的丧失就是东四省丧失后最严重教训，因此，应该看到这一抗战是艰苦的持久战。但我们相信已经发动的抗战必将因为我党与全国人民的努力，冲破一切障碍物，而继续的前进与发展。我们应该克服一切困难，为实现本党所提出的争取抗战胜利的十大纲领而坚决奋斗。坚决反对与此纲领相违背的一切错误方针，同时反对悲观失望的民族失败主义。

（八）共产党员及所领导的民众和武装力量，应该最积极地站在斗争的最前线，应该使自己成为全国抗战的核心，应该用极大的力量发展抗日的群众运动。不放松一刻工夫一个机会去宣传群众组织武装群众，只要真的组织千百万群众进入抗日民族统一战线，抗日战争的胜利是无疑的。

资料来源：中国共产党历史参考资料：第四卷.北京：中共中央高级党校，1957：415

毛泽东：论联合政府（节选）

……

三、抗日战争中的两条路线

中国问题的关键

谈到国内形势，我们还应对中国抗日战争加以具体的分析。

中国是全世界参加反法西斯战争的五个最大的国家之一，是在亚洲大陆上反对日本侵略者的主要国家。中国人民不但在抗日战争中起了极大的作用，而且在保障战后世界和平上将起极大的作用，在保障东方和平上则将起决定的作用。中国在八年抗日战争中，为了自己的解放，为了帮助各同盟国，曾经作了伟大的努力。这种努力，主要地是属于中国人民方面的。中国军队的广大官兵，在前线流血战斗，中国的工人、农民、知识界、产业界，在后方努力工作，海外华侨输财助战，一切抗日政党，除了那些反人民分子外，都对战争有所尽力。总之，中国人民以自己的血和汗同日本侵略者英勇地奋战了八年之久。但是多年以来，中国反动分子造作谣言，蒙蔽舆论，不使中国人民在抗日战争中所起作用的真相为世人所知。同时，对于中国八年抗日战争的各项经验，也还没有人作出全面的总结来。因此，我们的大会，应当对这些经验作出适当的总结，借以教育人民，并为我党决定政策的根据。

提到总结经验，那末，大家可以很清楚地看到，在中国有两条不同的指导路线，一条是能够打败日本侵略者的，一条是不但不能打败日本侵略者，而且在某些方面说来它是在实际上帮助日本侵略者危害抗日战争的。

国民党政府所采取的对日消极作战的政策和对内积极摧残人民的反动政策，招致了战争的挫折，大部国土的沦陷，财政经济的危机，人民的被压迫，人民生活的痛苦，民族团结的破坏。这种反动政策妨碍了动员和统一一切中国人民的抗日力量进行有效的战争，妨碍了中国人民的觉醒和团结。但是，中国人民的觉醒和团结的运动并没有停止，它是在日本侵略者和国民党政府的双重压迫之下曲折地发展着。两条路线：国民党政府压迫中国人民实行消极抗战的路线和中国人民觉醒起来团结起来实行人民战争的路线，很久以来，就明显地在中国存在着。这就是一切中国问题的关键所在。

走着曲折道路的历史

为了使大家明了何以这个两条路线问题是一切中国问题的关键所在，必须回溯一下我们抗日战争的历史。

中国人民的抗日战争，是在曲折的道路上发展起来的。这个战争，还是在一九三一年就开始了。一九三一年九月十八日，日本侵略者占领沈阳，几个月内，就把东三省占领了。国民党政府采取了不抵抗政策。但是东三省的人民，东三省的一部分爱国军队，在中国共产党领导或协助之下，违反国民党政府的意志，组织了东三省的抗

第六章 中华民族的抗日战争

日义勇军和抗日联军,从事英勇的游击战争。这个英勇的游击战争,曾经发展到很大的规模,中间经过许多困难挫折,始终没有被敌人消灭。一九三二年,日本侵略者进攻上海,国民党内的一派爱国分子,又一次违反国民党政府的意志,率领十九路军,抵抗了日本侵略者的进攻。一九三三年,日本侵略者进攻热河、察哈尔,国民党内的又一派爱国分子,第三次违反国民党政府的意志,并和共产党合作,组织了抗日同盟军,从事抵抗。但是一切这些抗日战争,除了中国人民、中国共产党、其他民主派别和海外爱国华侨给了援助之外,国民党政府根据其不抵抗政策,是没有给任何援助的。相反地,上海、察哈尔两次抗日行动,都被国民党政府一手破坏了。一九三三年,十九路军在福建成立的人民政府,也被国民党政府破坏了。

那时的国民党政府为什么采取不抵抗政策呢?主要的原因,在于国民党在一九二七年破坏了国共两党的合作,破坏了中国人民的团结。

一九二四年,孙中山先生接受了中国共产党的建议,召集了有共产党人参加的国民党第一次全国代表大会,订出了联俄、联共、扶助农工的三大政策,建立了黄埔军校,实现了国共两党和各界人民的民族统一战线,因而在一九二四年至一九二五年,扫荡了广东的反动势力,在一九二六年至一九二七年,举行了胜利的北伐战争,占领了长江流域和黄河流域的大部,打败了北洋军阀政府,发动了中国历史上空前广大的人民解放斗争。但是到了一九二七年春夏之交,正当北伐战争向前发展的紧要关头,这个代表中国人民解放事业的国共两党和各界人民的民族统一战线及其一切革命政策,就被国民党当局的叛卖性的反人民的"清党"政策和屠杀政策所破坏了。昨天的同盟者——中国共产党和中国人民,被看成了仇敌,昨天的敌人——帝国主义者和封建主义者,被看成了同盟者。就是这样,背信弃义地向着中国共产党和中国人民来一个突然的袭击;生气蓬勃的中国大革命就被葬送了。从此以后,内战代替了团结,独裁代替了民主,黑暗的中国代替了光明的中国。但是,中国共产党和中国人民并没有被吓倒,被征服,被杀绝。他们从地下爬起来,揩干净身上的血迹,掩埋好同伴的尸首,他们又继续战斗了。他们高举起革命的大旗,举行了武装的抵抗,在中国的广大区域内,组织了人民的政府,实行了土地制度的改革,创造了人民的军队——中国红军,保存了和发展了中国人民的革命力量。被国民党反动分子所抛弃的孙中山先生的革命的三民主义,由中国人民、中国共产党和其他民主分子继承下来了。

到了日本侵略者打入东三省以后,中国共产党就在一九三三年,向一切进攻革命根据地和红军的国民党军队提议:在停止进攻、给予人民以自由权利和武装人民这样三个条件之下,订立停战协定,以便一致抗日。但是国民党当局拒绝了这个提议。

从此以后,一方面,是国民党政府的内战政策越发猖狂;另一方面,是中国人民要求停止内战一致抗日的呼声越发高涨。各种人民爱国组织,在上海和其他许多地方建立起来。一九三四年至一九三六年,长江南北各地的红军主力,在我们党中央领导之下,经历了千辛万苦,移到了西北,并和西北红军汇合在一起。就在这两年,中国共产党适应新的情况,决定并执行了抗日民族统一战线的新的完整的政治路线,以团结抗日和建立新民主主义共和国为奋斗目标。一九三五年十二月九日,北平学生群众,在我们党领导之下,发动了英勇的爱国运动,成立了中华民族解放先锋队,并把这种爱国运动推广到了全国各大城市。一九三六年十二月十二日,国民党内部主张抗日的两派爱国分子——东北军和十七路军,联合起来,勇敢地反对国民党当局的对日妥协和对内屠杀的反动政策,举行了有名的西安事变。同时,国民党内的其他爱国分子,也不满意国民党当局的当时政策。在这种形势下,国民党当局被迫地放弃了内战政策,承认了人民的要求。西安事变的和平解决成了时局转换的枢纽:在新形势下的国内的合作形成了,全国的抗日战争发动了。在卢沟桥事变的前夜,即一九三七年五月,我们党召集了一个具有历史意义的全国代表会议,这个会议批准了党中央自一九三五年以来的新的政治路线。

从一九三七年七月七日卢沟桥事变到一九三八年十月武汉失守这一个时期内,国民党政府的对日作战是比较努力的。在这个时期内,日本侵略者的大举进攻和全国人民民族义愤的高涨,使得国民党政府政策的重点还放在反对日本侵略者身上,这样就比较顺利地形成了全国军民抗日战争的高潮,一时出现了生气蓬勃的新气象。当时全国人民,我们共产党人,其他民主党派,都对国民党政府寄予极大的希望,就是说,希望它乘此民族艰危、人心振奋的时机,厉行民主改革,将孙中山先生的革命三民主义付诸实施。可是,这个希望是落空了。就在这两年,一方面,有比较积极的抗战;另一方面,国民党当局仍旧反对发动广大民众参加的人民战争,仍旧限制人民自动团结起来进行抗日和民主的活动。一方面,国民党政府对待中国共产党及其他抗日党派的态度比较过去有了一些改变;另一方面,仍旧不给各党派以平等地位,并多方限制它们的活动。许多爱国政治犯并没有释放。最主要的是国民党政府仍旧保持其自一九二七年发动内战以来的寡头专政制度,未能建立举国一致的民主的联合政府。

还在这一时期的开始,我们共产党人就指出中国抗日战争的两条路线:或者是人民的全面的战争,这样就会胜利;或者是压迫人民的片面的战争,这样就会失败。我们又指出:战争将是长期的,必然要遇到许多艰难困苦;但是由于中国人民的努力,最后胜利必归于中国人民。

人民战争

这一时期内,中国共产党领导的移到了西北的中国红军主力,改编为中国国民革命军第八路军,留在长江南北各地的中国红军游击部队,则改编为中国国民革命军新编第四军,相继开赴华北华中作战。内战时期的中国红军,保存了并发展了北伐时期黄埔军校和国民革命军的民主传统,曾经扩大到几十万人。由于国民党政府在南方各根据地内的残酷的摧毁、万里长征的消耗和其他原因,到抗日战争开始时,数量减少到只剩几万人。于是有些人就看不起这支军队,以为抗日主要地应当依靠国民党。但是人民是最好的鉴定人,他们知道八路军新四军这时数量虽小,质量却很高,只有它才能进行真正的人民战争,它一旦开到抗日的前线,和那里的广大人民相结合,其前途是无限的。人民是正确的,当我在这里做报告的时候,我们的军队已发展到了九

第六章 中华民族的抗日战争

十一万人，乡村中不脱离生产的民兵发展到了二百二十万人以上。不管现在我们的正式军队比起国民党现存的军队来（包括中央系和地方系）在数量上要少得多，但是按其所抗击的日军和伪军的数量及其所担负的战场的广大说来，按其战斗力说来，按其有广大的人民配合作战说来，按其政治质量及其内部统一团结等项情况说来，它已经成了中国抗日战争的主力军。

这个军队之所以有力量，是因为所有参加这个军队的人，都具有自觉的纪律；他们不是为着少数人的或狭隘集团的私利，而是为着广大人民群众的利益，为着全民族的利益，而结合，而战斗的。紧紧地和中国人民站在一起，全心全意地为中国人民服务，就是这个军队的唯一的宗旨。

在这个宗旨下面，这个军队具有一往无前的精神，它要压倒一切敌人，而决不被敌人所屈服。不论在任何艰难困苦的场合，只要还有一个人，这个人就要继续战斗下去。

在这个宗旨下面，这个军队有一个很好的内部和外部的团结。在内部——官兵之间，上下级之间，军事工作、政治工作和后勤工作之间；在外部——军民之间，军政之间，我友之间，都是团结一致的。一切妨害团结的现象，都在必须克服之列。

在这个宗旨下面，这个军队有一个正确的争取敌军官兵和处理俘虏的政策。对于敌方投诚的、反正的、或在放下武器后愿意参加反对共同敌人的人，一概表示欢迎，并给予适当的教育。对于一切俘虏，不许杀害、虐待和侮辱。

在这个宗旨下面，这个军队形成了为人民战争所必需的一系列的战略战术。它善于按照变化着的具体条件从事机动灵活的游击战争，也善于作运动战。

在这个宗旨下面，这个军队形成了为人民战争所必需的一系列的政治工作，其任务是为团结我军，团结友军，团结人民，瓦解敌军和保证战斗胜利而斗争。

在这个宗旨下面，在游击战争的条件下，全军都可以并且已经是这样做了：利用战斗和训练的间隙，从事粮食和日用必需品的生产，达到军队自给、半自给或部分自给之目的，借以克服经济困难，改善军队生活和减轻人民负担。在各个军事根据地上，也利用了一切可能性，建立了许多小规模的军事工业。

这个军队之所以有力量，还由于有人民自卫军和民兵这样广大的群众武装组织，和它一道配合作战。在中国解放区内，一切青年、壮年的男人和女人，都在自愿的民主的和不脱离生产的原则下，组织在抗日人民自卫军之中。自卫军中的精干分子，除加入军队和游击队者外，则组织在民兵的队伍中。没有这些群众武装力量的配合，要战胜敌人是不可能的。

这个军队之所以有力量，还由于它将自己划分为主力兵团和地方兵团两部分，前者可以随时执行超地方的作战任务，后者的任务则固定在协同民兵、自卫军保卫地方和进攻当地敌人方面。这种划分，取得了人民的真心拥护。如果没有这种正确的划分，例如说，如果只注意主力兵团的作用，忽视地方兵团的作用，那末，在中国解放区的条件下，要战胜敌人也是不可能的。在地方兵团方面，组织了许多经过良好训练，在军事、政治、民运各项工作上说来都是比较地更健全的武装工作队,深入敌后之敌后,打击敌人,发动民众的抗日斗争,借以配合各个解放区正面战线的作战,收到了很大的成效。

在中国解放区,在民主政府领导之下,号召一切抗日人民组织在工人的、农民的、青年的、妇女的、文化的和其他职业和工作的团体之中,热烈地从事援助军队的各项工作。这些工作不但包括动员人民参加军队,替军队运输粮食,优待抗日军人家属,帮助军队解决物质困难,而且包括动员游击队、民兵和自卫军,展开袭击运动和爆炸运动,侦察敌情,清除奸细,运送伤兵和保护伤兵,直接帮助军队的作战。同时,全解放区人民又热烈地从事政治、经济、文化、卫生各项建设工作。在这方面,最重要的是动员全体人民从事粮食和日用品的生产,并使一切机关、学校,除有特殊情形者外,一律于工作或学习之暇,从事生产自给,以配合人民和军队的生产自给,造成伟大的生产热潮,借以支持长期的抗日战争。在中国解放区,敌人的摧残是异常严重的;水、旱、虫灾,也时常发生。但是,解放区民主政府领导全体人民,有组织地克服了和正在克服着各种困难,灭蝗、治水、救灾的伟大群众运动,收到了史无前例的效果,使抗日战争能够长期地坚持下去。总之,一切为着前线,一切为着打倒日本侵略者和解放中国人民,这就是中国解放区全体军民的总口号、总方针。

这就是真正的人民战争。只有这种人民战争,才能战胜民族敌人。国民党之所以失败,就是因为它拚命地反对人民战争。

中国解放区的军队一旦得到新式武器的装备,它就会更加强大,就能够最后地打败日本侵略者了。

两个战场

中国的抗日战争,一开始就分为两个战场:国民党战场和解放区战场。

一九三八年十月武汉失守后,日本侵略者停止了向国民党战场的战略性的进攻,逐渐地将其主要军事力量移到了解放区战场;同时,针对着国民党政府的失败情绪,声言愿意和它谋取妥协的和平,并将卖国贼汪精卫诱出重庆,在南京成立伪政府,实施民族的欺骗政策。从这时起,国民党政府开始了它的政策上的变化,将其重点由抗日逐渐转移到反共反人民。这首先表现在军事方面。它采取了对日消极作战的政策,保存军事实力,而把作战的重担放在解放区战场上,让日寇大举进攻解放区,它自己则"坐山观虎斗"。

一九三九年,国民党政府采取了反动的所谓《限制异党活动办法》,将抗战初期人民和各抗日党派争得的某些权利,一概取消。从此时起,在国民党统治区内,国民党政府将一切民主党派,首先和主要地是将中国共产党,打入地下。在国民党统治区各个省份的监狱和集中营内,充满了共产党人、爱国青年及其他民主战士。从一九三九年起直至一九四三年秋季为止的五年之内,国民党政府发动了三次大规模的"反共高潮",分裂国内的团结,造成严重的内战危险。震动中外的"解散"新四军和歼灭皖南新四军部队九千余人的事变,就是发生在这个时期内。直到现时为止,国民党军队向解放区军队进攻的事件还未停止,并且看不出任何准备停止的征象。在这种情况下,一切污蔑和谩骂,都从国民党反动分子的嘴里喷出来。什么"奸党""奸军""奸区",什么"破坏抗战、危害国家"等等污蔑共产党、八路军、新四军和解放区的称号和断语,都是这些反动分子制造出来的。一九三九年七月七日,中国共产党中央委员会发表宣言,针对着当时的危机,提出了这样的口号:"坚持抗战,反对投降;坚持团结,反对分裂;坚持进步,反对倒退。"按照这些适合时宜的口号,我们党在五年之内,有力地打退了三次反动的反人民的"反共高潮",克服了当时的危机。

在这几年内,国民党战场实际上没有严重的战争。日本侵略者的刀锋,主要地向着解放区。到一九四三年,侵华日军的百分之六十四和伪军的百分之九十五,为解放区军民所抗击;国民党战场所担负的,不过日军的百分之三十六和伪军的百分之五而已。

一九四四年,日本侵略者举行打通大陆交通线的作战了,国民党军队表现了手足无措,毫无抵抗能力。几个月内,就将河南、湖南、广西、广东等省广大区域沦于敌手。仅在此时,两个战场分担的抗敌的比例,才起了一些变化。然而就在我做这个报告的时候,在侵华日军(满洲的未计在内)四十个师团,五十八万人中,解放区战场抗击的是二十二个半师团,三十二万人,占了百分之五十六;国民党战场抗击的,不过十七个半师团,二十六万人,仅占百分之四十四。抗击伪军的情况则完全无变化。

还应指出,数达八十万以上的伪军(包括伪正规军和伪地方武装在内),大部分是国民党将领率部投敌,或由国民党投敌军官所组成的。国民党反动分子事先即供给这些伪军以所谓"曲线救国"的叛国谬论,事后又在精神上和组织上支持他们,使他们配合日本侵略者反对中国人民的解放区。此外,则动员大批军队封锁和进攻陕甘宁边区及各解放区,其数量达到了七十九万七千人之多。这种严重情形,在国民党政府的新闻封锁政策下,很多的中国人外国人都无法知道。

中国解放区

中国共产党领导的中国解放区,现在有九千五百五十万人口。其地域,北起内蒙,南至海南岛,大部分敌人所到之处,都有八路军、新四军或其他人民军队的活动。这个广大的中国解放区,包括十九个大的解放区,其地域包括辽宁、热河、察哈尔、绥远、陕西、甘肃、宁夏、山西、河北、河南、山东、江苏、浙江、安徽、江西、湖北、湖南、广东、福建等省的大部分或小部分。延安是所有解放区的指导中心。在这个广大的解放区内,黄河以西的陕甘宁边区,只有人口一百五十万,是十九个解放区中的一个;而且除了浙东、琼崖两区之外,按其人口说来,它是一个最小的。有些人不明了这种情形,以为所谓中国解放区,主要就是陕甘宁边区。这是国民党政府的封锁政策造成的一个误会。在所有这些解放区内,实行了抗日民族统一战线的全部必要的政策,建立了或正在建立民选的共产党人和各抗日党派及无党无派的代表人物合作的政府,亦即地方性的联合政府。解放区内全体人民的力量都动员起来了。所有这一切,使得中国解放区在强敌压迫之下,在国民党军队的封锁和进攻的情况之下,在毫无外援的情况之下,能够屹立不摇,并且一天一天发展,缩小敌占区,扩大自己的区域,成为民主中国的模型,成为配合同盟国作战、驱逐日本侵略者、解放中国人民的主要力量。中国解放区的军队——八路军、新四军和其他人民军队,不但在对日战争的作战上,起了英勇的模范的作用,在执行抗日民族统一战线的各项民主政策上,也是起了模范作用的。一九三七年九月二十二日,中国共产党中央委员会发表宣言,承认"孙中山先生的三民主义为中国今日之必需,本党愿为其彻底实现而奋斗",这一宣言,在中国解放区是完全实践了。

国民党统治区

国民党内的主要统治集团,坚持独裁统治,实行了消极的抗日政策和反人民的国内政策。这样,就使得它的军队缩小了一半以上,并且大部分几乎丧失了战斗力;使得它自己和广大人民之间发生了深刻的裂痕,造成了民生凋敝、民怨沸腾、民变蜂起的严重危机;使得它在抗日战争中的作用,不但是极大地减少了,并且变成了动员和统一中国人民一切抗日力量的障碍物。

为什么在国民党主要统治集团领导下会产生这种严重情况呢?因为这个集团所代表的利益是中国的大地主、大银行家、大买办阶层的利益。这些极少数人所形成的反动阶层,垄断着国民党政府管辖之下的军事、政治、经济、文化的一切重要的机构。他们将保全自己少数人的利益放在第一位,而把抗日放在第二位。他们也说什么"民族至上",但是他们的行为却不符合于民族中大多数人民的要求。他们也说什么"国家至上",但是他们所指的国家,就是大地主、大银行家、大买办阶层的封建法西斯的独裁国家,并不是人民大众的民主国家。因此,他们惧怕人民起来,惧怕民主运动,惧怕认真地动员全民的抗日战争。这就是他们对日消极作战的政策,对内的反人民、反民主、反共的反动政策的总根源。他们在各方面都采取这样的两面政策。例如:一面虽在抗日,一面又采取消极的作战政策,并且还被日本侵略者经常选择为诱降的对象。一面在口头上宣称要发展中国经济,一面又在实际上积累官僚资本,亦即大地主、大银行家、大买办的资本,垄断中国的主要经济命脉,而残酷地压迫农民,压迫工人,压迫小资产阶级和自由资产阶级。一面在口头上宣称实行"民主","还政于民",一面又在实际上残酷地压迫人民的民主运动,不愿实行丝毫的民主改革。一面在口头上宣称"共党问题为一政治问题,应用政治方法解决",一面又在军事上、政治上、经济上残酷地压迫中国共产党,把共产党看成他们的所谓"第一个敌人",而把日本侵略者看成"第二个敌人",并且每天都在积极地准备内战,处心积虑地要消灭共产党。一面在口头上宣称要建立一个"近代国家",一面又在实际上拚死命保持那个大地主、大银行家、大买办的封建法西斯独裁统治。一面和苏联在形式上保持外交关系,一面又在实际上采取仇视苏联的态度。一面同美国孤立派合唱"先亚后欧论",借以延长法西斯德国也就是延长一切法西斯的寿命,延长自己对于中国人民的法西斯统治的寿命,一面又在外交上投机取巧,把自己打扮成为反法西斯的英雄。要问如此种种的自相矛盾的两面政策从何而来,就是来自大地主、大银行家、大买办社会阶层这一个总根源。

但是,国民党是一个复杂的政党。它虽被这个代表大地主、大银行家、大买办阶层的反动集团所统治,所领导,却并不整个儿等于这个反动集团。它有一部分领袖人物不属于这个集团,而且被这个集团所打击、排斥或轻视。它有不少的干部、党员群众和三民主义青年团的团员群众并不满意这个集团的领导,而且有些甚至是反对它的领导的。在被这个反动集团所统治的国民党的军队、国民党的政府机关、国民党的经济机关和国民党的文化机关中,都存在着这种情形。在这些军队和机关里,包藏着不少的民主分子。这个反动集团,其中又分为几派,互相斗争,并不是一个严密的统一体。把国民党看成清一色的反动派,无疑是很不适当的。

比较

中国人民从中国解放区和国民党统治区,获得了明显的比较。

难道还不明显吗?两条路线,人民战争的路线和反对人民战争的消极抗日的路线,其结果:一条是胜利的,即使处在中国解放区这种环境恶劣和毫无外援的地位;另一条是失败的,即使处在国民党统治区这种极端有利和取得外国接济的地位。

国民党政府把自己的失败归咎于缺乏武器。但是试问:缺乏武器的是国民党的军队呢,还是解放区的军队?中国解放区的军队是中国军队中武器最缺乏的军队,他们只能从敌人手里夺取武器和在最恶劣条件下自己制造武器。

国民党中央系军队的武器,不是比起地方系军队来要好得多吗?但是比起战斗力来,中央系却多数劣于地方系。

国民党拥有广大的人力资源,但是在它的错误的兵役政策下,人力补充却极端困难。中国解放区处在被敌人分割和战斗频繁的情况之下,因为普遍实施了适合人民需要的民兵和自卫军制度,又防止了对于人力资源的滥用和浪费,人力动员却可以源源不竭。

国民党拥有粮食丰富的广大地区,人民每年供给它七千万至一万万市担的粮食,但是大部分被经手人员中饱了,致使国民党的军队经常缺乏粮食,士兵饿得面黄肌瘦。中国解放区的主要部分隔在敌后,遭受敌人烧杀抢"三光"政策的摧残,其中有些是像陕北这样贫瘠的区域,但是却能用自己动手、发展农业生产的方法,很好地解决了粮食问题。

国民党区域经济危机极端严重,工业大部分破产了,连布匹这样的日用品也要从美国运来。中国解放区却能用发展工业的方法,自己解决布匹和其他日用品的需要。

在国民党区域,工人、农民、店员、公务人员、知识分子以及文化工作者,生活痛苦,达于极点。中国解放区的全体人民都有饭吃,有衣穿,有事做。

利用抗战发国难财,官吏即商人,贪污成风,廉耻扫地,这是国民党区域的特色之一。艰苦奋斗,以身作则,工作之外,还要生产,奖励廉洁,禁绝贪污,这是中国解放区的特色之一。

国民党区域剥夺人民的一切自由。中国解放区则给予人民以充分的自由。

国民党统治者面前摆着这些反常的状况,怪谁呢？怪别人,还是怪他们自己呢？怪外国缺少援助,还是怪国民党政府的独裁统治和腐败无能呢？这难道还不明白吗？

"破坏抗战、危害国家"的是谁？

真凭实据地破坏了中国人民的抗战和危害了中国人民的国家的,难道不正是国民党政府吗？这个政府一心一意地打了整十年的内战,将刀锋向着同胞,置一切国防事业于不顾,又用不抵抗政策送掉了东北四省。日本侵略者打进关内来了,仓皇应战,从卢沟桥退到了贵州省。但是国民党人却说:"共产党破坏抗战,危害国家。"（见一九四三年九月国民党十一中全会的决议案）唯一的证据,就是共产党联合了各界人民创造了英勇抗日的中国解放区。这些国民党人的逻辑,和中国人民的逻辑是这样的不相同,无怪乎很多问题都讲不通了。

两个问题：

第一个,究竟什么原因使得国民党政府抛弃了从黑龙江到卢沟桥,又从卢沟桥到贵州省这样广大的国土和这样众多的人民？难道不是由于国民党政府所采取的不抵抗政策、消极的抗日政策和反人民的国内政策吗？

第二个,究竟什么原因使得中国解放区战胜了敌伪军长期的残酷的进攻,从民族敌人手里恢复了这样广大的国土,解放了这样众多的人民？难道不是由于人民战争的正确路线吗？

所谓"不服从政令、军令"

国民党政府还经常以"不服从政令、军令"责备中国共产党。但是我们只能这样说：幸喜中国共产党人还保存了中国人民的普通常识,没有服从那些实际上是把中国人民艰难困苦地从日本侵略者手里夺回来的中国解放区再送交日本侵略者的这种所谓"政令、军令",例如,一九三九年的所谓《限制异党活动办法》,一九四一年的所谓"解散新四军"和"退至旧黄河以北",一九四三年的所谓"解散中国共产党",一九四四年的所谓"限期取消十个师以外的全部军队",以及在最近谈判中提出来的所谓将军队和地方政府移交给国民党,其交换条件是不许成立联合政府,只许收容几个共产党员到国民党独裁政府里去做官,并将这种办法称之为国民党政府的"让步"等等。幸喜我们没有服从这些东西,替中国人民保存了一片干净土,保存了一支英勇抗日的军队。难道中国人民不应该庆贺这一个"不服从"吗？难道国民党政府自己用自己的法西斯主义的政令和失败主义的军令,将黑龙江至贵州省的广大的土地、人民送交日本侵略者,还觉得不够吗？除了日本侵略者和反动派欢迎这些"政令、军令"之外,难道还有什么爱国的有良心的中国人欢迎这些东西吗？没有一个不是形式的而是实际的、不是法西斯独裁的而是民主的联合政府,能够设想中国人民会允许中国共产党人,擅自将这个获得了解放的中国解放区和抗日有功的人民军队,交给失败主义和法西斯主义的国民党法西斯独裁政府吗？假如没有中国解放区及其军队,中国人民的抗日事业还有今日吗？我们民族的前途还能设想吗？

内战危险

迄今为止，国民党内的主要统治集团，坚持着独裁和内战的反动方针。有很多迹象表明，他们早已准备，尤其现在正在准备这样的行动：等候某一个同盟国的军队在中国大陆上驱逐日本侵略者到了某一程度时，他们就要发动内战。他们并且希望某些同盟国的将领们在中国境内执行英国斯科比将军在希腊所执行的职务。他们对于斯科比和希腊反动政府的屠杀事业，表示欢呼。他们企图把中国抛回到一九二七年至一九三七年的国内战争的大海里去。国民党主要统治集团现在正在所谓"召开国民大会"和"政治解决"的烟幕之下，偷偷摸摸地进行其内战的准备工作。如果国人不加注意，不去揭露它的阴谋，阻止它的准备，那末，会有一个早上，要听到内战的炮声的。

谈判

为着打败日本侵略者和建设新中国，为着防止内战，中国共产党在取得了其他民主派别的同意之后，于一九四四年九月间的国民参政会上，提出了立即废止国民党一党专政、成立民主的联合政府一项要求。无疑地，这项要求是适合时宜的，几个月内，获得了广大人民的响应。

关于如何废止一党专政、成立联合政府以及实行必要的民主改革等项问题，我们和国民党政府之间曾经有过多次谈判，但是我们的一切建议都遭到了国民党政府的拒绝。国民党不但对一党专政不愿废止，对联合政府不愿成立，即对任何迫切需要的民主改革，例如，取消特务机关，取消镇压人民自由的反动法令，释放政治犯，承认各党派的合法地位，承认解放区，撤退封锁和进攻解放区的军队等等，也一项不愿实行。就是这样，使得中国的政治关系处在非常严重的局面之下。

两个前途

从整个形势看来，从上述一切国际国内的实际情况的分析看来，我请大家注意，不要以为我们的事业，一切都将是顺利的，美妙的。不，不是这样，事实是好坏两个可能性、好坏两个前途都存在着。继续法西斯独裁统治，不许民主改革；不是将重点放在反对日本侵略者方面，而是放在反对人民方面；即使日本侵略者被打败了，中国仍然可能发生内战，将中国拖回到痛苦重重的不独立、不自由、不民主、不统一、不富强的老状态里去。这是一个可能性，这是一个前途。这个可能性，这个前途，依然存在，并不因为国际形势好，国内人民觉悟程度增长和有组织的人民力量发展了，它就似乎没有了，或自然地消失了。希望中国实现这个可能性、实现这个前途的，在中国是国民党内的反人民集团，在外国是那些怀抱帝国主义思想的反动分子。这是一方面，这是必须注意的一方面。

但是，另一方面，同样是从整个形势看来，从上述一切内外情况的分析看来，使我们更有信心地更有勇气地去争取第二个可能性，第二个前途。这就是克服一切困难，团结全国人民，废止国民党的法西斯独裁统治，实行民主改革，巩固和扩大抗日力量，彻底打败日本侵略者,将中国建设成为一个独立、自由、民主、统一和富强的新国家。希望中国实现这个可能性、实现这个前途的,在中国是广大的人民,中国共产党及其他民主派别,在外国是一切以平等地位待我的民族,外国的进步分子,外国的人民大众。

我们清楚地懂得,在我们和中国人民面前,还有很大的困难,还有很多的障碍物,还要走很多的迂回路程。但是我们同样地懂得,任何困难和障碍物,我们和全国人民一道一定能够加以克服,而使中国的历史任务获得完成。竭尽全力地去反对第一个可能性,争取第二个可能性,反对第一个前途,争取第二个前途,是我们和全国人民的伟大任务。国际国内形势的主要方面,是有利于我们和全国人民的。这些,我在前面已经说得很清楚了。我们希望国民党当局,鉴于世界大势之所趋,中国人心之所向,毅然改变其错误的现行政策,使抗日战争获得胜利,使中国人民少受痛苦,使新中国早日诞生。须知不论怎样迂回曲折,中国人民独立解放的任务总是要完成的,而且这种时机已经到来了。一百多年来无数先烈所怀抱的宏大志愿,一定要由我们这一代人去实现,谁要阻止,到底是阻止不了的。

资料来源:毛泽东选集:第三卷.北京:人民出版社,1991:1033-1052

习近平:在纪念中国人民抗日战争暨世界反法西斯战争胜利70周年大会上的讲话

全国同胞们,
尊敬的各位国家元首、政府首脑和联合国等国际组织代表,
尊敬的各位来宾,
全体受阅将士们,
女士们、先生们,同志们、朋友们:

今天,是一个值得世界人民永远纪念的日子。70年前的今天,中国人民经过长达14年艰苦卓绝的斗争,取得了中国人民抗日战争的伟大胜利,宣告了世界反法西斯战争的完全胜利,和平的阳光再次普照大地。

在这里,我代表中共中央、全国人大、国务院、全国政协、中央军委,向全国参加过抗日战争的老战士、老同志、爱国人士和抗日将领,向为中国人民抗日战争胜利作出重大贡献的海内外中华儿女,致以崇高的敬意!向支援和帮助过中国人民抵抗侵略的外国政府和国际友人,表示衷心的感谢!向参加今天大会的各国来宾和军人朋友们,表示热烈的欢迎!

女士们、先生们,同志们、朋友们!

中国人民抗日战争和世界反法西斯战争,是正义和邪恶、光明和黑暗、进步和反动的大决战。在那场惨烈的战争中,中国人民抗日战争开始时间最早、持续时间最长。面对侵略者,中华儿女不屈不挠、浴血奋战,彻底打败了日本军国主义侵略者,捍卫了中华民族5000多年发展的文明成果,捍卫了人类和平事业,铸就了战争史上的奇观、中华民族的壮举。

第六章　中华民族的抗日战争

中国人民抗日战争胜利,是近代以来中国抗击外敌入侵的第一次完全胜利。这一伟大胜利,彻底粉碎了日本军国主义殖民奴役中国的图谋,洗刷了近代以来中国抗击外来侵略屡战屡败的民族耻辱。这一伟大胜利,重新确立了中国在世界上的大国地位,使中国人民赢得了世界爱好和平人民的尊敬。这一伟大胜利,开辟了中华民族伟大复兴的光明前景,开启了古老中国凤凰涅槃、浴火重生的新征程。

在那场战争中,中国人民以巨大民族牺牲支撑起了世界反法西斯战争的东方主战场,为世界反法西斯战争胜利作出了重大贡献。中国人民抗日战争也得到了国际社会广泛支持,中国人民将永远铭记各国人民为中国抗战胜利作出的贡献!

女士们、先生们,同志们、朋友们!

经历了战争的人们,更加懂得和平的宝贵。我们纪念中国人民抗日战争暨世界反法西斯战争胜利 70 周年,就是要铭记历史、缅怀先烈、珍爱和平、开创未来。

那场战争的战火遍及亚洲、欧洲、非洲、大洋洲,军队和民众伤亡超过 1 亿人,其中中国伤亡人数超过 3500 万,苏联死亡人数超过 2700 万。绝不让历史悲剧重演,是我们对当年为维护人类自由、正义、和平而牺牲的英灵、对惨遭屠杀的无辜亡灵的最好纪念。

战争是一面镜子,能够让人更好认识和平的珍贵。今天,和平与发展已经成为时代主题,但世界仍很不太平,战争的达摩克利斯之剑依然悬在人类头上。我们要以史为鉴,坚定维护和平的决心。

为了和平,我们要牢固树立人类命运共同体意识。偏见和歧视、仇恨和战争,只会带来灾难和痛苦。相互尊重、平等相处、和平发展、共同繁荣,才是人间正道。世界各国应该共同维护以联合国宪章宗旨和原则为核心的国际秩序和国际体系,积极构建以合作共赢为核心的新型国际关系,共同推进世界和平与发展的崇高事业。

为了和平,中国将始终坚持走和平发展道路。中华民族历来爱好和平。无论发展到哪一步,中国都永远不称霸、永远不搞扩张,永远不会把自身曾经经历过的悲惨遭遇强加给其他民族。中国人民将坚持同世界各国人民友好相处,坚决捍卫中国人民抗日战争和世界反法西斯战争胜利成果,努力为人类作出新的更大的贡献。

中国人民解放军是人民的子弟兵,全军将士要牢记全心全意为人民服务的根本宗旨,忠实履行保卫祖国安全和人民和平生活的神圣职责,忠实执行维护世界和平的神圣使命。我宣布,中国将裁减军队员额 30 万。

女士们、先生们,同志们、朋友们!

"靡不有初,鲜克有终。"实现中华民族伟大复兴,需要一代又一代人为之努力。中华民族创造了具有 5000 多年历史的灿烂文明,也一定能够创造出更加灿烂的明天。

前进道路上,全国各族人民要在中国共产党领导下,坚持以马克思列宁主义、毛泽东思想、邓小平理论、"三个代表"重要思想、科学发展观为指导,沿着中国特色社会主义道路,按照"四个全面"战略布局,弘扬伟大的爱国主义精神,弘扬伟大的抗战精神,万众一心,风雨无阻,向着我们既定的目标继续奋勇前进!

让我们共同铭记历史所启示的伟大真理:正义必胜!和平必胜!人民必胜!

资料来源:新华网,2015-09-05

四、实训指导

(一)单项选择题(请在每小题的四个选择项中,选出一个正确答案。)

1. 日本帝国主义在1931年制造了侵占中国东北的( )。
   A.九一八事变　　B."一·二八"事变　　C.华北事变　　D.卢沟桥事变

2. 日本帝国主义在1935年通过一系列事端制造了侵略中国的( )。
   A.九一八事变　　B."一·二八"事变　　C.华北事变　　D.卢沟桥事变

3. 日本帝国主义在1937年制造了发动全面侵华战争的( )。
   A.九一八事变　　B."一·二八"事变　　C.华北事变　　D.卢沟桥事变

4. 日军在全面侵华战争中被迫停止对中国正面战场的战略性进攻是在( )。
   A.占领北平、天津以后　　　　　　B.占领太原、济南以后
   C.占领上海、南京以后　　　　　　D.占领广州、武汉以后

5. 1932年3月,在日本侵略者阴谋策划下建立的傀儡政权是( )。
   A.伪满洲国　　　　　　　　　　　B.伪华北自治政府
   C.伪中华民国维新政府　　　　　　D.伪中华民国国民政府

6. 1937年12月,在日本侵略军制造的"南京大屠杀"中惨遭屠杀的中国军民达( )。
   A.10万人以上　　　　　　　　　　B.15万人以上
   C.20万人以上　　　　　　　　　　D.30万人以上

7. 1936年2月,中国共产党领导的东北抗日武装力量改建为( )。
   A.东北抗日义勇军　　　　　　　　B.东北人民革命军
   C.东北抗日同盟军　　　　　　　　D.东北抗日联军

8. 1933年5月,原国民党西北军将领冯玉祥在张家口成立的抗日武装力量是( )。
   A.东北抗日同盟军　　　　　　　　B.察哈尔民众抗日同盟军
   C.东北抗日义勇军　　　　　　　　D.察哈尔抗日义勇军

9. 1933年11月,在福州发动抗日反蒋事变的国民党爱国将领是( )。
   A.马占山和李杜　　　　　　　　　B.蔡廷锴和蒋光鼐
   C.冯玉祥和吉鸿昌　　　　　　　　D.张学良和杨虎城

10. 1934年4月,中国共产党提出并由宋庆龄、何香凝、李杜等签名发表了( )。
    A.《反日反蒋的初步协定》　　　　B.《中国人民对日作战的基本纲领》
    C.《为抗日救国告全国同胞书》　　D.《停战议和一致抗日通电》

11. 华北事变发生后,中国人民抗日救亡运动新高潮到来的标志是( )。
    A.五四运动的爆发   B."一二·九"运动的爆发
    C."一二·一"运动的爆发   D."一二三〇"运动的爆发

12. 在民族危机日益严重的形势下,中共驻共产国际代表团于1935年8月1日发表了( )。
    A.《中国人民对日作战的基本纲领》 B.《为抗日救国告全国同胞书》
    C.《停战议和一致抗日通电》   D.《中共中央为公布国共合作宣言》

13. 1935年12月,中国共产党召开了制定抗日民族统一战线新政策的( )。
    A.西湖特别会议   B.瓦窑堡会议
    C.洛川会议   D.晋绥干部会议

14. 1936年5月,沈钧儒等爱国民主人士发起成立的抗日团体是( )。
    A.中华民族解放行动委员会   B.中国民权保障同盟
    C.全国各界救国联合会   D.保卫中国同盟

15. 1936年12月,国民党东北军将领张学良和西北军将领杨虎城发动了( )。
    A.北京事变   B.福建事变   C.西安事变   D.皖南事变

16. 1936年12月西安事变的和平解决标志着( )。
    A.抗日救亡运动新高潮的到来   B.国内和平的基本实现
    C.第二次国共合作的正式形成   D.全民族抗战的开始

17. 1937年8月,国共两党达成协议将红军主力改编为( )。
    A.国民革命军第四路军   B.国民革命军新编第四军
    C.国民革命军第八路军   D.国民革命军新编第八军

18. 1937年8月,南方红军和游击队改编为新四军后担任军长的是( )。
    A.朱德   B.彭德怀   C.叶挺   D.陈毅

19. 从1937年7月卢沟桥事变到1938年10月广州、武汉失守,中国抗日战争处于( )。
    A.战略防御阶段   B.战略相持阶段
    C.战略反攻阶段   D.战略决战阶段

20. 1938年3月,李宗仁领导的第五战区取得歼灭日军1万余人大捷的战役是( )。
    A.平型关战役   B.台儿庄战役   C.桂南战役   D.枣宜战役

21. 1939年1月,国民党召开了确定"防共、限共、溶共、反共"方针的( )。
    A.五届三中全会   B.五届四中全会
    C.五届五中全会   D.五届六中全会

22. 1940年5月枣宜会战中以身殉国的国民党抗日爱国将领是( )。
    A.佟麟阁   B.赵登禹   C.张自忠   D.戴安澜

23. 1944年4月至1945年1月,国民党正面战场遭受严重溃败的战役是( )。

A.桂南战役 B.枣宜战役
C.中条山战役 D.豫湘桂战役

24. 中国共产党制定《抗日救国十大纲领》的重要会议是( )。
 A.瓦窑堡会议 B.洛川会议
 C.中共六届六中全会 D.中共六届七中全会

25. 毛泽东在1938年发表的系统阐述抗日战争特点、前途和发展规律的重要著作是( )。
 A.《论反对日本帝国主义的策略》 B.《论持久战》
 C.《新阶段》 D.《论联合政府》

26. 为了打破日军的"囚笼"政策,八路军在1940年8月至12月发动了( )。
 A.平型关战役 B.雁门关大战 C.阳明堡战役 D.百团大战

27. 1941年1月发生的皖南事变是国民党顽固派在抗战进入相持阶段后发动的( )。
 A.第一次反共高潮 B.第二次反共高潮
 C.第三次反共高潮 D.第四次反共高潮

28. 中国共产党在抗日民族统一战线中坚持的根本原则是( )。
 A.独立自主 B.又团结又斗争
 C.自力更生 D.有理、有利、有节

29. 抗日民族统一战线中的顽固势力主要是指( )。
 A.国民党亲日派 B.国民党亲英美派
 C.地方实力派 D.地主反动派

30. 中国共产党领导的抗日民主政权在人员组成上实行的原则是( )。
 A."三一制" B."三三制" C."五一制" D."五五制"

31. 作为中国共产党历史上第一个自然科学教学与研究机构,延安自然科学院创办于( )。
 A.1938年8月 B.1939年8月 C.1940年8月 D.1941年8月

32. 在1938年出任国民政府军事委员会政治部副部长的共产党人是( )。
 A.董必武 B.林伯渠 C.郭沫若 D.周恩来

33. 在大后方抗战文化工作发展过程中,文化界提出的文艺创作三大目标是( )。
 A.抗战、进步、科学 B.抗战、团结、民主
 C.独立、自由、民主 D.科学、民族、大众

34. 毛泽东明确地提出"马克思主义的中国化"这一命题是在( )。
 A.中共六届四中全会 B.中共六届五中全会
 C.中共六届六中全会 D.中共六届七中全会

35. 在抗日战争时期,中国共产党开展延安整风运动最主要的任务是( )。

A.反对主观主义以整顿学风　　　　B.反对宗派主义以整顿党风

C.反对官僚主义以整顿作风　　　　D.反对党八股以整顿文风

36. 1945年4月,中国共产党通过《关于若干历史问题的决议》的会议是(　　)。

　　A.中共六届四中全会　　　　　　B.中共六届五中全会

　　C.中共六届六中全会　　　　　　D.中共六届七中全会

37. 中国共产党将毛泽东思想规定为党的一切工作的指针是在(　　)。

　　A.中共四大　　　　　　　　　　B.中共五大

　　C.中共六大　　　　　　　　　　D.中共七大

38. 近代中华民族反抗外敌入侵第一次取得完全胜利的民族解放战争是(　　)。

　　A.护国战争　　　　　　　　　　B.护法战争

　　C.北伐战争　　　　　　　　　　D.抗日战争

39. 1942年年初,为减轻美英等国在太平洋战场上的压力,中国政府命令所属军队:立即对自己附近之日军展开积极作战。造成日军死伤5万余人的是(　　)。

　　A.淞沪会战　　　　　　　　　　B.中国远征军出国作战

　　C.第三次长沙战役　　　　　　　D.台儿庄战役

40. 中国大陆拍摄的电影《血战台儿庄》,真实再现了(　　)指挥所部中国军队在抗战初期歼灭大量侵华日军的重大胜利。

　　A.彭德怀　　　B.林彪　　　　C.胡宗南　　　　D.李宗仁

41. 1945年10月,(　　)。这成为中国抗日战争取得完全胜利的重要标志。

　　A."重庆谈判"达成《双十协定》

　　B.日本侵略军全部撤出中国

　　C.美军占领日本本土

　　D.中国收回被日本占领50年的台湾及澎湖列岛

(二)多项选择题(请在每小题的四个选择项中,选出至少两个正确答案。多选或少选均不得分。)

1. 日本帝国主义在20世纪30年代制造的侵略中国的一系列事件包括(　　)。

　　A.九一八事变　　　　　　　　　B.福建事变

　　C.华北事变　　　　　　　　　　D.卢沟桥事变

2. 日本发动侵华战争给中华民族造成的深重灾难集中表现在(　　)。

　　A.制造了惨绝人寰的大屠杀　　　B.疯狂掠夺中国的资源与财富

　　C.强制推行奴化教育　　　　　　D.竭力扶植汉奸傀儡政权

3. 在侵华战争期间,日本疯狂掠夺中国资源与财富的组织机构包括(　　)。

　　A.南满铁路株式会社　　　　　　B.南满重工业股份公司

　　C.华北开发股份公司　　　　　　D.华中振兴股份公司

4. 九一八事变后,被中共中央先后选派到东北领导抗日斗争的共产党员包括( )。
   A.罗登贤　　　　B.杨靖宇　　　　C.赵尚志　　　　D.赵一曼

5. 1933年11月在福州举行抗日反蒋事变的国民党爱国将领和人士包括( )。
   A.蔡廷锴　　　　B.蒋光鼐　　　　C.李济深　　　　D.陈铭枢

6. 在1936年12月12日毅然发动西安事变的国民党爱国将领是( )。
   A.蔡廷锴　　　　B.蒋光鼐　　　　C.张学良　　　　D.杨虎城

7. 在致国民党五届三中全会电中,中共中央在五项要求基础上承诺的是( )。
   A.停止武力推翻国民党政府的方针
   B.停止没收地主土地的政策
   C.红军改名为国民革命军
   D.苏维埃政府改名为中华民国特区政府

8. 1937年8月,红军主力改编为国民革命军第八路军后下设( )。
   A.一一五师　　　　　　　　B.一二〇师
   C.一二五师　　　　　　　　D.一二九师

9. 1937年8月,红军主力改编为国民革命军第八路军后担任总指挥和副总指挥的分别是( )。
   A.朱德　　　　B.叶挺　　　　C.彭德怀　　　　D.刘伯承

10. 1939年1月,国民党召开五届五中全会确定的方针是( )。
    A.防共　　　　B.限共　　　　C.溶共　　　　D.反共

11. 在抗日战争的战略相持阶段,国民党军队在正面战场进行的重大战役包括( )。
    A.桂南会战　　　B.枣宜会战　　　C.百团大战　　　D.长沙会战

12. 抗日战争时期,中国共产党在国民党统治区公开发行的报刊是( )。
    A.《解放日报》　B.《新华日报》　C.《群众》周刊　D.《共产党人》

13. 毛泽东在《论持久战》中预测的中国抗日战争的三个发展阶段是( )。
    A.战略防御　　　B.战略相持　　　C.战略反攻　　　D.战略决战

14. 抗日战争全面爆发之初,八路军在配合正面战场作战过程中获胜的战役有( )。
    A.平型关战役　　　　　　　B.雁门关战役
    C.阳明堡战役　　　　　　　D.台儿庄战役

15. 1937年11月太原失陷后,八路军在发动敌后游击战争过程中开辟的抗日根据地包括( )。
    A.晋察冀抗日根据地　　　　B.晋西北抗日根据地
    C.晋冀豫抗日根据地　　　　D.大青山抗日根据地

16. 中国抗日战争在全面爆发后在战略上逐渐形成的两个战场是( )。
    A.主要由国民党军队担负的正面战场

B.主要由国民党军队担负的敌后战场

C.由共产党领导的人民军队为主担负的正面战场

D.由共产党领导的人民军队为主担负的敌后战场

17. 针对抗战局面出现的严重危机,中国共产党在1939年7月提出的三大政治口号是( )。

　　A.坚持抗战、反对妥协　　　　B.坚持团结、反对分裂

　　C.坚持民主、反对独裁　　　　D.坚持进步、反对倒退

18. 中国共产党制定的抗日民族统一战线策略总方针是( )。

　　A.发展进步势力　　　　　　　B.争取中间势力

　　C.孤立顽固势力　　　　　　　D.打击顽固势力

19. 抗日民族统一战线中的进步势力主要是指( )。

　　A.工人阶级　　B.农民阶级　　C.民族资产阶级　　D.城市小资产阶级

20. 毛泽东指出,在抗日民族统一战线中争取中间势力的主要条件是( )。

　　A.共产党要有充足的力量

　　B.尊重中间势力的利益

　　C.同顽固派做坚决的斗争并取得胜利

　　D.坚持有理、有利、有节的原则

21. 中国共产党领导的抗日民主政权在人员组成上实行的"三三制"原则是( )。

　　A.工人阶级占三分之一　　　　B.共产党员占三分之一

　　C.非党的左派进步分子占三分之一　D.中间派占三分之一

22. 抗日战争胜利的原因包括( )。

　　A.中国共产党在全民族抗战中起到了中流砥柱的作用

　　B.中国人民巨大的民族觉醒、空前的民族团结和英勇的民族抗争,是中国人民抗日战争胜利的决定因素

　　C.中国人民抗日战争的胜利,同世界所有爱好和平正义的国家和人民、国际组织以及各种反法西斯力量的同情和团结也是分不开的

　　D.日本是小国,资源匮乏,注定会在战争中失败

23. 抗日战争时期,向中国派遣空军志愿队并协助对日作战的国家有( )。

　　A.苏联　　　　B.联合国　　　　C.美国　　　　D.加拿大

24. 在抗日战争战略防御阶段,共产党领导人民军队对日军作战的著名战役,有( )。

　　A.平型关伏击战　　　　　　　B.雁门关伏击战

　　C.夜袭阳明堡日军机场　　　　D.百团大战

(三)判断题(正确选 Y,错误选 N。)

1. 由于日本殖民者的侵略,1932年2月,中国东北全境沦陷。　　　　(　　)

        Y.正确   N.错误

2. 面对日本的大举侵略,蒋介石在1932年7月已提出"攘外必先安内"的方针。
                                                              (   )
        Y.正确   N.错误

3. 从1937年7月卢沟桥事变,到1938年广州、武汉失守,中国抗战处于战略防御阶段。
                                                              (   )
        Y.正确   N.错误

4. 在战略防御阶段,国民党正面战场除台儿庄战役取得大捷外,其他战役几乎都是以退却、失败而结束的。
                                                              (   )
        Y.正确   N.错误

5. 国民党五届六中全会的召开,标志着国民党由片面抗战逐步转变为消极抗战。
                                                              (   )
        Y.正确   N.错误

6. 抗日战争中,八路军刚开赴前线时,主要是直接在战役上配合国民党军队作战。
                                                              (   )
        Y.正确   N.错误

7. 在抗日战争的战略相持阶段,敌后游击战争成为主要的抗日作战方式。(   )
        Y.正确   N.错误

8. 抗日民族统一战线是以国共合作为基础的。   (   )
        Y.正确   N.错误

9. 在第二次国共合作中,1939年冬至1941年春,国民党顽固派发动第一次反共高潮。
                                                              (   )
        Y.正确   N.错误

10. 在20世纪40年代后期,中国共产党以延安为中心,在全党范围内开展了一场整风运动。
                                                              (   )
        Y.正确   N.错误

(四)填空题(把正确答案填入空格内。)

1. 1940年3月,_____在南京成立伪中华民国国民政府,这是在日本策划下建立的傀儡政权。

2. 在抗日战争的战略防御阶段,国民党军队组织了_____、忻口、徐州、武汉会战等一系列大战役。

3. 1938年年初,国民政府改组军事委员会,下设政治部,聘请_____担任政治部副部长。

4. 20世纪40年代前期,中国共产党以_____为中心,在全党范围内开展了一场整风运动。

5. 1945年7月26日,中、美、英三国发表_____公告,敦促日本投降。

五、实践指南

1. "九·一八"历史博物馆

"九·一八"历史博物馆位于辽宁省沈阳市大东区望花南街46号,地处沈阳东北部。作为全国百家爱国主义教育基地是世界上全面反映九一八事变史的博物馆。博物馆通过大量文物、历史照片及多种现代化展示手段,真实地反映了日本帝国主义策划、发动九一八事变及对中国东北进行残酷殖民统治的屈辱历史;再现了东北人民和全国人民一道,在中国共产党领导下不屈不挠、浴血奋战,最终取得抗日战争伟大胜利的历史画卷。

2. 平顶山惨案遗址纪念馆

平顶山惨案遗址纪念馆位于辽宁省抚顺市,记录了日军侵华所犯下的滔天罪行。1932年9月15日,日军以平顶山村民没有报告即"通匪"为名,于次日出动守备队和宪兵队包围了平顶山村,将全村三千余名男女老幼驱赶到平顶山下,开始了灭绝人性的大屠杀。日军先用机枪扫射,又用刺刀重挑一遍,甚至挑出孕妇腹中的婴儿。最后为了掩盖罪行,用汽油焚尸,放炮崩山,将殉难者的尸骨掩埋于山下,并纵火烧毁了全村八百多间房屋,将平顶山村夷为平地,制造了震惊中外的"平顶山惨案"。

3. 东北抗联博物馆

东北抗联博物馆馆址位于哈尔滨市南岗区一曼街243号,是国内首家全面反映东北抗联14年英勇战斗历程的综合性博物馆。东北抗联是中国共产党领导的东北各民族人民组成的抗日队伍。在极其艰苦的环境下,东北抗联用鲜血和生命坚持抗战14年,打响了中国抗日战争和世界反法西斯战争的第一枪,歼灭了大量的日伪军,牵制了数十万侵华日军,支援了全国抗战,为世界反法西斯战争胜利做出了特殊的贡献。

4. 胜利桥

1898年沙俄强租大连,1899年沙皇尼古拉二世宣布"达里尼"(大连)为自由港,将东起寺儿沟、西至大同街、南起南山麓、北至海滨约3000公顷的土地作为城市用地。为了跨越铁路将城市的南北连接起来和运输石料木材兴建官邸,一条线桥诞生了,这就是大连历史上最早的线桥——露西亚街木桥。到了1908年,露西亚街木桥被日本人拆除重建,改称日本桥。一位德国设计师将它设计成了米兰式钢筋混凝土连续5跨实腹无铰拱桥,这是中国早期为数不多的钢筋混凝土桥之一。1945年后该桥改为胜利桥,沿用至今。

5. 抚顺煤矿(现为抚顺煤矿博物馆)

抚顺煤矿位于辽宁省抚顺市,始建于1901年。抚顺煤矿曾是亚洲第一大露天煤矿,现在是垂直深度424米的"亚洲第一大矿坑";日据时期,抚顺煤矿的煤产量占全国煤产量的30%,20世纪五六十年代,该矿是中国最大的煤矿;其龙凤矿竖井是当今世界上仅存的煤矿竖井,在中国乃至世界采煤史上都具有很高的历史价值,它代表了20世纪30年代世界科技与建筑的先进水平;抚顺煤矿被日本霸占40年间造成至少25万名中国劳工死亡。2018年1月,入选第一批中国工业遗产保护名录。

第七章 为新中国而奋斗

一、导言

毛泽东在中共七大致开幕词中指出,"有两种中国之命运",即使把日本帝国主义打败了,"也还是有这样两个前途"存在于中国人民和中国共产党面前:一个是"独立、自由、民主、统一、富强的中国","中国人民得到解放的新中国";一个是"半殖民地半封建的、分裂的、贫弱的"老中国。国共两党紧接着抗日战争的胜利而展开的斗争,无论最初在谈判桌上,还是最终在战场上,都是围绕着"中国向何处去"而展开的"两个中国"之命运与前途的较量。

学习本章历史,首先要审时度势,从世界反法西斯战争和中国抗日战争胜利后的天下大势、人心所向出发,准确把握"和"与"战"的两种可能性以及战后历史的两种必然性:国民党必然要在实现国家"统一"的旗号下极力坚持其一党独裁统治并恢复其在战前的一统天下,谈也为此,打也为此,且最终只能靠打来实现而又根本无法实现;共产党必然欲废除其一党独裁统治、争取使抗战的胜利成为人民的胜利,故以谈对谈,以打对打,且最终靠谈谈不出新中国后只能被迫靠打打出一个新中国。

两种必然性的较量,首由蒋介石主动且公开地连发三电邀请毛泽东到重庆共商国是拉开了序幕。须知,这是政府应有的姿态,也是蒋介石为掌握战后国共斗争政治主动权的故弄姿态;而其发动内战既需要时间过程,也需要制造理由。要从蒋介石对毛泽东非常"诚恳"的邀请中看到其虚伪性的一面,更要通过对历史真相的学习与把握,弄清楚到底是谁想打内战以及内战的实质是什么。

在共产党提出的"和平,民主,团结"三大口号中,民主是关系和平与团结的核心问题,只有国民党放弃独裁,走向民主,才有国共两党的长期合作,也才能避免内战,和平建设新中国。在对国共关系的把握中,首先要清楚共产党对国民党已不是抗战前欲推翻其统治的反蒋方针,而只是要废除其一党独裁、实行民主政治。所以,无论是重庆谈判谈出的新中国,还是政治协商会议协商出来的新中国,虽然并不是新民主主义性质的,更不是社会主义性质的,但因其打破了国民党的一党独裁,且有利于和平建国,有利于最终走向民主政治,也并非不可接受。而共产党争取和平民主的种种努力虽然最终未能阻止国民党坚持独裁、走向内战,但教育了人民,也教育了民主党派,从而赢得了人心,取得了政治上的胜利。

蒋介石之所以敢冒天下之大不韪发动内战,完全是凭其军力、经济力的优势。在了解战争的发展进程之前,首先要明确这场内战的性质,在共产党方面是爱国的正义的革命战争,在国民党方面则是打着国家统一的旗号进行"戡乱"而实是在美国帝国主义指挥之下的反对中华民族独立和中国人民解放的反革命战争。进而通过把握战争的发展进程真正懂得,战争的性质并不是抽象的概念,它直接决定着双方不同的战略甚至是士气,国民党上百万军队起义、俘虏只经一天的教育便成了不需要训练即可直接参加战斗的解放军战士等,说到底都有背后的战争性质使然。战争的性质也直接决定着人心向背,不仅"解放区"的农民从土地改革中认识到中国共产党是自身利益的代表者、维护者,选择了跟共产党走;即使"国统区"人民,甚至是民主党派,也站在了共产党一边,从而形成了反蒋"第二条战线"的人民民主运动。在解放战争中,自始至终,强者总在打败仗,弱者总在打胜仗,说明强者并不是真正的强者,弱者并不是真正的弱者。国民党的失败,不仅是军事上的失败,也是政治上的失败和经济上的失败。说到底,则是国民党政权非为公,非为民,而为一己之私坚持独裁打内战,丧失了人心。

本章的学习,还有一个重要问题需要认真领会和把握,即当代中国新型的政党制度是怎样形成和确立的。首先要了解各民主党派的基本历史与其政党的性质及其"第三条道路"为什么会破产;并了解中国共产党与民主党派在战后争取和平民主斗争中的团结与合作,了解民主党派在新民主主义革命中所起的积极作用。其次要懂得,中国共产党是在取得对国民党绝对性胜利的前提下,号召各民主党派同共产党一道筹建新中国的,从而在与民主党派团结合作反对国民党一党独裁统治的基础上,历史地形成了中国共产党领导的多党合作和政治协商制度。这一政党是中国政党制度的特点,也是中国政党制度的优点。

二、以案论史

案例1 揭秘大连特殊解放区

2015年是中国人民抗日战争暨世界反法西斯战争胜利70周年,也是大连解放70周年。1945年8月22日,苏联红军进驻旅大,并对旅大地区实行军事管制,根据中苏《关于旅顺协定附件》中划定的范围,自辽东半岛西岸猴山岛湾以南之地点起,向东经过该半岛东岸石河驿(现为大连市金州区石河街道)至邹家嘴子(现为大连市金州区杏树街道邹家嘴子屯),东西向划为一线,此线以南为苏军海军根据地陆路之界限。至1949年10月1日中华人民共和国成立,这一历史时期,旅大地区被称为"特殊解放区"。旅大特殊解放区是在抗战胜利之初,国际国内错综复杂的政治斗争、军事斗争及外交斗争条件下的产物,具有特殊的历史地位及作用,从中我们感悟到共产党人在特殊环境下砥砺前行的精神风范与责任担当意识,激励我们为"两先区"建设做出更大的贡献。

"特殊解放区"不是民间俗称

旅大地区作为特殊解放区之前,遭受沙俄、日本殖民统治长达47年,这是大连地区同其他解放区的一个重大区别。如果将历史的画卷从后向前翻转,自1898年3月至1945年8月这四十七年零五个月的历史,就会像叠层石一样展现在我们面前:甲午战争,"三国干涉还辽",俄国强租旅大,日俄战争,日本40年殖民统治,苏军进驻旅大。这些互为因果关系的历史层面,不仅是中国近代史的缩影,同时也是大连特殊解放区特殊历史渊源的前世和今生。抗战胜利后,国民党的战略企图是:完全占领长江以南地区,同时以重兵夺取苏、皖北部及华北战略要地和交通线,以分割、压缩中共领导的各解放区,并打开进入东北的通道,然后根据《中苏友好同盟条约》对其有利的规定,出兵占领东北。因此,抗战胜利后,如何调整战略布局,使自己处于更为有利的战略地位,以便在国民党军队大举进攻面前,能够更加有力地进军东北和保卫华北解放区,成为中国共产党的紧迫任务。大连正是在这种政治形势下,承担了特殊解放区的特殊历史使命。1945年10月,中共中央东北局在对大连市委的指示中指出:"要充分认识大连的特殊性","把大连建设成为联结东北和华北两大战场的巩固的后方隐蔽基地"。可见,特殊解放区不是一般性的民间俗称,而是中共中央东北局根据当时革命战争形势以及旅大地区担负的任务而赋予的科学定位。解放战争时期,大连地区作为隐蔽的后方基地和庇护所所发挥的作用是其他解放区无法取代的,这正是特殊解放区的核心所在。除此之外,东北民主联军和民主政府,将苏军岗哨线以北(苏联海军根据地北界之西起石河驿三道湾、东至大沙口邹家嘴子一线设立28处岗哨,岗哨以北称岗外,以南称岗里)新金县南部地区狭长地带的4个区22个行政村辟建为岗外解放区。这片解放区与大连特殊解放区接壤,尽管面积不大,但在解放战争中为牵制和打击敌军、保存有生力量、后勤补给保障等方面做出了卓越的贡献,被陈云同志誉为"屋檐下的根据地"。虽然这两处解放区中间横亘着一道苏军岗哨线,但实为一个整体。岗里解放区是岗外解放区的强大后盾和依托,岗外解放区则是辽南战场敌我两军较量的缓冲区,这就使旅大特殊解放区的特殊性更加突出和名副其实。

复杂国际环境下的特殊解放方式——基本没有动枪动炮的"软解放"

1945年8月8日,苏联对日本宣战。8月9日,苏军出兵东北,8月22日,苏军进驻旅大。旅大地区在经历日本40年的殖民统治后,在第二次世界大战中基本没有动枪动炮就解放了,这种解放的方式也是大连特殊解放区的又一个特征,我们可以称为"软解放"。在日军占领区,像旅大这样不动枪炮就使日军放下武器的城市并不多见。这种解放方式,使大连的城市建筑和工厂设备免受战火破坏,更有利于解放后的城市运行和工业生产。苏联出兵东北谋求的是恢复沙皇俄国时期在中国取得的权益,苏联政府在外交上只承认国民党政府这个"唯一合法政府",不赞成共产党向美国支持的国民党进行革命的武装斗争。苏联政府当时所奉行的对华政策,给中国人民的解放事业带来了一定的困难。另一方面,苏联出于对自身利益的思考,也不愿意看到中国完全处在美国的支配之下。因此,苏联政府转而对中国共产党及其领导的人民革命力量给予一定的支持。正是在这种错综复杂的政治形势下,中共大连市委才能在日本投降后仅两个月时间,就在苏军军事管制当局非公开的支持下成功组建并掌控大连局势,旅大地区才能成为苏军军事管制条件下由中国共产党领导的特殊解放区。

优势独特的地理区位——把大连解放区的作用发挥到了极致

旅大地区地处辽东半岛南端,东濒黄海与朝鲜半岛毗邻,西临渤海与京津地区相望,南界黄渤海峡与山东半岛烟台、威海同铸渤海门户,北与富饶的东北腹地接壤。这种独特的地理区位,使旅大地区在经济、军事、交通及文化等方面占有得天独厚的优越条件。旅大地区自古便是中原、山东通往辽东半岛最便捷的海上通道。抗日战争胜利后,山东八路军正是通过这条海上通道,不失时机地跨越渤海海峡,挺进东北。这条海上通道从某种意义上讲,把山东半岛特别是胶东地区与辽南地区连为一体。旅大特殊解放区还有一个中国北方唯一的边疆县——长海县。这个东西向排列百余公里的岛屿县共有 122 个岛屿和 5 处群礁,它像一道天然屏障横亘在黄海水面,成为大连特殊解放区的前沿阵地和要塞。大连特殊解放区三面临海,共有 610 余千米的陆路海岸线(岛屿不计算在内)。在绵长曲折的海岸线上分布着数以百计的港口和锚地,使解放区与外界的联系四通八达。1946 年,国民党军队对旅大地区实行经济封锁,将铁路干线和公路阻断,但大连解放区仍可经大连港、大连湾港、羊头洼港、大孤山港等港口通过海路与朝鲜半岛、渤海辽东湾沿岸及山东半岛各港通航和进行经济往来,国民党军的经济封锁只能是"锁而难封",很快便被粉碎了。旅大地区地处千山山脉末端,峰回路转,重峦叠嶂,利于隐蔽。当年著名的建新公司创建的兵工厂就坐落在三面环海、一面傍山的海茂村一带。这里比较隐蔽,便于封闭管理。其产品可以通过厂际铁路支线运至甘井子编组站,再连接中长铁路运至东北。如需南运,产品可直接在厂区码头装船运抵山东。这种特殊区位优势,凭借地利把大连解放区的作用发挥到了极致。

举步维艰的党组织建设——市委及其组织机构暂不公开

解放初期的大连,社会动荡,工厂停产,商户歇业,物资匮乏,整个城市处于瘫痪状态。而苏军管制当局负责人多是战斗部队的行伍出身,对管理城市比较生疏,加之对中国国情、大连市情缺乏深刻的了解,处理问题往往是非难辨。一个旧的社会秩序被打破了,如何建立新的社会秩序,这个任务就历史性地落在中国共产党人和民主政府身上。中国共产党旅大地区组织始建于 1926 年 1 月 15 日。1945 年 8 月 22 日大连解放时,尚没有市级党组织,党的支部一个是受中共胶东区委领导的中共胶东大连支部,一个是胶东海外各界抗日同盟总会大连分会党总支。1945 年 10 月初,中共中央东北局派原中央东北工作委员会常务副书记韩光到大连同苏军当局交涉中共山东部队经大连开赴东北事宜,并就国际共产主义运动的发展形势,特别是在苏联政府支持下建设旅顺、大连、金州及组建人民民主政权等问题交换意见。10 月 12 日,韩光返回东北局,向彭真做了汇报。东北局决定,任命韩光为中共大连市委书记。1945 年 10 月中旬,韩光返回大连,开始进行市委实质性的组建工作。其间,韩光等以中共大连市工作委员会的名义展开工作,并陆续与中共胶东大连支部、胶东抗盟总会大连分会、大连社会科学研究会等联系上,将他们置于市工委领导下开展工作。这一阶段的工作可以视为中共大连市委的筹备阶段。1945 年 11 月初,中共大连市委正式成立,书记韩光,副书记柳运光。鉴于大连已经在苏军的军事管制之下,国民党大连地方党组织又抢先挂出市党部的牌子,为了更加有利于斗争的需要,经报请东北局批准,决定市委及其组织机构暂不公开。市委成立后,接管了《泰东日报》,创办《人民呼声》为机关报。1945年12月以市政府名义接管大连中央放送局,更名广播电台。在中共大连市委领导下,金县、大连县、旅顺市及各区的党组织很快建立起来,领导旅大地区各级建政工作,发展生产,安定民生,开展反奸清算、减租减息和住宅调整运动。1946年6月,中共大连市委改属辽宁省委,全市共有104个基层党组织、2790名党员。在特殊解放区时期,随着形势的发展和斗争的需要,市委名称曾多次改变。1949年4月1日,在中共旅大区活动分子大会上,向全市公开党组织。旅大区党委组成人员为:书记欧阳钦,第一副书记韩光。旅大区党委下辖大连市委、旅顺市委,大连县委、金县县委、长山县委。

自上而下的民主政权建立——确立对旅顺市、金县等地统属关系

中苏《关于大连之协定》规定"大连之行政权属于中国"。1945年10月28日,苏军大连警备司令部新任司令官高兹洛夫签署文告,宣布日本统治时期的政府机构和行政人员尽行退职,任命迟子祥为大连市市长、陈云涛为副市长。大连市政府内设秘书处及财政、社会、建设、教育、卫生5个局,下置29科、92股,共有职员2657人(其中日籍人员780人,中国籍旧职留用人员约1500人,新录用377人)。1945年11月8日,大连市各界群众在市政府大楼前广场召开大连市民主政府成立大会,并将大连市划分为18个区(市区12个区,市郊6个区),全市人口479913人。会上,市长宣誓就职,并颁布《施政纲要》,第一条就是:"保障人民生命财产及合法权利,救济难民及一切因抗日反满被捕被俘被难之人员。"市政府成立后即宣布由张本政把持的"大连治安维持会"为非法组织予以取缔,开始没收日本"公营"工厂、仓库和军阀、财阀、战争罪犯的财产工作,收缴日本侨民私藏的武器。宣布禁毒、禁赌、禁娼,取缔200家妓院、60余家烟(鸦片)馆和赌场,从根本上整肃社会秩序。旅大地区建政初期,大连市与旅顺市、金县、大连县并无明确的统属关系。经上级批准,于1946年10月成立旅大金行政联合办事处(简称"旅大行政办事处"),作为旅大地区过渡性的最高行政机关。办事处下辖大连市、旅顺市、金县、大连县。1947年撤销旅大行政办事处,成立关东公署,辖区不变。1949年4月,关东公署改名为旅大行政公署,下辖大连市、旅顺市、金县、大连县、长山县。旅大行政公署主席韩光,副主席李一氓、乔传珏。

资料来源:大连日报,2015-11-12

【请你思考】

1. 大连为什么会成为"特殊解放区",其特殊在哪里?
2. 大连光复后,中共是怎样在大连这个"特殊解放区"进行党组织建设的?

案例2　民主人士参加新政协会议　大连所建通道功不可没

"五一口号"在我国多党合作史上具有里程碑意义。大连与这段历史有着很深的渊源,当年一大批滞留香港的著名民主人士都乘船经"大连通道"秘密北上,安全抵达解放区,参加新政协会议。大连见证了各民主党派自觉接受中国共产党领导的历史选择,也因为"大连通道"的特殊贡献而载入多党合作史册。

大连建公司开辟海上通道

1947年2月,国民党依靠美帝国主义的支持,发动了全面内战,和谈已陷于完全破裂。当时担任中共驻上海办事处处长的钱之光根据周恩来的指示,准备去香港,继续扩大对内对外的工作,加强解放区与香港的经济联系,同时接运滞留在香港的民主人士到解放区,为建设新中国做准备。

1947年9月,钱之光来到大连,在天津街靠火车站的附近找了一座三层楼的房子(后为大连木材公司办公楼)作为落脚点,办起了中华贸易总公司。

当时党在大连还没有公开,党的工作一般都是秘密进行的,因此中华贸易总公司没有挂出牌子。但就在这座楼里,钱之光等筹划了打通香港的航线。这个计划是:在大连租用苏联船只,往返于大连、朝鲜罗津、香港之间,运出大豆、皮毛、猪鬃等土特产品,买回解放区急需的药品、医疗器械、电讯器材、印制钞票的纸张和兵工生产的化工原料等。当时解放区正面临着国民党军队的疯狂进攻,对外交通几乎全部被切断,在这样困难的环境下,中华贸易总公司的建立,为粉碎国民党军队的疯狂进攻所造成的各解放区物资供应困难,满足大连这个特殊解放区各军工企业为人民解放军各大战场生产炮弹和武器所需的原材料,开辟了一条新的海上通道。那时中华贸易总公司除了设法通过海路采购物资外,还收集国统区的报纸杂志,供领导机关研究敌人动向。许多南来北往的干部也走这条海上通道。中华贸易总公司看起来是做买卖、搞贸易的,而其中包含的革命内容丰富多彩。

几经转折大连成北上中转站

1948年5月,人民解放军在各个战场连连报捷,国民党反动统治已走向穷途末路。中共中央鉴于由国民党主持召开的全国政治协商会议(史称旧协商)由于国民党实行独裁统治无法继续存在下去。1948年五一国际劳动节,中共中央在发布的口号中,提出了迅速召开新的政治协商会议,成立民主联合政府的号召。这一号召立即得到热烈响应和赞成。当时大多数民主人士滞留在香港,将他们安全地接送到东北解放区,参加新政协会议,成了大连中华贸易总公司最重要的工作。

由于人手不够,周恩来将钱之光的夫人刘昂从延安派到大连来接替钱之光,让钱之光去香港主持接送民主人士的工作。钱之光到香港与我党的联和公司接上了关系。经过一番筹划,第一批北上的民主人士沈钧儒、谭平山、蔡廷锴、章伯钧等十几位民主人士,由章汉夫陪同,乘大连中华贸易总公司租用的苏联货船经朝鲜罗津,转道去了哈尔滨。

第一批民主人士北上成功,极大地鼓舞了大连中华贸易总公司的同志们。他们在大连又租用了一艘苏联货轮,装载从解放区运到大连的货物和一些黄金南下。

钱之光去香港的任务虽然是接送民主人士,但需要用经贸工作作为掩护。他们在香港的我们党于1938年建立的联合公司的机构和办公地址已不能适应工作发展的需要了。钱之光便在香港皇后大道毕打街毕打行另租了几间大的写字间,成立了香港华润公司,由杨琳任经理,由中央决定钱之光任董事长。可以说,香港的华润公司与大连的中华贸易总公司是为了完成运送滞留在香港的民主人士这项特殊任务而建立的南、北两个工作点,华润公司与大连有很深的扯不断的关系。

华润公司在香港从事大笔的买卖,也把大批民主人士从香港送往解放区。郭沫若、马叙伦、许广平母子、陈其尤、沙千里、宦乡、曹孟君、韩炼成等第二批民主人士,由连贯陪同,从香港出发,在庄河大东沟下船登岸,转赴哈尔滨。

第三批北上民主人士最多,李济深、茅盾夫妇、朱蕴山、章乃器、彭泽民、邓初民、王绍鏊、马寅初、洪深、施复亮、梅龚彬、孙起孟、吴茂荪、李民欣等。周恩来对这次行动的指示更加具体、周密,电示刘昂和冯铉,这批民主人士北上,要与苏联驻旅大的有关部门交涉,安排最好的旅馆,确保安全;要举行欢迎宴会,请大连地委协助做好接待工作。周恩来就连宴会的席位、座次都有明确的交代,还要刘昂等同志为北上的民主人士准备好御寒的皮大衣、皮帽子、皮靴。1949年1月7日上午,接送第三批民主人士的船到达大连,中央派李富春、张闻天专程去码头迎接,还到他们下榻的大连宾馆看望,民主人士非常感动。尤其听到给他们御寒的衣物是周恩来亲自指示办的,更是心情激动。

巧妙安排李济深安全离港

如果说,整个护送民主人士北上工作都碰到不少困难的话,那么,最为困难而又最有传奇性的,莫过于安排李济深秘密离港了。

李济深寓所在香港中环半山区罗便臣道,港英政治部在马路对面租了一层楼,派了几个特工人员住在那里,名为"保护",实则监视。经过研究,钱之光拟订了一个周密的计划,决定在圣诞节次日的夜间上船,12月27日凌晨驶离香港。

1948年12月26日,太平山下仍然沉浸在节日欢乐氛围中,李济深的寓所也热闹非凡。像平日宴客一样,主人身穿一件小夹袄,外衣则挂在墙角的衣架上。宾主频频举杯,谈笑甚欢。这一切,对门那几个持望远镜的特工看得一清二楚。晚宴开始不久,李济深离席到洗手间去,随即悄悄出了家门,在距离寓所20多米远的地方,一辆小轿车戛然停止,李济深迅速上了车,直奔坚尼地道126号被称为"红屋"的邓文钊(《华商报》董事长)寓所。这时,李家晚宴才真正开始。

时钟敲了9响,负责护送李济深的华润公司的杨奇看到岸边和海面平静如常,就打电话照约定的暗语说:"货物已经照单买齐了。"于是,邓文钊的两辆轿车立即出动,将李济深等5位"大老板"送到香港六国饭店对面停泊小汽船的岸边,坐上小汽船,朝着停泊在维多利亚港内的大连中华贸易总公司租用的苏联货船"阿尔丹"号驶去。

在"阿尔丹"号上,他们迎来了1949年的1月1日。为了庆祝新年,也为了他们的新生活,所有民主人士都非常兴奋,一起共话未来。同船的茅盾还准备了一个大册子,请大家题字,李济深提笔写下了:"同舟共济,一心一意,为了一件大事!一件为着参与共同建立一个独立、民主、和平、统一、康乐的新中国的大事!同舟共济,恭喜恭喜,一心一意,来做一件大事。前进!前进!努力!努力!"

为什么中央对第三批北上的民主人士特别重视？因为把民主人士顺利接送北上，也是同国民党反动派的一次较量。李济深是民革中央主席，各种反动政治势力都想拉拢他，作为政治斗争的资本。白崇禧就写了亲笔信，请他"主持大计"，妄图打着他的旗号，由国民党的桂系与共产党"划江而治"。由于我们党及时地转移了这些民主人士，不仅保护了这些民主人士，而且粉碎了国民党挟持民主人士"划江而治"和强迫他们去台湾的政治阴谋。

中国革命的形势发展很快，原定在哈尔滨召开的新政协会议，于1949年9月在北平正式召开，会议通过了《共同纲领》，选举了国家领导人，新中国从此犹如初升的太阳出现在世界的东方。新中国的诞生，其中包含着大连、香港两地许多同志多少紧张的劳动啊！作为当时特殊解放区的大连，为五星红旗的升起做出了重要贡献。

资源来源：宁夏社会主义学院学报，2017，4

【请你思考】

1. 周恩来是怎样布局、安排民主人士经大连北上的？
2. 民主人士响应中共五一口号秘密北上的意义是什么？为什么说"大连通道"功不可没？

三、经典精读

毛泽东：论人民民主专政

一九四九年的七月一日这一个日子表示，中国共产党已经走过二十八年了。像一个人一样，有他的幼年、青年、壮年和老年。中国共产党已经不是小孩子，也不是十几岁的年青小伙子，而是一个大人了。人到老年就要死亡，党也是这样。阶级消灭了，作为阶级斗争的工具的一切东西，政党和国家机器，将因其丧失作用，没有需要，逐步地衰亡下去，完结自己的历史使命，而走到更高级的人类社会。我们和资产阶级政党相反。他们怕说阶级的消灭，国家权力的消灭和党的消灭。我们则公开声明，恰是为着促使这些东西的消灭而创设条件，而努力奋斗。共产党的领导和人民专政的国家权力，就是这样的条件。不承认这一条真理，就不是共产主义者。没有读过马克思列宁主义的刚才进党的青年同志们，也许还不懂得这一条真理。他们必须懂得这一条真理，才有正确的宇宙观。他们必须懂得，消灭阶级，消灭国家权力，消灭党，全人类都要走这一条路的，问题只是时间和条件。全世界共产主义者比资产阶级高明，他们懂得事物的生存和发展的规律，他们懂得辩证法，他们看得远些。资产阶级所以不欢迎这一条真理，是因为他们不愿意被人们推翻。被推翻，例如眼前国民党反动派被我们所推翻，过去日本帝国主义被我们和各国人民所推翻，对于被推翻者来说，这是痛苦的，不堪设想的。对于工人阶级、劳动人民和共产党，则不是什么被推翻的问题，而是努力工作，创设条件，使阶级、国家权力和政党很自然地归于消灭，使人类进到大同境域。为着说清我们在下面所要说的问题，在这里顺便提一下这个人类进步的远景的问题。

第七章　为新中国而奋斗

我们党走过二十八年了,大家知道,不是和平地走过的,而是在困难的环境中走过的,我们要和国内外党内外的敌人作战。谢谢马克思、恩格斯、列宁和斯大林,他们给了我们以武器。这武器不是机关枪,而是马克思列宁主义。

列宁在一九二〇年在《共产主义运动中的"左派"幼稚病》一书中,描写过俄国人寻找革命理论的经过。俄国人曾经在几十个年头内,经历艰难困苦,方才找到了马克思主义。中国有许多事情和十月革命以前的俄国相同,或者近似。封建主义的压迫,这是相同的。经济和文化落后,这是近似的。两个国家都落后,中国则更落后。先进的人们,为了使国家复兴,不惜艰苦奋斗,寻找革命真理,这是相同的。

自从一八四〇年鸦片战争失败那时起,先进的中国人,经过千辛万苦,向西方国家寻找真理。洪秀全、康有为、严复和孙中山,代表了在中国共产党出世以前向西方寻找真理的一派人物。那时,求进步的中国人,只要是西方的新道理,什么书也看。向日本、英国、美国、法国、德国派遣留学生之多,达到了惊人的程度。国内废科举,兴学校,好像雨后春笋,努力学习西方。我自己在青年时期,学的也是这些东西。这些是西方资产阶级民主主义的文化,即所谓新学,包括那时的社会学说和自然科学,和中国封建主义的文化即所谓旧学是对立的。学了这些新学的人们,在很长的时期内产生了一种信心,认为这些很可以救中国,除了旧学派,新学派自己表示怀疑的很少。要救国,只有维新,要维新,只有学外国。那时的外国只有西方资本主义国家是进步的,它们成功地建设了资产阶级的现代国家。日本人向西方学习有成效,中国人也想向日本人学。在那时的中国人看来,俄国是落后的,很少人想学俄国。这就是十九世纪四十年代至二十世纪初期中国人学习外国的情形。

帝国主义的侵略打破了中国人学西学的迷梦。很奇怪,为什么先生老是侵略学生呢?中国人向西方学得很不少,但是行不通,理想总是不能实现。多次奋斗,包括辛亥革命那样全国规模的运动,都失败了。国家的情况一天一天坏,环境迫使人们活不下去。怀疑产生了,增长了,发展了。第一次世界大战震动了全世界。俄国人举行了十月革命,创立了世界上第一个社会主义国家。过去蕴藏在地下为外国人所看不见的伟大的俄国无产阶级和劳动人民的革命精力,在列宁、斯大林领导之下,像火山一样突然爆发出来了,中国人和全人类对俄国人都另眼相看了。这时,也只是在这时,中国人从思想到生活,才出现了一个崭新的时期。中国人找到了马克思列宁主义这个放之四海而皆准的普遍真理,中国的面目就起了变化了。

中国人找到马克思主义,是经过俄国人介绍的。在十月革命以前,中国人不但不知道列宁、斯大林,也不知道马克思、恩格斯。十月革命一声炮响,给我们送来了马克思列宁主义。十月革命帮助了全世界的也帮助了中国的先进分子,用无产阶级的宇宙观作为观察国家命运的工具,重新考虑自己的问题。走俄国人的路——这就是结论。一九一九年,中国发生了五四运动。一九二一年,中国共产党成立。孙中山在绝望里,遇到了十月革命和中国共产党。孙中山欢迎十月革命,欢迎俄国人对中国人的帮助,欢迎中国共产党同他合作。孙中山死了,蒋介石起来。在二十二年的长时间内,蒋介石把中国拖到了绝境。在这个时期中,以苏联为主力军的反法西斯的第二次世界大战,打倒了三个帝国主义大国,两个帝国主义大国在战争中被削弱了,世界上只剩下一个帝国主义大国即美国没有受损失。而美国的国内危机是很深重的。它要奴役全世界,它用武器帮助蒋介石杀戮了几百万中国人。中国人民在中国共产党领导之下,在驱逐日本帝国主义之后,进行了三年的人民解放战争,取得了基本的胜利。

就是这样,西方资产阶级的文明,资产阶级的民主主义,资产阶级共和国的方案,在中国人民的心目中,一齐破了产。资产阶级的民主主义让位给工人阶级领导的人民民主主义,资产阶级共和国让位给人民共和国。这样就造成了一种可能性:经过人民共和国到达社会主义和共产主义,到达阶级的消灭和世界的大同。康有为写了《大同书》,他没有也不可能找到一条到达大同的路。资产阶级的共和国,外国有过的,中国不能有,因为中国是受帝国主义压迫的国家。唯一的路是经过工人阶级领导的人民共和国。

一切别的东西都试过了,都失败了。曾经留恋过别的东西的人们,有些人倒下去了,有些人觉悟过来了,有些人正在换脑筋。事变是发展得这样快,以至使很多人感到突然,感到要重新学习。人们的这种心情是可以理解的,我们欢迎这种善良的要求重新学习的态度。

中国无产阶级的先锋队,在十月革命以后学了马克思列宁主义,建立了中国共产党。接着就进入政治斗争,经过曲折的道路,走了二十八年,方才取得了基本的胜利。积二十八年的经验,如同孙中山在其临终遗嘱里所说"积四十年之经验"一样,得到了一个相同的结论,即是:深知欲达到胜利,"必须唤起民众,及联合世界上以平等待我之民族,共同奋斗"。孙中山和我们具有各不相同的宇宙观,从不同的阶级立场出发去观察和处理问题,但在二十世纪二十年代,在怎样和帝国主义作斗争的问题上,却和我们达到了这样一个基本上一致的结论。

孙中山死去二十四年了,中国革命的理论和实践,在中国共产党领导之下,都大大地向前发展了,根本上变换了中国的面目。到现在为止,中国人民已经取得的主要的和基本的经验,就是这两件事:(一)在国内,唤起民众。这就是团结工人阶级、农民阶级、城市小资产阶级和民族资产阶级,在工人阶级领导之下,结成国内的统一战线,并由此发展到建立工人阶级领导的以工农联盟为基础的人民民主专政的国家;(二)在国外,联合世界上以平等待我的民族和各国人民,共同奋斗。这就是联合苏联,联合各人民民主国家,联合其他各国的无产阶级和广大人民,结成国际的统一战线。

"你们一边倒。"正是这样。一边倒,是孙中山的四十年经验和共产党的二十八年经验教给我们的,深知欲达到胜利和巩固胜利,必须一边倒。积四十年和二十八年的经验,中国人不是倒向帝国主义一边,就是倒向社会主义一边,绝无例外。骑墙是不行的,第三条道路是没有的。我们反对倒向帝国主义一边的蒋介石反动派,我们也反对第三条道路的幻想。

"你们太刺激了。"我们讲的是对付国内外反动派即帝国主义者及其走狗们,不是讲对付任何别的人。对于这些人,并不发生刺激与否的问题,刺激也是那样,不刺激也是那样,因为他们是反动派。划清反动派和革命派的界限,揭露反动派的阴谋诡计,引起革命派内部的警觉和注意,长自己的志气,灭敌人的威风,才能孤立反动派,战而胜之,或取而代之。在野兽面前,不可以表示丝毫的怯懦。我们要学景阳冈上的武松。在武松看来,景阳冈上的老虎,刺激它也是那样,不刺激它也是那样,总之是要吃人的。或者把老虎打死,或者被老虎吃掉,二者必居其一。

"我们要做生意。"完全正确,生意总是要做的。我们只反对妨碍我们做生意的内外反动派,此外并不反对任何人。大家须知,妨碍我们和外国做生意以至妨碍我们和外国建立外交关系的,不是别人,正是帝国主义者及其走狗蒋介石反动派。团结国内国际的一切力量击破内外反动派,我们就有生意可做了,我们就有可能在平等、互利和互相尊重领土主权的基础之上和一切国家建立外交关系了。

"不要国际援助也可以胜利。"这是错误的想法。在帝国主义存在的时代,任何国家的真正的人民革命,如果没有国际革命力量在各种不同方式上的援助,要取得自己的胜利是不可能的。胜利了,要巩固,也是不可能的。伟大的十月革命的胜利和巩固,就是这样的,列宁和斯大林早已告诉我们了。第二次世界大战打倒三个帝国主义国家并建立各人民民主国家,也是这样。人民中国的现在和将来,也是这样。请大家想一想,假如没有苏联的存在,假如没有反法西斯的第二次世界大战的胜利,假如没有打倒日本帝国主义,假如没有各人民民主国家的出现,假如没有东方各被压迫民族正在起来斗争,假如没有美国、英国、法国、德国、意大利、日本等等资本主义国家内部的人民大众和统治他们的反动派之间的斗争,假如没有这一切的综合,那么,堆在我们头上的国际反动势力必定比现在不知要大多少倍。在这种情形下,我们能够胜利吗?显然是不能的。胜利了,要巩固,也不可能。这件事,中国人民的经验是太多了。孙中山临终时讲的那句必须联合国际革命力量的话,早已反映了这一种经验。

"我们需要英美政府的援助。"在现时,这也是幼稚的想法。现时英美的统治者还是帝国主义者,他们会给人民国家以援助吗?我们同这些国家做生意以及假设这些国家在将来愿意在互利的条件之下借钱给我们,这是因为什么呢?这是因为这些国家的资本家要赚钱,银行家要赚利息,借以解救他们自己的危机,并不是什么对中国人民的援助。这些国家的共产党和进步党派,正在促使它们的政府和我们做生意以至建立外交关系,这是善意的,这就是援助,这和这些国家的资产阶级的行为,不能相提并论。孙中山的一生中,曾经无数次地向资本主义国家呼吁过援助,结果一切落空,反而遭到了无情的打击。在孙中山一生中,只得过一次国际的援助,这就是苏联的援助。请读者们看一看孙先生的遗嘱吧,他在那里谆谆嘱咐人们的,不是叫人们把眼光向着帝国主义国家的援助,而是叫人们"联合世界上以平等待我之民族"。孙先生有了经验了,他吃过亏,上过当。我们要记得他的话,不要再上当。我们在国际上是属于以苏联为首的反帝国主义战线一方面的,真正的友谊的援助只能向这一方面去找,而不能向帝国主义战线一方面去找。

"你们独裁。"可爱的先生们,你们讲对了,我们正是这样。中国人民在几十年中积累起来的一切经验,都叫我们实行人民民主专政,或曰人民民主独裁,总之是一样,就是剥夺反动派的发言权,只让人民有发言权。

人民是什么?在中国,在现阶段,是工人阶级,农民阶级,城市小资产阶级和民族资产阶级。这些阶级在工人阶级和共产党的领导之下,团结起来,组成自己的国家,选举自己的政府,向着帝国主义的走狗即地主阶级和官僚资产阶级以及代表这些阶级的国民党反动派及其帮凶们实行专政,实行独裁,压迫这些人,只许他们规规矩矩,不许他们乱说乱动。如要乱说乱动,立即取缔,予以制裁。对于人们内部,则实行民主制度,人民有言论集会结社等项的自由权。选举权,只给人民,不给反动派。这两方面,对人民内部的民主方面和对反动派的专政方面,互相结合起来,就是人民民主专政。

为什么理由要这样做?大家很清楚。不这样,革命就要失败,人民就要遭殃,国家就要灭亡。

"你们不是要消灭国家权力吗?"我们要,但是我们现在还不要,我们现在还不能要。为什么?帝国主义还存在,国内反动派还存在,国内阶级还存在。我们现在的任务是要强化人民的国家机器,这主要地是指人民的军队、人民的警察和人民的法庭,借以巩固国防和保护人民利益。以此作为条件,使中国有可能在工人阶级和共产党的领导之下稳步地由农业国进到工业国,由新民主主义社会进到社会主义社会和共产主义社会,消灭阶级和实现大同。军队、警察、法庭等项国家机器,是阶级压迫阶级的工具。对于敌对的阶级,它是压迫的工具,它是暴力,并不是什么"仁慈"的东西。"你们不仁。"正是这样。我们对于反动派和反动阶级的反动行为,决不施仁政。我们仅仅施仁政于人民内部,而不施于人民外部的反动派和反动阶级的反动行为。

人民的国家是保护人民的。有了人民的国家,人民才有可能在全国范围内和全体规模上,用民主的方法,教育自己和改造自己,使自己脱离内外反动派的影响(这个影响现在还是很大的,并将在长时期内存在着,不能很快地消灭),改造自己从旧社会得来的坏习惯和坏思想,不使自己走入反动派指引的错误路上去,并继续前进,向着社会主义社会和共产主义社会前进。

我们在这方面使用的方法,是民主的即说服的方法,而不是强迫的方法。人民犯了法,也要受处罚,也要坐班房,也有死刑,但这是若干个别的情形,和对于反动阶级当作一个阶级的专政来说,有原则的区别。

对于反动阶级和反动派的人们,在他们的政权被推翻以后,只要他们不造反,不破坏,不捣乱,也给土地,给工作,让他们活下去,让他们在劳动中改造自己,成为新人。他们如果不愿意劳动,人民的国家就要强迫他们劳动。也对他们做宣传教育工作,并且做得很用心,很充分,像我们对俘虏军官们已经做过的那样。这也可以说是"施仁政"吧,但这是我们对于原来是敌对阶级的人们所强迫地施行的,和我们对于革命人民内部的自我教育工作,不能相提并论。

这种对于反动阶级的改造工作，只有共产党领导的人民民主专政的国家才能做到。这件工作做好了，中国的主要的剥削阶级——地主阶级和官僚资产阶级即垄断资产阶级，就最后地消灭了。剩下一个民族资产阶级，在现阶段就可以向他们中间的许多人进行许多适当的教育工作。等到将来实行社会主义即实行私营企业国有化的时候，再进一步对他们进行教育和改造的工作。人民手里有强大的国家机器，不怕民族资产阶级造反。

严重的问题是教育农民。农民的经济是分散的，根据苏联的经验，需要很长的时间和细心的工作，才能做到农业社会化。没有农业社会化，就没有全部的巩固的社会主义。农业社会化的步骤，必须和以国有企业为主体的强大的工业的发展相适应。人民民主专政的国家，必须有步骤地解决国家工业化的问题。本文不打算多谈经济问题，这里不来详说。

一九二四年，孙中山亲自领导的有共产党人参加的国民党第一次全国代表大会，通过了一个著名的宣言。这个宣言上说："近世各国所谓民权制度，往往为资产阶级所专有，适成为压迫平民之工具。若国民党之民权主义，则为一般平民所共有，非少数人所得而私也。"除了谁领导谁这一个问题以外，当作一般的政治纲领来说，这里所说的民权主义，是和我们所说的人民民主主义或新民主主义相符合的。只许为一般平民所共有、不许为资产阶级所私有的国家制度，如果加上工人阶级的领导，就是人民民主专政的国家制度了。

蒋介石背叛孙中山，拿了官僚资产阶级和地主阶级的专政作为压迫中国平民的工具。这个反革命专政，实行了二十二年，到现在才为我们领导的中国平民所推翻。

骂我们实行"独裁"或"极权主义"的外国反动派，就是实行独裁或极权主义的人们。他们实行了资产阶级对无产阶级和其他人民的一个阶级的独裁制度，一个阶级的极权主义。孙中山所说压迫平民的近世各国的资产阶级，正是指的这些人。蒋介石的反革命独裁，就是从这些反动家伙学来的。

宋朝的哲学家朱熹，写了许多书，说了许多话，大家都忘记了，但有一句话还没有忘记："即以其人之道，还治其人之身。"我们就是这样做的，即以帝国主义及其走狗蒋介石反动派之道，还治帝国主义及其走狗蒋介石反动派之身。如此而已，岂有他哉！

革命的专政和反革命的专政，性质是相反的，而前者是从后者学来的。这个学习很要紧。革命的人民如果不学会这一项对待反革命阶级的统治方法，他们就不能维持政权，他们的政权就会被内外反动派所推翻，内外反动派就会在中国复辟，革命的人民就会遭殃。

人民民主专政的基础是工人阶级、农民阶级和城市小资产阶级的联盟，而主要是工人和农民的联盟，因为这两个阶级占了中国人口的百分之八十到九十。推翻帝国主义和国民党反动派，主要是这两个阶级的力量。由新民主主义到社会主义，主要依靠这两个阶级的联盟。

人民民主专政需要工人阶级的领导。因为只有工人阶级最有远见，大公无私，最富于革命的彻底性。整个革命历史证明，没有工人阶级的领导，革命就要失败，有了工人阶级的领导，革命就胜利了。在帝国主义时代，任何国家的任何别的阶级，都不能领导任何真正的革命达到胜利。中国的小资产阶级和民族资产阶级曾经多次领导过革命，都失败了，就是明证。

民族资产阶级在现阶段上，有其很大的重要性。我们还有帝国主义站在旁边，这个敌人是很凶恶的。中国的现代工业在整个国民经济上的比重还很小。现在没有可靠的数目字，根据某些材料来估计，在抗日战争以前，现代工业产值不过只占全国国民经济总产值的百分之十左右。为了对付帝国主义的压迫，为了使落后的经济地位提高一步，中国必须利用一切于国计民生有利而不是有害的城乡资本主义因素，团结民族资产阶级，共同奋斗。我们现在的方针是节制资本主义，而不是消灭资本主义。但是民族资产阶级不能充当革命的领导者，也不应当在国家政权中占主要的地位。民族资产阶级之所以不能充当革命的领导者和所以不应当在国家政权中占主要地位，是因为民族资产阶级的社会经济地位规定了他们的软弱性，他们缺乏远见，缺乏足够的勇气，并且有不少人害怕民众。

孙中山主张"唤起民众"，或"扶助农工"。谁去"唤起"和"扶助"呢？孙中山的意思是说小资产阶级和民族资产阶级。但这在事实上是办不到的。孙中山的四十年革命是失败了，这是什么原因呢？在帝国主义时代，小资产阶级和民族资产阶级不可能领导任何真正的革命到胜利，原因就在此。

我们的二十八年，就大不相同。我们有许多宝贵的经验。一个有纪律的，有马克思列宁主义的理论武装的，采取自我批评方法的，联系人民群众的党。一个由这样的党领导的军队。一个由这样的党领导的各革命阶级各革命派别的统一战线。这三件是我们战胜敌人的主要武器。这些都是我们区别于前人的。依靠这三件，使我们取得了基本的胜利。我们走过了曲折的道路。我们曾和党内的机会主义倾向作斗争，右的和"左"的。凡在这三件事上犯了严重错误的时候，革命就受挫折。错误和挫折教训了我们，使我们比较地聪明起来了，我们的事情就办得好一些。任何政党，任何个人，错误总是难免的，我们要求犯得少一点。犯了错误则要求改正，改正得越迅速，越彻底，越好。

总结我们的经验，集中到一点，就是工人阶级（经过共产党）领导的以工农联盟为基础的人民民主专政。这个专政必须和国际革命力量团结一致。这就是我们的公式，这就是我们的主要经验，这就是我们的主要纲领。

党的二十八年是一个长时期，我们仅仅做了一件事，这就是取得了革命战争的基本胜利。这是值得庆祝的，因为这是人民的胜利，因为这是在中国这样一个大国的胜利。但是我们的事情还很多，比如走路，过去的工作只不过是像万里长征走完了第一步。残余的敌人尚待我们扫灭。严重的经济建设任务摆在我们面前。我们熟习的东西有些快要闲起来了,我们不熟习的东西正在强迫我们去做。这就是困难。帝国主义者算定我们办不好经济,他们站在一旁看,等待我们的失败。

我们必须克服困难,我们必须学会自己不懂的东西。我们必须向一切内行的人们(不管什么人)学经济工作。拜他们做老师,恭恭敬敬地学,老老实实地学。不懂就是不懂,不要装懂。不要摆官僚架子。钻进去,几个月,一年两年,三年五年,总可以学会的。苏联共产党人开头也有一些人不大会办经济,帝国主义者也曾等待过他们的失败。但是苏联共产党是胜利了,在列宁和斯大林领导之下,他们不但会革命,也会建设。他们已经建设起来了一个伟大的光辉灿烂的社会主义国家。苏联共产党就是我们的最好的先生,我们必须向他们学习。国际和国内的形势都对我们有利,我们完全可以依靠人民民主专政这个武器,团结全国除了反动派以外的一切人,稳步地走到目的地。

资料来源:毛泽东选集:第四卷.北京:人民出版社,1991:1468-1481

四、实训指导

(一) 单项选择题(请在每小题的四个选择项中,选出一个正确答案。)

1. 在第二次世界大战结束后新的国际格局下,美国采取的对华政策是(　　)。
   A.保持中立的政策　　　　　　B.扶蒋反共的政策
   C.武力干涉的政策　　　　　　D.遏制中国的政策

2. 抗日战争胜利后,中国工人阶级、农民阶级和城市小资产阶级建国方案的政治代表是(　　)。
   A.中国民主同盟　　　　　　　B.中国农工民主党
   C.中国共产党　　　　　　　　D.中国国民党革命委员会

3. 1945年8月25日,中共中央在《对目前时局的宣言》中明确提出的口号是(　　)。
   A.抗战、团结、进步　　　　　B.和平、民主、团结
   C.向北发展、向南防御　　　　D.打倒蒋介石、解放全中国

4. 1945年10月10日,国共两党在重庆谈判的基础上签署的文件是(　　)。
   A.《为公布国共合作宣言》　　B.《政府与中共代表会谈纪要》
   C.《和平建国纲领》　　　　　D.《国内和平协定》

5. 1946年6月26日,国民党军队挑起全国性内战的起点是大举围攻(　　)。
   A.东北解放区　　　　　　　　B.中原解放区
   C.陕北解放区　　　　　　　　D.山东解放区

6. 1947年10月10日发布的《中国人民解放军总部宣言》正式提出的行动口号是(　　)。
   A.向北发展、向南防御　　　　B.打倒蒋介石、解放全中国
   C.将革命进行到底　　　　　　D.打过长江去、解放全中国

7. 1946年5月4日,中共中央发出了决定将减租减息政策改变为"耕者有其田"政策的(　　)。
   A.《井冈山土地法》　　　　　B.《兴国土地法》
   C.《关于清算、减租及土地问题的指示》　D.《中国土地法大纲》

8. 1945年,在昆明发生了吹响国统区爱国学生运动第一声号角的(　　)。
   A."一二·九"运动　　　　　B."一二·一"运动
   C."一二三〇"运动　　　　　D."五二〇"运动

9. 1946年,北平学生发动的抗议驻华美军暴行的斗争运动是(　　)。
   A."一二·九"运动　　　　　B."一二·一"运动
   C."一二三〇"运动　　　　　D."五二〇"运动

10. 1947年10月后,国统区爱国学生运动的主要斗争口号是(　　)。
    A.反饥饿　　B.反内战　　C.反迫害　　D.反独裁

11. 台湾人民在1947年举行的反对国民党暴虐统治的大规模斗争是(　　)。
    A.黑旗军起义　B.抗暴行运动　C."二二八"起义　D."五二〇"运动

12. 1947年5月,在中国共产党领导下宣告成立的民族自治区是(　　)。
    A.内蒙古自治区　　　　　B.宁夏回族自治区
    C.新疆维吾尔自治区　　　D.广西壮族自治区

13. 1948年1月1日在香港正式成立的民主党派是(　　)。
    A.中国民主同盟　　　　　B.中国民主建国会
    C.中国民主促进会　　　　D.中国国民党革命委员会

14. 1945年12月在重庆正式成立的民主党派是(　　)。
    A.中国民主同盟　　　　　B.中国民主建国会
    C.中国民主促进会　　　　D.中国国民党革命委员会

15. 1946年5月4日在重庆正式成立的民主党派是(　　)。
    A.中国民主同盟　　　　　B.中国民主建国会
    C.中国民主促进会　　　　D.九三学社

16. 1947年11月在香港正式成立的民主党派是(　　)。
    A.中国民主同盟　　　　　B.中国民主建国会
    C.台湾民主自治同盟　　　D.中国国民党革命委员会

17. 1947年11月成立的台湾民主自治同盟的主要领导人是(　　)。
    A.黄炎培　　B.马叙伦　　C.许德珩　　D.谢雪红

18. 全国解放战争时期,中国民主同盟站到新民主主义革命立场上来的标志是(　　)。
    A.中国民盟一届一中全会的召开　B.中国民盟一届二中全会的召开
    C.中国民盟一届三中全会的召开　D.中国民盟一届四中全会的召开

19. 1949年1月,李济深、沈钧儒等联合发表了拥护中共召开政治协商会议、成立联合政府主张的( )。
    A.《对目前时局的宣言》　　　　B.《和平建国纲领》
    C.《对时局的意见》　　　　　　D.《国内和平协定》

20. 中国共产党领导的人民解放战争进入夺取全国胜利的决定性阶段是在( )。
    A.1946年秋季　　B.1947年春季　　C.1948年秋季　　D.1949年春季

21. 1948年9月12日至11月2日,中国人民解放军发动的战略决战战役是( )。
    A.济南战役　　　B.辽沈战役　　　C.淮海战役　　　D.平津战役

22. 1948年11月6日至1949年1月10日,中国人民解放军发动的战略决战战役是( )。
    A.济南战役　　　B.辽沈战役　　　C.淮海战役　　　D.平津战役

23. 在1948年11月至1949年1月人民解放军进行的淮海战役中担任总前委书记的是( )。
    A.邓小平　　　　B.刘伯承　　　　C.陈毅　　　　　D.谭震林

24. 1949年4月21日,毛泽东和朱德向人民解放军发布了( )。
    A.《对目前时局的宣言》　　　　B.《中国人民解放军总部宣言》
    C.《将革命进行到底》　　　　　D.《向全国进军的命令》

25. 中国人民解放军在1949年4月21日发起的重大战役是( )。
    A.辽沈战役　　　B.淮海战役　　　C.平津战役　　　D.渡江战役

26. 中国人民解放军占领南京、宣告国民党的反动统治覆灭是在( )。
    A.1949年4月20日　　　　　　B.1949年4月21日
    C.1949年4月22日　　　　　　D.1949年4月23日

27. 1949年6月30日,毛泽东发表了系统阐明中国共产党关于建立新中国主张的( )。
    A.《对目前时局的宣言》　　　　B.《目前形势和我们的任务》
    C.《将革命进行到底》　　　　　D.《论人民民主专政》

28. 毛泽东、周恩来等共产党人应邀赴重庆与国民党当局进行谈判,发生在( )。
    A.国共合作的大革命之初　　　　B.抗日战争即将爆发之际
    C.抗日战争即将胜利之时　　　　D.抗日战争胜利之后

29. 毛泽东曾把( )比作"进京赶考",他强调:"我们决不当李自成,我们都希望考个好成绩"。
    A.解放军占领南京　　　　　　　B.到北大图书馆的工作面试
    C.赴重庆谈判　　　　　　　　　D.进北平执政

(二)多项选择题(请在每小题的四个选择项中,选出至少两个正确答案。多选或少选均不得分。)

1. 第二次世界大战结束后,国际上形成的两大对立阵营是(　　)。
   A.以德国为首的战败国阵营　　B.以英国为首的战胜国阵营
   C.以美国为首的帝国主义阵营　　D.以苏联为首的社会主义阵营

2. 1946年1月10日政治协商会议在重庆开幕,出席会议的主要党派有(　　)。
   A.中国国民党　　B.中国共产党　　C.中国民主同盟　　D.中国青年党

3. 在1947年6月底揭开人民解放战争战略进攻序幕的是(　　)。
   A.林、罗大军挺进东北　　B.刘、邓大军主力挺进大别山
   C.陈、粟大军主力挺进苏鲁豫皖地区　　D.陈、谢兵团挺进豫西

4. 全国解放战争时期,在国民党统治区爆发的爱国学生运动有(　　)。
   A."一二·九"运动　B."一二·一"运动　C."一二三〇"运动　D."五二〇"运动

5. 抗日战争胜利后正式成立的民主党派包括(　　)。
   A.中国民主建国会　　B.中国民主促进会
   C.台湾民主自治同盟　　D.中国国民党革命委员会

6. 1948年4月30日,中共中央在纪念五一国际劳动节的口号中提出的主张包括(　　)。
   A.召开政治协商会议　　B.召集人民代表大会
   C.成立民主联合政府　　D.制定和平建国纲领

7. 1948年9月12日至1949年1月31日,中国人民解放军发动的三大战略决战是(　　)。
   A.辽沈战役　　B.淮海战役　　C.平津战役　　D.渡江战役

8. 在领导淮海战役的总前委成员中,除了担任书记的邓小平外还包括(　　)。
   A.刘伯承　　B.谭震林　　C.陈毅　　D.粟裕

9. 1949年3月召开的中共七届二中全会的主要内容是(　　)。
   A.规定了全国胜利后应当采取的基本政策
   B.分析了中国由农业国转变为工业国的发展方向
   C.指明了向社会主义社会转变的发展方向
   D.提出了"两个务必"的要求

10. 中国新民主主义革命胜利的主要原因是(　　)。
    A.中国共产党的正确领导
    B.广大人民群众的广泛参加和大力支持
    C.建立广泛的统一战线
    D.国际无产阶级和人民群众的援助

11. 中国新民主主义革命胜利的基本经验是坚持(　　)。
    A.统一战线　　B.武装斗争　　C.党的建设　　D.土地革命

12. 1945年8月28日,赴重庆与国民党当局进行谈判的是( )。
    A.毛泽东　　　　B.张闻天　　　　C.周恩来　　　　D.王若飞
13. 全面内战爆发后,中国共产党清醒地估计了国内外形势,坚定地认为:我们必须打败蒋介石,而且能够打败他。其主要原因在于( )。
    A.蒋介石发动的战争,是一个在美帝国主义指挥之下的反对中国民族独立和中国人民解放的反革命战争
    B.蒋介石军事力量的优势和美国的援助,只是起临时作用的因素
    C.蒋介石发动战争的反人民性质
    D.人民解放军的战争所具有的爱国的、正义的、革命的性质,必然要获得全国人民的拥护
14. 1947年12月,中共中央在陕北米脂县杨家沟召开会议,毛泽东要求全党统治必须牢牢掌握党的总路线,这条总路线的内容包括( )。
    A.无产阶级领导的
    B.人民大众的
    C.反对帝国主义、封建主义和官僚资本主义的新民主主义革命
    D.反对民族资本主义
15. 解放战争时期,中间路线鼓吹者的主张主要是( )。
    A.必须实现英美式的民主政治　　　B.不准地主官僚资本家操纵
    C.应当实行改良的资本主义　　　　D.不容官僚买办资本横行
16. 在中国近现代制定的下列文件中,属于起到宪法作用并具有进步意义的文件是( )。
    A.《中华民国临时约法》
    B.《中华人民共和国宪法》
    C.《中国人民政治协商会议共同纲领》
    D.《中华民国约法》
17. 毛泽东同志一生的伟大历史功绩,主要有( )。
    A.参与创立中国共产党
    B.领导南昌起义、打响反抗国民党的第一枪
    C.领导建立了社会主义新中国
    D.领导发动了"文化大革命"

(三)判断题(正确选 Y,错误选 N。)

1. 在1946年6月至1947年6月的一年时间里,国民党发动的全面内战主要在解放区进行。　　　　　　　　　　　　　　　　　　　　　　( )
    Y.正确　　　　　　　　　　　　　N.错误
2. 《中国土地法大纲》决定将党在抗日战争时期实行的减租减息政策改变为实现"耕者有其田"的政策。　　　　　　　　　　　　　　　( )
    Y.正确　　　　　　　　　　　　　N.错误

3. 解放战争时期的土地制度改革,是从根本上摧毁了中国封建制度根基的社会大变革。（   ）
   Y.正确   N.错误

4. 抗日战争胜利后,中间路线的鼓吹者所主张的实质是新民主主义道路。（   ）
   Y.正确   N.错误

5. 1949年初,人民解放战争进入夺取全国胜利的决定性阶段。（   ）
   Y.正确   N.错误

6. 中共七届二中全会的决议和毛泽东的《论人民民主专政》,构成了《中国人民政治协商会议共同纲领》的基础。（   ）
   Y.正确   N.错误

7.《中国人民政治协商会议共同纲领》在新中国成立之初起着临时宪法的作用。（   ）
   Y.正确   N.错误

8. 建立广泛的统一战线,是中共革命取得胜利的法宝之一。统一战线中包含两个联盟,其中,工人阶级和民族资产阶级的联盟是基本的、主要的。（   ）
   Y.正确   N.错误

(四)填空题(把正确答案填入空格内。)

1. 1945年8月28日,赴重庆与国民党当局进行谈判的是_____、周恩来、王若飞。

2. 1946年1月10日,政治协商会议在重庆开幕,出席会议的有_____、共产党、民主同盟、青年党和无党派人士的代表38人。

3. 1947年5月20日,南京、北平等地爆发了_____、反内战运动。

4. 中国共产党在中国革命中战胜敌人的三个法宝是统一战线、武装斗争、_____。

5. 1945年8月25日,中共中央在《对目前时局的宣言》中明确提出的口号是和平、民主、_____。

五、实践指南

辽沈战役纪念馆

辽沈战役纪念馆位于辽宁省锦州市凌河区,基本陈列的主题是"决战决胜"。1948年9月12日至11月2日的52天,是东北解放战争取得战略决战胜利的决定时期。东北人民解放军根据中共中央军委关于辽沈战役的作战方针,率先在东北战场发起辽沈战役,揭开全国解放战争战略决战三大战役的序幕。经过攻克锦州,和平解放长春;举行辽西会战,围歼国民党军西进兵团;攻占沈阳、营口,解放东北全境三个阶段,歼灭国民党军47万余人,取得辽沈战役的伟大胜利。

第八章　社会主义基本制度在中国的确立

一、导言

1949年中华人民共和国的成立,标志着中国从半殖民地半封建社会进入了新民主主义社会;1956年社会主义改造基本完成,标志着中国又从新民主主义社会进入了社会主义社会,成功实现了中国历史上最深刻、最伟大的社会变革,中华民族从此踏上社会主义的康庄大道,开始了实现现代化、实现伟大复兴的新征程。本章内容大而化之可分为两部分:最初三年,着重完成民主革命的遗留任务,同时也在实际上开始了社会主义革命的任务;后四年,正式向社会主义社会过渡,通过对农业、手工业、资本主义工商业进行中国特色社会主义革命的社会主义改造,将新民主主义社会改造成社会主义社会。

针对本章内容,应以"巩固""恢复""整风""过渡""一化三改"等一系列关键词为基本线索,进行扩展性的学习与思考。

第一,"巩固"——通过革命实现的政权更迭,新政权建立后,通常都要面临着一个巩固政权的问题。新中国成立后,对内要"巩固"新生的人民政权,完成民主革命的遗留任务,即消灭残余敌人,在基本完成祖国大陆统一的基础上,摧毁各地旧政权,并通过大规模镇压反革命运动,基本上肃清了国民党遗留在大陆的反动势力。对外要"巩固"民族独立,维护国家主权和安全,首要任务是彻底摧毁帝国主义对中国的控制,恢复国家的独立和主权,并为此采取了"另起炉灶""打扫干净屋子再请客""一边倒"的外交方针:不继承旧的不平等外交关系,按照中国的建交原则建立新型的独立平等的外交关系;和西方国家的建交,要放在彻底清除旧中国遗留下来的帝国主义在华特权和残余势力之后;在独立自主的前提下,坚决倒向以苏联为首的社会主义阵营一边。朝鲜战争爆发后,又进行了抗美援朝运动与战争,保证了新中国的国防安全,并极大地提高了新中国的国际地位。

第二,"恢复"——在旧中国烂摊子上和长期战争造成的百孔千疮中建立起来的新中国,初期面临着严重的经济困难,中国共产党和中国人民以"恢复"国民经济为中心任务,短短三年时间便将国民经济恢复到1936年即全面抗战开始前历史上的最高水平,实现了国家财政经济状况的根本好转。

第三,"整风"——为保证中国共产党在由革命党变为执政党、工作重心从农村转向城市的新情况下,经受住执政、接管城市和生活环境变化的考验,相继进行了整风、整党运动,"三反""五反"运动,对于保持共产党人的革命精神和优良传统起了重要作用。

第四,"过渡"——新民主主义社会是中国特有的从半殖民地半封建社会向社主义社会"过渡"的过渡性社会,社会主义革命在新中国成立伊始即已开始,包括没收官僚资本,确立社会主义性质的国营经济的领导地位,将资本主义纳入国家资本主义轨道以及引导个体农民逐步走上互助合作的道路。这三大革命性的举措意味着向社会主义社会的过渡实已开始。

第五,"一化三改"——中共中央于1953年正式提出党在过渡时期"一化三改"的总路线和总任务。"一化"即实现国家工业化,中华民族要实现现代化、实现民族伟大复兴,必须首先变落后的农业国为先进的工业国,实现国家工业化;近代以来的历史证明了资本主义工业化道路在中国根本行不通,要实现国家工业化,只能走社会主义工业化道路;并且"一化"必须与"三改"并举。"三改"即对农业、手工业和资本主义工商业的社会主义改造。其中"一化"是为了发展生产力,"三改"是变革生产关系,解放和发展生产力,以利于社会主义工业化的实现。对农业的社会主义改造,是通过农业合作化运动实现的,经过互助组、初级社和高级社三个步骤,基本上完成了5亿名农民从个体小农经济向社会主义集体经济的转变。对个体手工业的社会主义改造,类似于对农业,通过联合起来走合作化的道路,最终将个体手工业发展成社会主义性质的手工业生产合作社。对资本主义工商业实行利用、限制、改造的政策;第一步是把私人资本主义转变为国家资本主义;第二步通过公私合营,把国家资本主义转变为社会主义。

随着社会主义工业化的推进和1956年年底三大改造基本完成,我国建立了全民所有制和集体所有制两种公有制形式的社会主义基本经济制度,建立了按劳分配的社会主义分配制度,在国民经济第一个五年计划期间还建立了计划经济体制。它实现了中国历史上最深刻、最伟大的社会变革,规定了中国社会前进的方向:走社会主义道路,实现国家的富强和人民的共同富裕。这是中华民族历史发展进程中的一个新的起点,为当代中国一切发展进步奠定了根本政治前提和制度基础,具有十分重大的历史意义。

二、以案论史

案例1 大连抗美援朝战勤医院备忘录

2015年3月19日,《文化·地理》刊登的《尘封在三十里堡的"抗美援朝"时中国人民志愿军第八医院往事》见报后引起了广泛的社会反响。但让人没想到的是,在时隔近一年后的2月,一位名叫刘长顺的老人找到了本报编辑部,再次提到了这篇报道。

据刘长顺介绍,他90岁的二叔刘兆贵于1950年年初至1953年年末在中国人民解放军东后卫后方医管局第一医管处下设的供给科担任会计工作,对医管处下辖医院的药品、物品、血库、运输等后勤工作的财务账目进行管理,因此对当时医院的情况比较了解。刘兆贵看到本报的报道后,凭记忆觉得有出入。老人一直念念于心,并根据自己的记忆让刘长顺整理了多份书面材料,希望能系统清晰地梳理一下,还原历史。

专访刘兆贵、查阅大量历史文献、走访大连地方史志专家孙玉,在多方比较、印证后,关于60多年前存在了整整3年的大连抗美援朝战勤医院的历史细节终于浮出水面……

火箭速度　一个月建成10所战勤医院

1950年12月,东北人民政府、东北军区联合命令旅大市组建战勤医院,设置4000张床位,接收中国人民志愿军重伤病员。根据中共旅大市委常委会的决定,旅大市于12月26日成立旅大医院管理处(简称"医管处"),处长廖鉴亭,副处长蒋耀德、杜力群、陈向群。在市委、市政府的领导下,由市长韩光直接领导,对社会各阶层和机关、学校、企业进行了迅速建立抗美援朝战勤医院的总动员,动员全社会有房出房、有人出人、有物出物,并在苏联驻军医务专家协助下,派出经验丰富的医务管理干部和技术骨干,经过选择院址、动工修建、组织人员和调拨设备,一个月内建成了10所战勤医院、1个健康营和1个血库。之后医院发展至13所,床位达5500张,完成了随时接收志愿军重伤病员的紧急任务。

"一个月建10所医院,想都不敢想啊!前前后后都是我们廖处长跑的。"虽然刘兆贵老人耳背,甚至每句话都要女儿卷了纸桶放在耳边当"翻译",但提到老处长建院时"横行霸道"的轶事时,他却笑得像个孩子一样。

当时,发动社会各界和人民群众捐资捐物、参加修建工作,调出4所小学和1所政府办公楼及民用住房,共222栋,98781平方米。参照苏联第二次世界大战组建战伤医院的经验,结合旅大实际,各战勤医院布局合理,分类建院。

根据刘兆贵珍藏的1953年10月26日供给科全体人员留念的照片显示,单位名称简称为:中国人民解放军东后卫后方医管局第一医管处,"东后"全称应是"东北后勤部"。"我记得当时虽然接收的是志愿军伤病员,但是并没有'中国人民志愿军第×医院'的称谓。"刘兆贵回忆说。

随着停战协议的签署,战勤医院陆续解散。1953年3月25日,旅大各战勤医院移交东北军区后勤部卫生部第六医管局领导,原有11所医院合并为第四、五、六、七、八、九、十后方医院。1953年12月,医管处所属战勤医院3000张床位全部移交地方。

专家水准　重伤病员的高救治率与低死亡率

其间,苏联驻军医院、苏联红半月红十字医院先后派出医务人员127人(其中专家5人、医师75人),参加战勤医院工作。苏联驻军卫生部医务专家吉莫非耶夫上校等人,积极参加战勤医院建设、治疗、手术、抢救工作,并介绍先进医疗技术和管理经验。还从中国医科大学干部培训班抽调部分医务骨干,由市各医院调配护士骨干和从旅大卫生学校调来的540名学员组成护理队伍。加之行政、后勤人员,共有3450人投入战勤医院工作。

"当时医院上下,包括管理人员都是穿军装的,只是没有军籍。医院也不向普通老百姓开放,只接收战场的伤病人员。"刘兆贵回忆说,"我记得三院的眼科开设得最早,也最有名,而很多重大手术都是在十院做的。"

各战勤医院从1951年1月23日开始收治工作。进入旅大市内的伤病员,经过医院检诊分类,然后送往相关战勤医院。各院设有入院处,严格执行入院制度,防止传染病传入或交叉感染,入院7天内完成临床诊断及时治疗。1952年3月9日～13日,在接收的第三批伤病员中,通过分类检查,发现2例天花、1例回归热、3例痢疾,均经卫生处理,未引起传染。各战勤医院先后引用肌骨成形术、潘氏血沉快速检查法、体育疗法、组织疗法等14种新技术。

战勤医院共收治志愿军伤病员22409名。出院17254名,出院率为77%,平均住院日为64天。其中归队人员9542名(包括健康营),归队率为55.3%;伤残3446名,伤残率为19.9%。由于充分发挥医务人员作用,积极进行抢救,与东北地区各战勤医院对比,出院率高出16.8%,归队率高出13.15%,伤残率低0.64%。

资料来源:大连日报,2016-03-31

【请你思考】

1. 文中所说战勤医院,为什么能够一个月便建成10所?这种"火箭速度",表现出中国人怎样一种民族精神?

2. 当年中国人民志愿军战士多来自东北,或许其中便有一位是您的祖上;您知道他的故事吗?作为家族中的大学生,您是不是也有责任写好和讲好他的故事?

案例2　焦裕禄在大连起重机器厂工作的日子

焦裕禄同志曾于1955年3月至1956年年底,在大连起重机器厂担任机械车间主任。将尽40年的岁月过去,足以淹没人们的许多往事,淡忘人们的许多记忆。然而,对有些事来说,时间只能作为它的附加值,越是久远越增添它的感染力。那些当年和焦裕禄同志一起工作过的大连起重机器厂的工人们都有这样的感慨……

退休工人姜枫椿多年保存着焦裕禄同志调离大连之前送给他的照片。从他的缅怀中,人们了解到——

焦裕禄抓生产,首先抓人的思想,他有一个本事:先进的能使之更先进,落后的能使之变为先进

1955年,姜枫椿生产任务完成得好,被评为厂劳模。一次,焦裕禄和他攀谈起来,问他:"你干活为了什么?""挣钱养家。"他回答。焦裕禄说:"不,人不能光为了挣钱,还要有政治方向。要用政治热情鼓舞自己。"为了让他明白这个道理,焦裕禄先后近10次到他家走访谈心,向他讲工人阶级的历史使命和奋斗目标,讲中国共产党的历史,讲革命先烈的英雄事迹。焦裕禄使姜枫椿懂得了不能只为了挣钱养家而干活,还要为国家做贡献。他的干劲更足了,改进了刀具,使劳动定额提高9倍。不料,同工种的一些人说他出风头,要大家难看,有人甚至要揍他。姜枫椿感到很委屈。这时,焦裕禄又来到他的机床前,对他说:"仅你自己先进不行,你自己的产量再高也只是一个人,把大家带动起来就是一大片。帮助落后工友是我们的责任,你应该把新技术教给他们。"姜枫椿毫无保留地把革新技术教给要揍他的那个工人和其他工友们,使那个工人的月薪由38.90元增加到120多元,那个工人说啥也要请姜枫椿喝酒。

"焦裕禄虽然担任行政工作,但却是我们的政治主任。"当年和焦裕禄在一起工作的职工都这样说。在焦裕禄的政治热情鼓舞下,姜枫椿提前两年多时间完成了第一个五年计划的生产任务,光荣地参加了中国共产党,被评为全国劳动模范,到北京出席了全国群英会,受到毛主席等中央领导同志的接见。焦裕禄病逝的噩耗传来,姜枫椿眼含热泪,在焦裕禄送给他的照片背面写下了"学习焦裕禄,听党的话,跟党走,不怕困难,永不变心"的誓言。

焦裕禄培养了姜枫椿、李培娥等一批先进工人,把他们领进了工人阶级先锋队组织的大门,让一些落后工人得到转变。人们都记得焦裕禄当年改变减速机工段落后面貌的事。

1956年,工业生产出现了新高潮,可减速机工段的生产上不去,影响全厂计划的完成,成为"老大难"。焦裕禄到这个工段蹲点。有一个青年工人是有名的"刺儿头",受过处分,人们都另眼看他。焦裕禄了解到他是个孤儿,又发现他干减速机箱体刮研的活很出色,便提出对这个青年工人定岗金额管理的意见,焦裕禄多次同这个青年工人谈心,指出他的缺点和努力方向,这个青年受到感动,"揉"劲干,手上打出了血泡。月末开饷,他拿到了全车间最高的工资——250多元,他高兴地到商店买了皮夹克和水獭帽,满车间好一顿"闪"。

这时,焦裕禄又来到他的身边,对他说:"有了钱不能都花了,你都22岁了,还得娶媳妇成家立业呢!"一席话温暖了这个从小便失去父母的青年工人的心。从此他对焦裕禄的话百依百顺。焦裕禄又对他说:你不能钻进钱眼里,不能喊"为皮夹克而奋斗",得想想怎么给国家多做贡献,"光一个劲蛮干不行,还得琢磨新法子,既加快速度又少出力。"他照着办,用心琢磨,改进了箱体刮研的工艺,大幅度提高了生产效率,获得技术革新奖,还被评为工厂的"青年突击手"。

这个谁都感到棘手的"刺儿头"的变化,带动了一些落后工人急起直追,推动先进更先进,使减速机生产由过去的月产100多台提高到280多台。减速机工段当年跨入工厂先进行列,翌年又成为市级先进。

退休女工李培娥也保存着一张照片,她深情地讲述了焦裕禄当"保姆"的故事。从她的叙述中,人们了解到——

焦裕禄的思想政治工作方法灵活多样,唠嗑谈心,家庭走访是经常性的,他关心工人,体贴工人,和工人心连心

1955年初冬,李培娥刚休完产假,上夜班时,没有托儿所,就把孩子放在工具室的一个木箱里。焦裕禄知道后,便与工厂联系解决夜班托儿所的问题,未能实现。他便把孩子抱进自己的办公室,当起了夜班义务保姆。李培娥给孩子喂奶时,不见了孩子,工友们告诉她,车间主任在给她看孩子。她不信,跑到车间办公室门外隔着窗户看见焦裕禄把孩子放在办公桌上,用自己的棉衣盖上,照料着孩子。李培娥眼里不禁涌出了热泪。

焦裕禄对李培娥说:"工具室里冷,又不卫生,孩子放在那里不行,以后你再干夜班,就把孩子送到我这里。这屋子又暖和又安静。"打那以后,每逢李培娥上二班,焦裕禄便不顾一天的劳累当起保姆。孩子饿了,他就招呼李培娥去喂奶。李培娥活忙,脱不开身,他就冲奶粉喂孩子。孩子尿了,哭闹起来,他就给孩子换下尿布,再把孩子哄睡。

当时,焦裕禄的孩子也很小,他爱人徐俊雅抱着孩子上下班很困难。有一次天冷路滑,他爱人打电话找他接孩子回家,他却没有离开车间。结果她爱人在路上滑倒把孩子摔了……。焦裕禄病逝的消息传来,李培娥十分悲痛,她听说车间工会主席刘衍德保存着一张与焦裕禄合影的照片,先后去了三次,哭着恳求从刘衍德妻子手里要来了照片,珍藏起来。提起焦裕禄心里装着工人,唯独没有自己的事,许多工人都落泪。他们追叙起一个又一个不能忘却的记忆:

老工人刘景远调到机械车间不到20天,焦裕禄亲手给他送来了40元救济款,并亲切地对他说:"你老婆有病,孩子有病,你也有肺病,得抓紧治疗,以后有困难不要客气,组织上会帮助你的。"刘景远既感激党的关心,又纳闷焦裕禄怎么会知道他的情况。

其实焦裕禄对全车间500多名职工的思想、工作、生活情况掌握得一清二楚,甚至连哪个工人几口人他也能说出来。

焦裕禄对工人关心到了细微处。冬天他担心工友们在冰冷的机床旁冻着,便找来炉子给大家生上火。他担心夜班工友吃凉饭伤胃,便跟食堂联系,把热乎乎的饭菜送到机床前。他常常白班劳累一天,晚班又陪工友大半夜。工友们亲切地称他是"夜班主任"。

采购员潘凤友把爱人从黑龙江省接到大连后,工厂一时没有房子分给他,焦裕禄与他素不相识,又不在一个车间工作,但他得知后,便主动把自己住的两间屋子腾出一大间,让给潘凤友住。晚上,潘凤友看到焦裕禄一家7口人挤在一间12平方米的屋子里,孩子睡在地板上。他不过意地说:"老焦,我怎么好叫你一家受挤呀?"焦裕禄却笑着说:"咱们都是革命同志,有困难就应该互相关心,互相帮助。"年过花甲的潘凤友每每提起这件事,总免不了激动地说:"我一辈子也忘不了焦裕禄,他是共产党的好干部!"

当年焦裕禄所在的车间团总支书记陈兆绂,保存着焦裕禄的一张照片和两篇文章。

在他对历史与现实的交汇思考、发言中,人们了解到——

焦裕禄率先垂范,和工人打成一片。他对干部既严格要求,又十分爱护,热心帮助他们改正缺点,搞好工作。他给大连工人、干部留下了宝贵的精神财富

焦裕禄很少坐在办公室里指挥生产。平时,他整天在车间里转。有人问他:"焦主任,你一天能跑多少路?"焦裕禄回答:"大约20华里"。在减速机工段蹲点时,哪里艰苦他就出现在哪里,什么活脏活累,他就干什么。36磅重的大锤抡起来,几下子就震得膀子发酸,焦裕禄一干就是一天。清洗减速机又脏又累,没人愿意干。焦裕禄二话不说,操起风带就干。生产紧张时,焦裕禄干脆把行李搬到车间,和工人吃住在一起。工友们说,焦主任身上的油同咱们一样多,跟这样的领导干活,累死也情愿。

焦裕禄发现拧螺丝抹甘油的活技术性不强,却占去减速机组装技工近一半的工时。他便与车间工会主席商量,组织科室人员去干这些力所能及的活,并开展竞赛,相互促进。焦裕禄还根据实践经验写出了《论劳动竞赛的前方和后方》的文章,阐述了机关科室这个"后方"如何为生产第一线这个"前方"服务的问题,刊登在大连起重机器厂厂报上,30多年后仍然具有现实指导意义。

一次,车间团支部的板报上批评值班工段长夜间睡觉。那位工段长找到团支部书记说:"我只是打个盹,并没睡觉,有意见可以向我本人提,不应公开批评,这叫我以后怎么领导其他人?"团支部准备擦去板报,焦裕禄得知后严肃地说:"板报不能擦,工作由我来做。"在当天召开的工段长会议上,焦裕禄针对这件事说:"干部要接受群众监督,必要的公开批评不会影响干部的威信。影响不影响干部的威信,要看我们的干部以什么态度对待批评。"会后,焦裕禄找那个工段长谈心,帮助他正确对待批评。那个工段长认识了自己的错误,主动写出检查并登在板报上,受到职工们的欢迎和信任。

焦裕禄到四工段蹲点,发现工段长杨家盛常对工人发脾气。他便对杨家盛说:"为什么要对自己的阶级弟兄发脾气呢?干工作不能靠发脾气,要靠党的政策,要靠群众,要靠说服教育。"他发现这个工段的生产计划只有工段长和调度员知道。工人干了这件活不知下一件是什么。他便对杨家盛说:"你把计划交给工人讨论一下,他们心里有了底,就想办法完成了,你一个脑袋,怎么能抵上几十个脑袋呢?"在焦裕禄的耐心帮助下,杨家盛树立了群众观点,克服了好对工人发脾气的缺点,学会了民主管理班组的工作方法,使这个全车间最薄弱的工段,变成经常受表扬的工段。车间副主任刘仁永一向态度严肃,没有笑脸,不少工人怕他,焦裕禄偏让他在群众文艺演出会上,上台指挥全车间职工合唱《没有共产党就没有新中国》,刘仁永推说不会指挥。焦裕禄动员他,"你是老党员,应该带这个头";还亲自教他指挥大合唱的艺术。刘仁永一上台,全车间职工的脸上都绽开笑容。他高声唱起来,这歌声密切了他和职工们的关系,增强了职工们跟着共产党建设新中国的自觉性。

焦裕禄到大连工作之前,对工业是门外汉,为了担负起党交给他的重担,他白天在车间向工人学习实际操作,晚上到工厂宿舍向管理人员请教理论,不少工人以为他是住集体宿舍的。其实他家住在离工厂近5公里远的地方。焦裕禄注重用毛泽东的哲学思想指导工作。他每天早晨上班提前半个多小时到办公室学习《毛泽东选集》,常常在生产调度会上结合实际念一段《实践论》或《矛盾论》,教育大家坚持实践第一,抓主要矛盾,牵牛鼻子。他自己更是身体力行,仅用半年多时间,就掌握了通常需要3

年才能掌握的企业管理知识,由外行变为内行。不到两年,他就被工友们誉为"全厂最棒的车间主任"。

焦裕禄离开大连起重机器厂已经快40年了,但焦裕禄精神一直在激励大起工人。

在焦裕禄培养教育下成长起来的全国劳动模范姜枫椿,30多年始终不忘焦裕禄的教诲。他先后两次让出工资晋级名额。他担任过车间主任、党支部书记等职务,工资却比老伙伴们低五六十元。工友们认为他"太吃亏了"。可他常用焦裕禄的话说:"不能钻进钱眼里,要讲奉献,才能生活得愉快。"

曾受到焦裕禄热心关怀的女工李培娥,在"文化大革命"期间,因莫须有的罪名被"劝退"出党。她不肯,仍然每月按时交纳党费,没人接收。她通过邮局寄到工厂党委,钱被退了回来。她用红纸包好,积攒了整整7年。恢复党籍时,她把84个红包包的党费一块交给了党组织。她还常常用那张发黄了的焦裕禄同车间文艺宣传队合影的照片,勉励儿子:"要像焦裕禄伯伯那样为党工作。"

曾在焦裕禄领导下担任工段长的壬振松早已成为车间主任。他以焦裕禄为榜样,利用工余时间到职工家走访,几乎走遍了全车间职工的家。他还学着焦裕禄的做法,每天晚上和早上到车间转一圈,掌握生产情况。他与工人打成一片,被评为厂标兵。焦裕禄给大连工人留下了宝贵的精神财富。焦裕禄不只属于昨天,他还属于今天,属于未来!

资料来源:刘功成.大连市工会志.沈阳:辽宁人民出版社,1993

【请你思考】

1. 人人皆知焦裕禄是兰考县委书记,鲜有人知道他还在大连工作过。在大连时的焦裕禄和在兰考做县委书记时有什么相同与不同?

2. 从本文内容中可以概括出哪些焦裕禄精神,大学生应该怎样学习和弘扬焦裕禄精神?

三、经典精读

毛泽东在中共七届二中全会上的报告(节选)

……

从一九二七年到现在,我们的工作重点是在乡村,在乡村聚集力量,用乡村包围城市,然后取得城市。采取这样一种工作方式的时期现在已经完结。从现在起,开始了由城市到乡村并由城市领导乡村的时期。党的工作重心由乡村移到了城市。在南方各地,人民解放军将是先占城市,后占乡村。城乡必须兼顾,必须使城市工作和乡村工作,使工人和农民,使工业和农业,紧密地联系起来。决不可以丢掉乡村,仅顾城市,如果这样想,那是完全错误的。但是党和军队的工作重心必须放在城市,必须用极大的努力去学会管理城市和建设城市。必须学会在城市中向帝国主义者、国民党、资产阶级作政治斗争、经济斗争和文化斗争,并向帝国主义者作外交斗争。既要学会同他们作公开的斗争,又要学会同他们作荫蔽的斗争。如果我们不去注意这些问题,不去学会同这些人作这些斗争,并在斗争中取得胜利,我们就不能维持政权,我们就会站不住脚,我们就会失败。在拿枪的敌人被消灭以后,不拿枪的敌人依然存在,他们必然地要和我们作拼死的斗争,我们决不可以轻视这些敌人。如果我们现在不是这样地提出问题和认识问题,我们就要犯极大的错误。

四

在城市斗争中,我们依靠谁呢?有些糊涂的同志认为不是依靠工人阶级,而是依靠贫民群众。有些更糊涂的同志认为是依靠资产阶级。在发展工业的方向上,有些糊涂的同志认为主要地不是帮助国营企业的发展,而是帮助私营企业的发展;或者反过来,认为只要注意国营企业就够了,私营企业是无足轻重的了。我们必须批判这些糊涂思想。我们必须全心全意地依靠工人阶级,团结其他劳动群众,争取知识分子,争取尽可能多的能够同我们合作的民族资产阶级分子及其代表人物站在我们方面,或者使他们保持中立,以便向帝国主义者、国民党、官僚资产阶级作坚决的斗争,一步一步地去战胜这些敌人。同时即开始着手我们的建设事业,一步一步地学会管理城市,恢复和发展城市中的生产事业。关于恢复和发展生产的问题,必须确定:第一是国营工业的生产,第二是私营工业的生产,第三是手工业生产。从我们接管城市的第一天起,我们的眼睛就要向着这个城市的生产事业的恢复和发展。务须避免盲目地乱抓乱碰,把中心任务忘记了,以至于占领一个城市好几个月,生产建设的工作还没有上轨道,甚至许多工业陷于停顿状态,引起工人失业,工人生活降低,不满意共产党。这种状态是完全不能容许的。为了这一点,我们的同志必须用极大的努力去学习生产的技术和管理生产的方法,必须去学习同生产有密切联系的商业工作、银行工作和其他工作。只有将城市的生产恢复起来和发展起来了,将消费的城市变成生产的城市了,人民政权才能巩固起来。城市中其他的工作,例如党的组织工作,政权机关的工作,工会的工作,其他各种民众团体的工作,文化教育方面的工作,肃反工作,通讯社报纸广播电台的工作,都是围绕着生产建设这一个中心工作并为这个中心工作服务的。如果我们在生产工作上无知,不能很快地学会生产工作,不能使生产事业尽可能迅速地恢复和发展,获得确实的成绩,首先使工人生活有所改善,并使一般人民的生活有所改善,那我们就不能维持政权,我们就会站不住脚,我们就会要失败。

……

六

我们已经进行了广泛的经济建设工作,党的经济政策已经在实际工作中实施,并且收到了显著的成效。但是,在为什么应当采取这样的经济政策而不应当采取别样的经济政策这个问题上,在理论和原则性的问题上,党内是存在着许多糊涂思想的。这个问题应当怎样来回答呢?我们认为应当这样地来回答。中国的工业和农业在国民经济中的比重,就全国范围来说,在抗日战争以前,大约是现代性的工业占百分之十左右,农业和手工业占百分之九十左右。这是帝国主义制度和封建制度压迫中国的结果,这是旧中国半殖民地和半封建社会性质在经济上的表现,这也是在中国革命的时期内和在革命胜利以后一个相当长的时期内一切问题的基本出发点。从这一点出发,产生了我党一系列的战略上、策略上和政策上的问题。对于这些问题的进一步的明确的认识和解决,是我党当前的重要任务。这就是说:

第一,中国已经有大约百分之十左右的现代性的工业经济,这是进步的,这是和古代不同的。由于这一点,中国已经有了新的阶级和新的政党——无产阶级和资产阶级,无产阶级政党和资产阶级政党。无产阶级及其政党,由于受到几重敌人的压迫,得到了锻炼,具有了领导中国人民革命的资格。谁要是忽视或轻视了这一点,谁就要犯右倾机会主义的错误。

第二,中国还有大约百分之九十左右的分散的个体的农业经济和手工业经济,这是落后的,这是和古代没有多大区别的,我们还有百分之九十左右的经济生活停留在古代。古代有封建的土地所有制,现在被我们废除了,或者即将被废除,在这点上,我们已经或者即将区别于古代,取得了或者即将取得使我们的农业和手工业逐步地向着现代化发展的可能性。但是,在今天,在今后一个相当长的时期内,我们的农业和手工业,就其基本形态说来,还是和还将是分散的和个体的,即是说,同古代近似的。谁要是忽视或轻视了这一点,谁就要犯"左"倾机会主义的错误。

第三,中国的现代性工业的产值虽然还只占国民经济总产值的百分之十左右,但是它却极为集中,最大的和最主要的资本是集中在帝国主义者及其走狗中国官僚资产阶级的手里。没收这些资本归无产阶级领导的人民共和国所有,就使人民共和国掌握了国家的经济命脉,使国营经济成为整个国民经济的领导成分。这一部分经济,是社会主义性质的经济,不是资本主义性质的经济。谁要是忽视或轻视了这一点,谁就要犯右倾机会主义的错误。

第四,中国的私人资本主义工业,占了现代性工业中的第二位,它是一个不可忽视的力量。中国的民族资产阶级及其代表人物,由于受了帝国主义、封建主义和官僚资本主义的压迫或限制,在人民民主革命斗争中常常采取参加或者保持中立的立场。由于这些,并由于中国经济现在还处在落后状态,在革命胜利以后一个相当长的时期内,还需要尽可能地利用城乡私人资本主义的积极性,以利于国民经济的向前发展。在这个时期内,一切不是于国民经济有害而是于国民经济有利的城乡资本主义成分,都应当容许其存在和发展。这不但是不可避免的,而且是经济上必要的。但是中国资本主义的存在和发展,不是如同资本主义国家那样不受限制任其泛滥的。它将从几个方面被限制——在活动范围方面,在税收政策方面,在市场价格方面,在劳动条件方面。我们要从各方面,按照各地、各业和各个时期的具体情况,对于资本主义采取恰如其分的有伸缩性的限制政策。孙中山的节制资本的口号,我们依然必须用和用得着。但是为了整个国民经济的利益,为了工人阶级和劳动人民现在和将来的利益,决不可以对私人资本主义经济限制得太大太死,必须容许它们在人民共和国的经济政策和经济计划的轨道内有存在和发展的余地。对于私人资本主义采取限制政策,是必然要受到资产阶级在各种程度和各种方式上的反抗的,特别是私人企业中的大企业主,即大资本家。限制和反限制,将是新民主主义国家内部阶级斗争的主要形式。如果认为我们现在不要限制资本主义,认为可以抛弃"节制资本"的口号,这是完全错误的,这就是右倾机会主义的观点。但是反过来,如果认为应当对私人资本限制得太大太死,或者认为简直可以很快地消灭私人资本,这也是完全错误的,这就是"左"倾机会主义或冒险主义的观点。

第五,占国民经济总产值百分之九十的分散的个体的农业经济和手工业经济,是可能和必须谨慎地、逐步地而又积极地引导它们向着现代化和集体化的方向发展的,任其自流的观点是错误的。必须组织生产的、消费的和信用的合作社,和中央、省、市、县、区的合作社的领导机关。这种合作社是以私有制为基础的在无产阶级领导的国家政权管理之下的劳动人民群众的集体经济组织。中国人民的文化落后和没有合作社传统,可能使得我们遇到困难;但是可以组织,必须组织,必须推广和发展。单有国营经济而没有合作社经济,我们就不可能领导劳动人民的个体经济逐步地走向集体化,就不可能由新民主主义社会发展到将来的社会主义社会,就不可能巩固无产阶级在国家政权中的领导权。谁要是忽视或轻视了这一点,谁也就要犯绝大的错误。国营经济是社会主义性质的,合作社经济是半社会主义性质的,加上私人资本主义,加上个体经济,加上国家和私人合作的国家资本主义经济,这些就是人民共和国的几种主要的经济成分,这些就构成新民主主义的经济形态。

第六,人民共和国的国民经济的恢复和发展,没有对外贸易的统制政策是不可能的。从中国境内肃清了帝国主义、封建主义、官僚资本主义和国民党的统治(这是帝国主义、封建主义和官僚资本主义三者的集中表现),还没有解决建立独立的完整的工业体系问题,只有待经济上获得了广大的发展,由落后的农业国变成了先进的工业国,才算最后地解决了这个问题。而欲达此目的,没有对外贸易的统制是不可能的。中国革命在全国胜利,并且解决了土地问题以后,中国还存在着两种基本的矛盾。第一种是国内的,即工人阶级和资产阶级的矛盾。第二种是国外的,即中国和帝国主义国家的矛盾。因为这样,工人阶级领导的人民共和国的国家政权,在人民民主革命胜利以后,不是可以削弱,而是必须强化。对内的节制资本和对外的统制贸易,是这个国家在经济斗争中的两个基本政策。谁要是忽视或轻视了这一点,谁就将要犯绝大的错误。

第七,中国的经济遗产是落后的,但是中国人民是勇敢而勤劳的,中国人民革命的胜利和人民共和国的建立,中国共产党的领导,加上世界各国工人阶级的援助,其中主要地是苏联的援助,中国经济建设的速度将不是很慢而可能是相当地快的,中国的兴盛是可以计日程功的。对于中国经济复兴的悲观论点,没有任何的根据。

七

旧中国是一个被帝国主义所控制的半殖民地国家。中国人民民主革命的彻底的反帝国主义的性质，使得帝国主义者极为仇视这个革命，竭尽全力地帮助国民党。这就更加激起了中国人民对于帝国主义者的深刻的愤怒，并使帝国主义者丧失了自己在中国人民中的最后一点威信。同时，整个帝国主义制度在第二次世界大战以后是大大地削弱了，以苏联为首的世界反帝国主义阵线的力量是空前地增长了。所有这些情形，使得我们可以采取和应当采取有步骤地彻底地摧毁帝国主义在中国的控制权的方针。帝国主义者的这种控制权，表现在政治、经济和文化等方面。在国民党军队被消灭、国民党政府被打倒的每一个城市和每一个地方，帝国主义者在政治上的控制权即随之被打倒，他们在经济上和文化上的控制权也被打倒。但帝国主义者直接经营的经济事业和文化事业依然存在，被国民党承认的外交人员和新闻记者依然存在。对于这些，我们必须分别先后缓急，给以正当的解决。不承认国民党时代的任何外国外交机关和外交人员的合法地位，不承认国民党时代的一切卖国条约的继续存在，取消一切帝国主义在中国开办的宣传机关，立即统制对外贸易，改革海关制度，这些都是我们进入大城市的时候所必须首先采取的步骤。在做了这些以后，中国人民就在帝国主义面前站立起来了。剩下的帝国主义的经济事业和文化事业，可以让它们暂时存在，由我们加以监督和管制，以待我们在全国胜利以后再去解决。对于普通外侨，则保护其合法的利益，不加侵犯。关于帝国主义对我国的承认问题，不但现在不应急于去解决，而且就是在全国胜利以后的一个相当时期内也不必急于去解决。我们是愿意按照平等原则同一切国家建立外交关系的，但是从来敌视中国人民的帝国主义，决不能很快地就以平等的态度对待我们，只要一天它们不改变敌视的态度，我们就一天不给帝国主义国家在中国以合法的地位。关于同外国人做生意，那是没有问题的，有生意就得做，并且现在已经开始做，几个资本主义国家的商人正在互相竞争。我们必须尽可能地首先同社会主义国家和人民民主国家做生意，同时也要同资本主义国家做生意。

……

九

无产阶级领导的以工农联盟为基础的人民民主专政，要求我们党去认真地团结全体工人阶级、全体农民阶级和广大的革命知识分子，这些是这个专政的领导力量和基础力量。没有这种团结，这个专政就不能巩固。同时也要求我们党去团结尽可能多的能够同我们合作的城市小资产阶级和民族资产阶级的代表人物，它们的知识分子和政治派别，以便在革命时期使反革命势力陷于孤立，彻底地打倒国内的反革命势力和帝国主义势力；在革命胜利以后，迅速地恢复和发展生产，对付国外的帝国主义，使中国稳步地由农业国转变为工业国，把中国建设成一个伟大的社会主义国家。因为这样,我党同党外民主人士长期合作的政策,必须在全党思想上和工作上确定下来。我们必须把党外大多数民主人士看成和自己的干部一样,同他们诚恳地坦白地商量和解决那些必须商量和解决的问题,给他们工作做,使他们在工作岗位上有职有权,使他们在工作上做出成绩来。从团结他们出发,对他们的错误和缺点进行认真的和适当的批评或斗争,达到团结他们的目的。对他们的错误或缺点采取迁就态度,是不对的。对他们采取关门态度或敷衍态度,也是不对的。每一个大城市和每一个中等城市,每一个战略性区域和每一个省,都应当培养一批能够同我们合作的有威信的党外民主人士。我们党内由土地革命战争时期的关门主义作风所养成的对待党外民主人士的不正确态度,在抗日时期并没有完全克服,在一九四七年各根据地土地改革高潮时期又曾出现过。这种态度只会使我党陷于孤立,使人民民主专政不能巩固,使敌人获得同盟者。现在中国第一次在我党领导之下的政治协商会议即将召开,民主联合政府即将成立,革命即将在全国胜利,全党对于这个问题必须有认真的检讨和正确的认识,必须反对右的迁就主义和"左"的关门主义或敷衍主义两种倾向,而采取完全正确的态度。

十

我们很快就要在全国胜利了。这个胜利将冲破帝国主义的东方战线,具有伟大的国际意义。夺取这个胜利,已经是不要很久的时间和不要花费很大的气力了;巩固这个胜利,则是需要很久的时间和要花费很大的气力的事情。资产阶级怀疑我们的建设能力。帝国主义者估计我们终久会要向他们讨乞才能活下去。因为胜利,党内的骄傲情绪,以功臣自居的情绪,停顿起来不求进步的情绪,贪图享乐不愿再过艰苦生活的情绪,可能生长。因为胜利,人民感谢我们,资产阶级也会出来捧场。敌人的武力是不能征服我们的,这点已经得到证明了。资产阶级的捧场则可能征服我们队伍中的意志薄弱者。可能有这样一些共产党人,他们是不曾被拿枪的敌人征服过的,他们在这些敌人面前不愧英雄的称号;但是经不起人们用糖衣裹着的炮弹的攻击,他们在糖弹面前要打败仗。我们必须预防这种情况。夺取全国胜利,这只是万里长征走完了第一步。如果这一步也值得骄傲,那是比较渺小的,更值得骄傲的还在后头。在过了几十年之后来看中国人民民主革命的胜利,就会使人们感觉那好像只是一出长剧的一个短小的序幕。剧是必须从序幕开始的,但序幕还不是高潮。中国的革命是伟大的,但革命以后的路程更长,工作更伟大,更艰苦。这一点现在就必须向党内讲明白,务必使同志们继续地保持谦虚、谨慎、不骄、不躁的作风,务必使同志们继续地保持艰苦奋斗的作风。我们有批评和自我批评这个马克思列宁主义的武器。我们能够去掉不良作风,保持优良作风。我们能够学会我们原来不懂的东西。我们不但善于破坏一个旧世界,我们还将善于建设一个新世界。中国人民不但可以不要向帝国主义者讨乞也能活下去,而且还将活得比帝国主义国家要好些。

资料来源:毛泽东选集:第四卷.北京:人民出版社,1991

四、实训指导

(一)单项选择题(请在每小题的四个选择项中,选出一个正确答案。)

1. 中华人民共和国的成立标志着中国进入( )。
   A.资本主义社会　　　　　　　　B.新民主主义社会
   C.社会主义社会　　　　　　　　D.共产主义社会

2. 西藏自治区成立的时间是在( )。
   A.1964年10月　B.1955年10月　C.1951年10月　D.1965年9月

3. 中华人民共和国成立初期,社会主义国营经济建立的主要途径是通过( )。
   A.没收官僚资本　　　　　　　　B.征用外国资本
   C.赎买民族资本　　　　　　　　D.合并公营资本

4. 1950年6月,毛泽东在中共七届三中全会的报告中指出,要用三年左右的时间争取( )。
   A.全国大陆的完全解放　　　　　B.土地改革的彻底完成
   C.国家财政经济状况的根本好转　D.抗美援朝战争的最后胜利

5. 毛泽东明确指出:国家资本主义是改造资本主义工商业和逐步完成社会主义过渡的必经之路。以下关于国家资本主义经济,说法错误的是( )。
   A.在人民政府管理之下,用各种形式和国营社会主义经济联系着
   B.受工人监督的资本主义经济
   C.国家资本主义经济等同于社会主义经济
   D.有初级形式和高级形式的区别

6. 1951年年底到1952年春,中国共产党在党政机构工作人员中开展的"三反"运动是( )。
   A.反主观主义、反宗派主义、反党八股
   B.反主观主义、反保守主义、反官僚主义
   C.反贪污、反行贿、反盗窃经济情报
   D.反贪污、反浪费、反官僚主义

7. 世界上第一个同中华人民共和国建立外交关系的国家是( )。
   A.苏联　　　　B.朝鲜　　　　C.越南　　　　D.蒙古

8. 在抗美援朝战争中担任中国人民志愿军司令员兼政治委员是( )。
   A.朱德　　　　B.彭德怀　　　C.陈毅　　　　D.刘伯承

9. 1949年中华人民共和国的成立标志着中国进入( )。
   A.由旧民主主义到新民主主义的过渡时期
   B.由新民主主义到社会主义的过渡时期
   C.新民主主义革命到建设的过渡时期
   D.社会主义革命到建设的过渡时期

第八章　社会主义基本制度在中国的确立

10. 中国进入新民主主义社会后的国内主要矛盾是(　　)。

    A.农民阶级和地主阶级的矛盾

    B.工人阶级和资产阶级的矛盾

    C.人民大众和封建主义的矛盾

    D.人民大众和资本主义的矛盾

11. 中国共产党在过渡时期总路线的主体是实现(　　)。

    A.社会主义工业化

    B.对农业的社会主义改造

    C.对手工业的社会主义改造

    D.对资本主义工商业的社会主义改造

12. 中共中央正式提出党在过渡时期总路线是在(　　)。

    A.1949 年　　　B.1952 年　　　C.1953 年　　　D.1956 年

13. 我国对个体农业社会主义改造的过渡性经济组织形式中,具有社会主义萌芽性质的是(　　)。

    A.互助组　　　　　　　　　　B.初级农业生产合作社

    C.高级农业生产合作社　　　　D.人民公社

14. 我国对个体农业社会主义改造的过渡性经济组织形式中,具有完全社会主义性质的是(　　)。

    A.互助组　　　　　　　　　　B.初级农业生产合作社

    C.高级农业生产合作社　　　　D.人民公社

15. 我国对资本主义工商业进行社会主义改造实行的政策是(　　)。

    A.无偿没收　　B.有偿征用　　C.和平赎买　　D.公私联营

16. 中国进入社会主义社会的主要标志是(　　)。

    A.1949 年中华人民共和国的成立

    B.1953 年党在过渡时期总路线的提出

    C.1954 年第一届全国人民代表大会的召开

    D.1956 年社会主义三大改造的完成

17. 我国第一个五年计划开始的时间在(　　)。

    A.1952 年　　　B.1953 年　　　C.1954 年　　　D.1955 年

18. 社会主义改造是由私有制到公有制的一场伟大的变革,这场变革的实质在于(　　)。

    A.对社会制度的变革　　　　B.对生产力的变革

    C.对生产关系的变革　　　　D.对经济成分的变革

19. 社会主义革命的目的是(　　)。

    A.发展生产力　　　　　　　B.解放生产力

    C.为过渡到共产主义准备条件　　D.建立社会主义制度

(二)多项选择题(请在每小题的四个选择项中,选出至少两个正确答案。多选或少选均不得分。)

1. 中华人民共和国的成立标志着(   )。
   A.中国新民主主义革命取得了基本的胜利
   B.社会主义革命阶段的开始
   C.新民主主义社会在全国范围内的建立
   D.社会主义制度的形成

2. 中国进入到新民主主义社会后存在的经济成分包括(   )。
   A.国营经济和合作社经济   B.个体经济
   C.私人资本主义经济   D.国家资本主义经济

3. 在中国新民主主义社会中,与三种基本的经济成分相对应的三种基本阶级力量是(   )。
   A.地主阶级   B.工人阶级
   C.农民及其他小资产阶级   D.资产阶级

4. 在新民主主义社会中,三种基本经济成分及其相应阶级力量之间的矛盾集中地表现为(   )。
   A.农民阶级与地主阶级的矛盾   B.资本主义与封建主义的矛盾
   C.无产阶级与资产阶级的矛盾   D.社会主义与资本主义的矛盾

5. 中华人民共和国成立初期开始向社会主义过渡采取的实际步骤包括(   )。
   A.没收官僚资本以确立国营经济的领导地位
   B.开始将资本主义纳入国家资本主义轨道
   C.赎买民族工商业以建立社会主义性质的经济
   D.引导个体农民逐步走上互助合作的道路

6. 中国共产党在过渡时期总路线的主要内容是逐步实现(   )。
   A.社会主义工业化
   B.对农业的社会主义改造
   C.对手工业的社会主义改造
   D.对资本主义工商业的社会主义改造

7. 中国共产党在过渡时期总路线是"一体两翼"的总路线,其中"两翼"是指实现(   )。
   A.社会主义工业化   B.对农业的社会主义改造
   C.对手工业的社会主义改造   D.对资本主义工商业的社会主义改造

8. 我国对资本主义工商业改造的个别企业公私合营阶段,企业利润的分配方面包括(   )。
   A.国家所得税   B.企业公积金
   C.工人福利费   D.股金红利

第八章 社会主义基本制度在中国的确立

9. 中华人民共和国在发展国民经济第一个五年计划的指导下,重点建设的三大钢铁基地是(   )。

   A.鞍山　　　　　B.包头　　　　　C.上海　　　　　D.武汉

10. 中华人民共和国成立初期,面临着许多严重困难和一些紧迫问题,它们是(   )。

    A.能不能保卫住人民胜利的成果,巩固新生的人民政权

    B.能不能战胜严重的经济困难,迅速恢复和发展国民经济

    C.能不能巩固民族独立,维护国家主权和安全

    D.能不能经受住执政的考验,继续保持谦虚、谨慎、不骄、不躁的作风和艰苦奋斗的作风

11. 中华人民共和国成立至十八大之前,共和国的历史多经历的发展阶段是(   )。

    A.从1949年10月1日中华人民共和国成立到1956年这七年,是基本完成社会主义改造的时期

    B.从1956年社会主义改造基本完成到1966年"文化大革命"前夕,是开始全面建设社会主义的十年

    C.从1966年5月到1976年10月这十年,是"文化大革命"时期

    D.从1978年12月中共十一届三中全会召开至今,是改革开放和社会主义现代化建设的新时期

12. 从中华人民共和国成立到现在,经过半个多世纪的艰苦奋斗,中国人民取得了举世瞩目的巨大成就,这些成就主要有(   )。

    A.从争取经济独立到建设社会主义现代化国家

    B.从赢得政治独立到建设社会主义民主政治

    C.从发展新民主主义文化到建设中国特色社会主义文化

    D.从打破封锁到全方位对外开放以及从"小米加步枪"到逐步实现国防现代化

13. 下列对新民主主义社会过渡性认识正确的有(   )。

    A.新民主主义社会是一个独立的社会形态

    B.新民主主义社会在经济上的特点就是既有社会主义,又有资本主义

    C.社会主义因素无论在经济上还是政治上都占据领导地位

    D.在我国,新民主主义社会必然要向社会主义过渡

14. 近现代中国先后经历和正在经历着(   )等社会发展阶段。

    A.半殖民地半封建社会　　　　　B.社会主义初级阶段

    C.新民主主义社会　　　　　　　D.资本主义社会

(三)判断题(正确选 Y,错误选 N。)

1. 中国共产党领导的革命,包括新民主主义革命和社会主义革命两个阶段。
   (   )

   Y.正确　　　　　　　　　　　　N.错误

2. 中华人民共和国成立初期,没收官僚资本,具有两重性质,既具有民主革命的
   性质,又具有社会主义革命性质。   （ ）
   　　Y.正确　　　　　　　　　　　　　　N.错误
3. 我国发展国民经济的第一个五年计划,是从1955年开始的。   （ ）
   　　Y.正确　　　　　　　　　　　　　　N.错误
4. 民族资产阶级在社会主义时期仍然具有两面性。   （ ）
   　　Y.正确　　　　　　　　　　　　　　N.错误
5. 第一部《中华人民共和国宪法》颁布于1955年。   （ ）
   　　Y.正确　　　　　　　　　　　　　　N.错误
6. 中国是在没有实现工业化的情况下进入社会主义的。   （ ）
   　　Y.正确　　　　　　　　　　　　　　N.错误
7. 中华人民共和国成立前夕,中共中央对新民主主义社会的性质做过分析,毛
   泽东指出,可以把我们社会的经济称为"新资本主义"。   （ ）
   　　Y.正确　　　　　　　　　　　　　　N.错误

(四)填空题(把正确答案填入空格内。)

1. 中华人民共和国的成立标志着_____革命阶段的基本结束和社会主义革
   命阶段的开始。
2. 国家资本主义经济是_____经济向国营经济的过渡形式。
3. 从1953年开始的发展国民经济的第一个五年计划,把优先发展_____作
   为建设的中心环节。
4. 中国进入到新民主主义社会后存在的三种主要经济成分是_____经济、
   个体经济、私人资本主义经济。
5. 1951年年底到1952年,中国共产党在全国范围内开展整风、_____运动。

五、实践指南

1. 鸭绿江断桥

鸭绿江断桥位于辽宁省丹东市振兴区江岸路鸭绿江畔,是原鸭绿江大桥被炸毁后的残余部分。鸭绿江断桥为鸭绿江上诸多桥中第一座桥,1909年5月动工,1911年10月竣工。由当时日本驻鲜总督府铁道局所建。朝鲜战争期间,由于该桥作为中方支援朝鲜前线的交通大动脉具有突出的战略地位,1950年11月8日至14日美军多次派出轰炸机轰炸,大桥被拦腰炸断,朝方一侧钢梁落入水中,并有三座桥墩被炸塌。中方所剩四孔残桥保留至今,习惯称"断桥",为市级文物保护单位,1993年6月动工修整,辟为旅游景点,命名为"鸭绿江断桥"。

2. 鞍钢

1909年8月,日本设立的南满洲铁道株式会社发现鞍山地区是开矿建厂冶炼钢

铁的宝地,1919年4月正式投产。1945年8月15日,日本侵略者无条件投降,8月26日,苏军到达鞍山,仅40多天时间里将鞍钢的机械设备连同其他一些物资共达七万余吨拆卸运走,整个工业生产能力下降为零。1948年12月26日,东北行政委员会批准成立鞍山钢铁公司。1953年第一个五年计划开始,国家集中力量建设鞍钢,扩大鞍钢生产规模,建设大型国有联合生产企业,整个"一五"期间鞍钢共实现37项重点工程。鞍钢见证了中国钢铁工业的起步与发展,被誉为"共和国钢铁工业的长子""中国钢铁工业的摇篮"。

3. 阜新煤矿(海州露天煤矿国家矿山公园)

阜新煤矿位于辽宁省阜新市太平区,1953年建成投产,是当时亚洲最大的露天煤矿。它是当时世界第二、亚洲最大的机械化露天煤矿,代表20世纪50年代中国采煤工业的最高水平;是全国第一个现代化、机械化、电气化的最大露天煤矿,是当时全国四大煤炭生产基地之一;是1960版5元人民币的取景地。2018年1月,入选中国工业遗产保护名录。

4. 长春一汽

1949年12月,毛泽东主席访问苏联,中苏双方商定,由苏联全面援助中国建设第一个载重汽车厂,1951年中共中央和中央人民政府决定把第一汽车制造厂的厂址设在吉林省长春市郊。第一汽车制造厂1953年奠基兴建,毛泽东主席题写厂名。1956年建成并投产,制造出中华人民共和国第一辆解放牌卡车。1958年制造出中华人民共和国第一辆东风牌小轿车和第一辆红旗牌高级轿车。第一汽车制造厂的建成,开创了中国汽车工业新的历史。2018年1月,入选第一批中国工业遗产保护名录。

第九章 社会主义建设在探索中曲折发展

一、导言

1956年这一年是注定要载入史册的。这一年社会主义改造基本完成,社会主义制度全面确立,标志着中国进入全面建设社会主义的历史阶段。

社会主义制度在中国已经建立起来了,中国社会主义的经济、政治和文化应该怎样发展?这是我们党和国家面临的全新课题。然而面对"中国自己的社会主义建设道路应该怎样走"这样的时代命题,党没有可能事先做好充分的理论准备,只能根据马克思主义的基本原理同中国实际相结合的原则,总结自己的经验,借鉴外国的经验,在实践中进行探索。因此,学习这一章,应该把握三个关键词:探索、曲折、发展。

首先,关于探索。

从1956年起,以毛泽东为主要代表的中国共产党人,对中国社会主义建设道路进行了艰苦的探索,并取得了积极的成果。

一是《论十大关系》的发表。1956年4月《论十大关系》的提出,是对中国社会主义建设道路进行探索的开始。《论十大关系》是当时以毛泽东为核心的中国共产党人在建设社会主义问题上达到的最全面、最深刻的认识,是中国共产党人开始探索适合中国情况的社会主义建设道路所取得的主要成果,是马克思主义基本原理与中国实际相结合的光辉典范。《论十大关系》对社会主义的认识和提出的基本方针,不但直接影响和指导了党的八大,而且在此后二十多年中国建设社会主义的实践中一直起着主导作用,在今天依然显耀着真理的光芒。对这篇著作,党的十一届三中全会认为:"毛泽东同志一九五六年总结我国经济建设经验的《论十大关系》报告中提出的基本方针,既是经济规律的客观反映,也是社会政治安定的重要保证,仍然保持着重要的指导意义。"(三中全会以来重要文献选编:上.北京:人民出版社,1982:5)

二是中共八大路线的制定。1956年9月召开的党的八大,是党领导中国进入全面建设社会主义时期以后具有里程碑意义的一次党代会。会议对党执政以后地位的变化以及可能遇到的问题从理论上、政治上进行了深刻的分析,其最主要的成就就是制定了一条指导党如何进行社会主义建设的正确路线。党的八大的主要成就和党在八大前后探索社会主义建设中取得的重要成果,是中国特色社会主义理论体系的源头活水,为建设中国特色社会主义奠定了重要理论和实践基础。

三是《关于正确处理人民内部矛盾的问题》的发表。1957年2月27日,毛泽东在最高国务会议第十一次(扩大)会议上正式做了《关于正确处理人民内部矛盾的问题》的讲话,第一次系统地阐述了社会主义社会的矛盾问题,形成了比较完整的社会主社会基本矛盾学说。在经过补充和修改后，文章于当年6月19日在《人民日报》发表。《关于正确处理人民内部矛盾的问题》系统地阐述了关于正确处理人民内部矛盾的理论，其中心思想是要把正确处理人民内部矛盾作为国家政治生活的主题。

《关于正确处理人民内部矛盾的问题》是毛泽东在社会主义时期最重要的著作之一。它运用唯物辩证法科学地分析了社会主义社会的基本矛盾，第一次提出了正确处理人民内部矛盾的命题，阐述了社会主义建设中的一系列重大问题，为我国社会主义事业的发展奠定了理论基础，是对马克思主义的科学社会主义理论的重要丰富和发展。

其次，关于曲折。

在中国建设社会主义，远比在中国进行民主革命艰难和复杂得多。革命道路不能照搬外国，建设道路同样不能照搬外国。探索中国建设社会主义的道路，能不能比探索中国革命的道路少经历一些大的曲折？我们党希望做到这一点。后来的历史表明我们未能避免大的曲折，我们对于在中国建设社会主义的艰巨性和复杂性估计不足。然而无论如何，这样的问题只能在探索的实践中去解决。

党在探索适合中国情况的社会主义建设道路的过程中，主要是在1958年开始的"大跃进"尤其是1966年开始的"文化大革命"时期，曾经犯过严重错误。犯错误的原因是多方面的，但是归根结底，并不是由社会主义根本制度本身所造成的，而且依靠社会主义制度的自我完善和发展完全可以纠正。

再次，关于发展。

在探索中，虽然经历了严重曲折，但党在社会主义建设中取得的独创性理论成果和巨大成就，为新的历史时期开创中国特色社会主义提供了宝贵经验、理论准备、物质基础。一是在"一穷二白"的基础上建立了独立的、比较完整的工业体系和国民经济体系；二是人民物质生活和文化生活的水平得到逐步提高；三是国际地位提高和国际环境改善；四是在探索中形成了建设社会主义的若干重要原则。

1981年中共中央《关于建国以来党的若干历史问题的决议》指出："中国共产党在中华人民共和国成立以后的历史，总的说来，是我们党在马克思列宁主义、毛泽东思想指导下，领导全国各族人民进行社会主义革命和社会主义建设并取得巨大成就的历史。"这是对于党在这个时期历史的主题和主线、本质和主流所做的科学概括。

二、以案论史

案例1　大连造船厂——从"中国海军舰艇的摇篮"到中国的"航母梦工厂"

2017年4月26日上午，我国第二艘航空母舰下水仪式在中国船舶重工集团公司大连造船厂举行。这第二艘航空母舰也是首艘国产航母，2013年11月开工，2015年3月开始在大连造船厂的坞内建造。

大连造船厂上一次引起全世界的关注，是对"瓦良格"的修缮改造成功，标志着中国没有航母的历史从此结束。从2005年4月26日开始,大连造船厂用了7年多时间,把锈迹斑斑的、几乎只剩一具空壳的"瓦良格"进行更改制造成为我国首艘航母平台。

两艘航空母舰,为何都选择在大连造船厂出厂?显而易见的答案是,大连造船厂曾创下新中国造船史上的诸多第一,在军工和民用造船领域,拥有十分丰富的建造"大船"的经验。仅以军工产品而言,大连造船厂是国内水面舰船制造综合实力最强、为海军建造舰船最多的船厂。

大连造船厂是近代中国造船业的发源地之一。造船厂的前身是俄国人于1898年6月10日通过不平等条约强租旅大地区后,筹建的"中东铁路公司轮船修理工场"和"中东铁路造船工场"。1904年日俄战中爆发,俄国战败后,旅顺和大连港租借权又到了日本手里。

1908年,日本川崎造船所对大连造船厂进行扩建和改建。

日本对大连造船厂的统治长达40多年,直到1945年8月25日,苏联军队正式接管。

1951年1月1日,中国政府正式接收由苏联临时代管的大连造船厂。1955年1月1日,中国决定将工厂改由我国独立经营,定名为"国营大连造船公司"。1957年6月1日,工厂更名为"大连造船厂"。2002年4月29日,大连造船厂改制为大连造船重工有限责任公司。

在新中国时期,大连造船厂迎来新的发展机遇,也成为新中国造船工业的中坚力量。大连造船厂第一次展现"新力量"是建造中国第一艘万吨远洋货轮"跃进"号。

"跃进"号货轮自1958年9月开工建造,到船体建成下水,只用短短58天时间,由此可见大连造船厂的技术积累程度和效率有多高。当时"跃进"号采用当时最新的技术装备,建成下水后,全国媒体通栏大标题"我国第一艘万吨远洋货轮下水",盛赞新中国社会主义建设的这一伟大成就。

此后,大连造船厂在民用造船领域不断突破,如今已可以承担大到三十万吨级超大型油轮的建造,产品也走出国门,为国外客户称道。凭借这些成绩,大连造船厂也成为中国首家跻身全球造船企业前五强的世界著名造船企业,被誉为"中国造船业的旗舰"。

在民用领域独步外,大连造船厂也是我国水面舰船制造综合实力最强、为海军建造舰船最多的船厂,被誉为"中国海军舰艇的摇篮"。

自从20世纪50年代以来,大连造船厂为海军共建造了45个型号、820余艘舰船,同样创造了诸多第一。1954年8月31日,中苏合营时期的大连造船厂建造了第一艘50吨登陆艇。这是中国建造的第一艘登陆艇。大连造船厂为中国海军首造的舰船有6604型反潜护卫艇、55甲型炮艇、中国第一种定型批量生产的水面战斗舰艇、第一艘自行设计建造的反潜护卫艇、第一艘弹道导弹潜艇等。

这里有必要说下被誉为"共和国第一舰"的051型导弹驱逐舰。这是大连造船厂建造的我国第一艘自行研制的导弹驱逐舰。051型导弹驱逐舰在1971年12月31日正式交付海军，是当时世界上最快的导弹驱逐舰。在国外，该型驱逐舰还有一个知名度更广的称呼——"旅大级"。

119 年前的那座小船坞已经成为中国航母的"孕育地"，被网友称为中国的"航母梦工厂"。

资料来源：华西都市报，2017-4-27

【请你思考】

1. 中华人民共和国成立初期，我国的工业基础，尤其是重工业基础十分薄弱。毛泽东有一段令人印象深刻的描述："现在我们能造什么？能造桌子椅子，能造茶碗茶壶……汽车、一架飞机、一辆坦克、一辆拖拉机都不能造。"结合当时的国际国内局势，谈谈在一五计划期间国家集中主要力量发展重工业的必要性和可能性。

2. 大连造船厂曾创下新中国造船史上的诸多第一，正是有着从新中国成立以来的积累，才有了今天"航母梦工厂"的美名，才能为中国的现代化贡献更多的力量。据此，请你谈谈党在社会主义道路探索时期的主题和主线、本质和主流。

案例 2　两弹元勋郭永怀

他为我国的航空航天事业奉献了毕生精力。他以赤子之心报效祖国，为中国 20 世纪六七十年代在核事业尖端技术方面取得非凡成就付出了生命。他就是唯一以烈士身份被追授"两弹一星"功勋奖章的空气动力学家郭永怀。

研究空气动力学驰名世界

郭永怀出生于山东荣成县一个农民家庭。1933 年，他考入北京大学物理系，后来在新建的西南联大改学航空工程。

1939 年，他通过了中英"庚子赔款"基金会留学委员会举行的招生考试。在加拿大多伦多大学留学时，他只用半年的时间就取得了数学硕士学位。接着他选择了空气动力学最难的课题"跨声速流动的不连续解"作为博士论文题目。1941 年 5 月，他来到当时国际空气动力学的研究中心——美国西岸加州理工学院古根海姆航空实验室，在航空大师卡门教授的指导下工作。

1946 年，西尔斯在康奈尔大学创办航空研究院，特聘郭永怀前去负责业务领导工作。于是，郭永怀成了康奈尔大学航空研究院的主持人之一。1949 年，郭永怀为解决跨声速气体动力学的一个难题，探索开创了一种计算简便、实用性强的数学方法——奇异摄动理论，在许多学科中得到了广泛的应用。正是因为在跨声速流与应用数学方面所取得的重大成果，郭永怀很快就驰名世界。当时人类虽已实现了飞行的梦想，但飞机的飞行速度并不理想。声障是提高飞机飞行速度的难关。郭永怀和钱学森经过拼搏努力，不久就合作拿出了震惊世界的重要论文，首次提出了上临界马赫数概念，并得到了实验证实，为解决跨声速飞行问题奠定了坚实的理论基础。

毅然回国献身核事业

1955 年，钱学森发来两封书信，邀请郭永怀回国。郭永怀毅然放弃了在国外的优越条件与待遇,与夫人李佩于1956年11月回到阔别16年的祖国。"作为中华人民共和国的一个普通科技工作者,我只是希望自己的祖国早一天强大起来,永远不再受人欺侮。"郭永怀说。

1960年7月,苏联政府照会中国政府决定撤走在华的核工业系统的全部专家,随后又停止供应一切技术设备和资料。中国决定自行研制核武器,郭永怀担任九院的副院长。当时九院的首要任务就是在一无图纸、二无资料的情况下,迅速掌握原子弹的构造原理,开展原子弹的理论探索和研制工作。

1963年,他与科研队伍迁往青海新建的基地。在郭永怀的倡议和指导下,我国第一个有关爆炸力学的科学规划迅速制定出台,从而引导力学走上了与核武器试验相结合的道路。同时,郭永怀还负责指导反潜核武器的水中爆炸力学和水洞力学等相关技术的研究工作。在对核装置引爆方式的采用上,他提出了"争取高的,准备低的,以先进的内爆法为主攻研究方向"。为确立核武器装置的结构设计,郭永怀提出了"两路并进,最后择优"的办法,为第一颗原子弹爆炸确定最佳方案,对一些关键问题的解决起到了决定性的作用。这一方案不仅为第一颗原子弹的研制投爆采用,而且一直被整个第一代核武器的研制投爆沿用。

郭永怀每天一大早便赶到现场,了解装配工作进展和系统联试结果,一旦发现问题便及时研究处理。在将要进入正式试验阶段的那些日子里,郭永怀每天都要忙十几个小时,有时是通宵达旦,吃饭也是席地而坐边研究边吃。1964年10月16日,中国第一颗原子弹装置爆炸试验取得圆满成功,1966年10月27日,我国第一颗装有核弹头的地地导弹飞行爆炸试验成功,1967年6月17日,中国第一颗氢弹爆炸试验成功。当闪光火球和蘑菇状烟云冉冉升起时,全体测试人员一片沸腾,郭永怀却瘫软在试验现场,身边工作人员把他架到临时帐篷里的铁皮床上,郭永怀太累了。

牺牲时仍紧抱绝密资料

1963年,科研队伍迁往海拔3000米以上的青海基地,那里气候变化无常,冬季寒气逼人,经常飞沙走石,最低温度零下40多摄氏度,一年中有八九个月要穿棉衣。他与许多同事都有高原反应。为了及时研究新情况,郭永怀频繁往来于北京和基地之间,有人劝他少跑一些,但为了工作他全然不顾。

1965年9月,我国第一颗人造卫星的研制工作再次启动,郭永怀受命参与"东方红"卫星本体及返回式卫星回地研究的组织领导工作。1968年12月初,他在青海基地发现一个重要数据,急于赶回北京研究,便搭乘了夜班飞机。他匆匆地从青海基地赶到兰州,在兰州换乘飞机的间隙里,还认真听取了课题组人员的情况汇报。12月5日凌晨,飞机飞临北京机场,距地面约400米时,突然失去平衡,偏离跑道,扎向了玉米地,腾起一团火球。当人们从机身残骸中寻找到郭永怀时,吃惊地发现他的遗体同警卫员紧紧抱在一起。烧焦的两具遗体被分开后,中间掉出一个装着绝密文件的公文包竟完好无损。他们用自己的身体保护了对我国科研事业极为重要的资料。

郭永怀牺牲的第22天,我国第一颗热核导弹试验获得成功。距他牺牲不到两年,1970年4月24日,我国第一颗人造卫星发射成功。1968年12月25日,中华人民共和国内务部授予郭永怀烈士称号。1999年,他被追授两弹一星功勋奖章,是唯一以烈士身份被追授"两弹一星"功勋奖章的科学家。

资料来源:人民日报海外版,2014-04-11(10)

【请你思考】

1. 邓小平说过:"如果六十年代以来中国没有原子弹、氢弹,没有发射卫星,中国就不能叫有重要影响的大国,就没有现在这样的国际地位。这些东西反映一个民族的能力,也是一个民族、一个国家兴旺发达的标志。"结合案例请你谈谈,科技创新对一个国家发展的重要作用。

2. 中华人民共和国在短短的时间里取得如此巨大的成就,是和举国上下的创新创业精神分不开的,作为当代大学生,你应该向两弹元勋郭永怀学习什么精神?

三、经典精读

毛泽东:论十大关系(节选)

最近几个月,中央政治局听了中央工业、农业、运输业、商业、财政等三十四个部门的工作汇报,从中看到一些有关社会主义建设和社会主义改造的问题。综合起来,一共有十个问题,也就是十大关系。

提出这十个问题,都是围绕着一个基本方针,就是要把国内外一切积极因素调动起来,为社会主义事业服务。过去为了结束帝国主义、封建主义和官僚资本主义的统治,为了人民民主革命的胜利,我们就实行了调动一切积极因素的方针。现在为了进行社会主义革命,建设社会主义国家,同样也实行这个方针。但是,我们工作中间还有些问题需要谈一谈。特别值得注意的是,最近苏联方面暴露了他们在建设社会主义过程中的一些缺点和错误,他们走过的弯路,你还想走?过去我们就是鉴于他们的经验教训,少走了一些弯路,现在当然更要引以为戒。

什么是国内外的积极因素?在国内,工人和农民是基本力量。中间势力是可以争取的力量。反动势力虽是一种消极因素,但是我们仍然要作好工作,尽量争取化消极因素为积极因素。在国际上,一切可以团结的力量都要团结,不中立的可以争取为中立,反动的也可以分化和利用。总之,我们要调动一切直接的和间接的力量,为把我国建设成为一个强大的社会主义国家而奋斗。

一、重工业和轻工业、农业的关系

重工业是我国建设的重点。必须优先发展生产资料的生产,这是已经定了的。但是决不可以因此忽视生活资料尤其是粮食的生产。如果没有足够的粮食和其他生活必需品,首先就不能养活工人,还谈什么发展重工业?所以,重工业和轻工业、农业的关系,必须处理好。

二、沿海工业和内地工业的关系

我国的工业过去集中在沿海。所谓沿海,是指辽宁、河北、北京、天津、河南东部、山东、安徽、江苏、上海、浙江、福建、广东、广西。我国全部轻工业和重工业,都有约百分之七十在沿海,只有百分之三十在内地。这是历史上形成的一种不合理的状况。沿海的工业基地必须充分利用,但是,为了平衡工业发展的布局,内地工业必须大力发展。在这两者的关系问题上,我们也没有犯大的错误,只是最近几年,对于沿海工业有些估计不足,对它的发展不那么十分注重了。这要改变一下。

……

好好地利用和发展沿海的工业老底子,可以使我们更有力量来发展和支持内地工业。如果采取消极态度,就会妨碍内地工业的迅速发展。所以这也是一个对于发展内地工业是真想还是假想的问题。如果是真想,不是假想,就必须更多地利用和发展沿海工业,特别是轻工业。

三、经济建设和国防建设的关系

国防不可不有。现在,我们有了一定的国防力量。经过抗美援朝和几年的整训,我们的军队加强了,比第二次世界大战前的苏联红军要更强些,装备也有所改进。我们的国防工业正在建立。自从盘古开天辟地以来,我们不晓得造飞机,造汽车,现在开始能造了。

我们现在还没有原子弹。但是,过去我们也没有飞机和大炮,我们是用小米加步枪打败了日本帝国主义和蒋介石的。我们现在已经比过去强,以后还要比现在强,不但要有更多的飞机和大炮,而且还要有原子弹。在今天的世界上,我们要不受人家欺负,就不能没有这个东西。怎么办呢?可靠的办法就是把军政费用降到一个适当的比例,增加经济建设费用。只有经济建设发展得更快了,国防建设才能够有更大的进步。

……

四、国家、生产单位和生产者个人的关系

……

总之,国家和工厂,国家和工人,工厂和工人,国家和合作社,国家和农民,合作社和农民,都必须兼顾,不能只顾一头。无论只顾哪一头,都是不利于社会主义,不利于无产阶级专政的。这是一个关系到六亿人民的大问题,必须在全党和全国人民中间反复进行教育。

五、中央和地方的关系

中央和地方的关系也是一个矛盾。解决这个矛盾,目前要注意的是,应当在巩固中央统一领导的前提下,扩大一点地方的权力,给地方更多的独立性,让地方办更多

的事情。这对我们建设强大的社会主义国家比较有利。我们的国家这样大,人口这样多,情况这样复杂,有中央和地方两个积极性,比只有一个积极性好得多。我们不能像苏联那样,把什么都集中到中央,把地方卡得死死的,一点机动权也没有。

中央要发展工业,地方也要发展工业。就是中央直属的工业,也还是要靠地方协助。至于农业和商业,更需要依靠地方。总之,要发展社会主义建设,就必须发挥地方的积极性。中央要巩固,就要注意地方的利益。

……

六、汉族和少数民族的关系

……

各个少数民族对中国的历史都作过贡献。汉族人口多,也是长时期内许多民族混血形成的。历史上的反动统治者,主要是汉族的反动统治者,曾经在我们各民族中间制造种种隔阂,欺负少数民族。这种情况所造成的影响,就在劳动人民中间也不容易很快消除。所以我们无论对干部和人民群众,都要广泛地持久地进行无产阶级的民族政策教育,并且要对汉族和少数民族的关系经常注意检查。早两年已经作过一次检查,现在应当再来一次。如果关系不正常,就必须认真处理,不要只口里讲。……

七、党和非党的关系

究竟是一个党好,还是几个党好?现在看来,恐怕是几个党好。不但过去如此,而且将来也可以如此,就是长期共存,互相监督。

在我们国内,在抗日反蒋斗争中形成的以民族资产阶级及其知识分子为主的许多民主党派,现在还继续存在。在这一点上,我们和苏联不同。我们有意识地留下民主党派,让他们有发表意见的机会,对他们采取又团结又斗争的方针。一切善意地向我们提意见的民主人士,我们都要团结。……

但是,无产阶级政党和无产阶级专政,现在非有不可,而且非继续加强不可。否则,不能镇压反革命,不能抵抗帝国主义,不能建设社会主义,建设起来也不能巩固。列宁关于无产阶级政党和无产阶级专政的理论,决没有像有些人说的那样"已经过时"。无产阶级专政不能没有很大的强制性。但是,必须反对官僚主义,反对机构庞大。……

八、革命和反革命的关系

反革命是什么因素?是消极因素,破坏因素,是积极因素的反对力量。反革命可不可以转变?当然,有些死心塌地的反革命不会转变。但是,在我国的条件下,他们中间的大多数将来会有不同程度的转变。由于我们采取了正确的政策,现在就有不少反革命被改造成不反革命了,有些人还做了一些有益的事。

……

镇压反革命还要作艰苦的工作,大家不能松懈。今后,除社会上的反革命还要继续镇压以外,必须把混在机关、学校、部队中的一切反革命分子继续清查出来。一定要分清敌我。如果让敌人混进我们的队伍,甚至混进我们的领导机关,那会对社会主义事业和无产阶级专政造成多么严重的危险,这是大家都清楚的。

九、是非关系

党内党外都要分清是非。如何对待犯了错误的人,这是一个重要的问题。正确的态度应当是,对于犯错误的同志,采取"惩前毖后,治病救人"的方针,帮助他们改正错误,允许他们继续革命。过去,在以王明为首的教条主义者当权的时候,我们党在这个问题上犯了错误,学了斯大林作风中不好的一面。他们在社会上不要中间势力,在党内不允许人家改正错误,不准革命。

……

"惩前毖后,治病救人"的方针,是团结全党的方针,我们必须坚持这个方针。

十、中国和外国的关系

我们提出向外国学习的口号,我想是提得对的。现在有些国家的领导人就不愿意提,甚至不敢提这个口号。这是要有一点勇气的,就是要把戏台上的那个架子放下来。

应当承认,每个民族都有它的长处,不然它为什么能存在?为什么能发展?同时,每个民族也都有它的短处。有人以为社会主义就了不起,一点缺点也没有了。哪有这个事?应当承认,总是有优点和缺点这两点。我们党的支部书记,部队的连排长,都晓得在小本本上写着,今天总结经验有两点,一是优点,一是缺点。他们都晓得有两点,为什么我们只提一点?一万年都有两点。将来有将来的两点,现在有现在的两点,各人有各人的两点。总之,是两点而不是一点。说只有一点,叫知其一不知其二。

我们的方针是,一切民族、一切国家的长处都要学,政治、经济、科学、技术、文学、艺术的一切真正好的东西都要学。但是,必须有分析有批判地学,不能盲目地学,不能一切照抄,机械搬用。他们的短处、缺点,当然不要学。

……

资料来源:毛泽东选集:第五卷.北京:人民出版社,1977:267-288

习近平:在纪念毛泽东同志诞辰120周年座谈会上的讲话(节选)

同志们,朋友们:

今天,我们怀着十分崇敬的心情,在这里隆重集会,纪念中国共产党、中国人民解放军、中华人民共和国的主要缔造者,中国各族人民的伟大领袖毛泽东同志诞辰120周年。

毛泽东同志是伟大的马克思主义者,伟大的无产阶级革命家、战略家、理论家,是马克思主义中国化的伟大开拓者,是近代以来中国伟大的爱国者和民族英雄,是党的

第九章 社会主义建设在探索中曲折发展

第一代中央领导集体的核心,是领导中国人民彻底改变自己命运和国家面貌的一代伟人。

毛泽东同志等老一辈革命家,都是从近代以来中国历史发展的时势中产生的伟大人物,都是从近代以来中国人民抵御外敌入侵、反抗民族压迫和阶级压迫的艰苦卓绝斗争中产生的伟大人物,都是走在中华民族和世界进步潮流前列的伟大人物。

中华民族,具有5000多年绵延不绝的文明历史,为人类文明进步作出了不可磨灭的贡献。但是,由于封建制度的腐朽没落,中国在近代被世界快速发展的浪潮甩在了后面。1840年鸦片战争以后,在西方列强坚船利炮轰击下,中国危机四起、人民苦难深重,陷入半殖民地半封建社会的黑暗深渊。

实现中华民族伟大复兴始终是近代以来中国人民最伟大的梦想。无数志士仁人前仆后继、不懈探索,寻找救国救民道路,却在很长时间内都抱憾而终。太平天国运动、戊戌变法、义和团运动、辛亥革命接连而起,但农民起义、君主立宪、资产阶级共和制等种种救国方案都相继失败了。战乱频仍,民生凋敝,丧权辱国,成了旧中国长期无法消除的病疴。

中华民族是一个有志气的民族。为了探求救亡图存的正确道路,中国的先进分子带领中国人民始终坚持在苦难和挫折中求索、在风雨飘摇中前进,敢于挽狂澜于既倒、扶大厦之将倾,表现出了百折不挠的英雄气概。

毛泽东同志在青年时期就立下拯救民族于危难的远大志向。1919年,毛泽东同志在《〈湘江评论〉创刊宣言》中写道:"时机到了!世界的大潮卷得更急了!洞庭湖的闸门动了,且开了!浩浩荡荡的新思潮业已奔腾澎湃于湘江两岸了!顺他的生,逆他的死。"年轻的毛泽东同志,"书生意气,挥斥方遒。指点江山,激扬文字",既有"问苍茫大地,谁主沉浮"的仰天长问,又有"到中流击水,浪遏飞舟"的浩然壮气。

十月革命一声炮响,给中国送来了马克思列宁主义。从纷然杂陈的各种观点和路径中,经过反复比较和鉴别,毛泽东同志毅然选择了马克思列宁主义,选择了为实现共产主义而奋斗的崇高理想。在此后的革命生涯中,不管是"倒海翻江卷巨澜",还是"雄关漫道真如铁",毛泽东同志始终都矢志不移、执着追求。

马克思列宁主义,为中国人民点亮了前进的灯塔;1921年中国共产党的成立,使中国人民有了前进的主心骨。

然而,在一个半殖民地半封建的东方大国进行革命,面对的特殊国情是农民占人口的绝大多数,落后分散的小农经济、小生产及其社会影响根深蒂固,又遭受着西方列强侵略和压迫,经济文化十分落后,选择一条什么样的道路才能把中国革命引向胜利成为首要问题,也是马克思主义发展史上前所未有过的难题。年轻的中国共产党,一度简单套用马克思列宁主义关于无产阶级革命的一般原理和照搬俄国十月革命城市武装起义的经验,中国革命遭受到严重挫折。

从革命斗争的这种失误教训中,毛泽东同志深刻认识到,面对中国的特殊国情,面对压在中国人民头上的三座大山,中国革命将是一个长期过程,不能以教条主义的观点对待马克思列宁主义,必须从中国实际出发,实现马克思主义中国化。毛泽东同志创造性地解决了马克思列宁主义基本原理同中国实际相结合的一系列重大问题,深刻分析中国社会形态和阶级状况,经过不懈探索,弄清了中国革命的性质、对象、任务、动力,提出通过新民主主义革命走向社会主义的两步走战略,制定了新民主主义革命总路线,开辟了以农村包围城市、最后夺取全国胜利的革命道路。毛泽东同志创造性地解决了在中国这种特殊的社会历史条件下建设马克思主义政党的一系列重大问题,把党建设成为用科学理论和革命精神武装起来的、同人民群众有着血肉联系的、思想上政治上组织上完全巩固的马克思主义政党。毛泽东同志创造性地解决了缔造一个在党的绝对领导下的人民武装力量的一系列重大问题,建成一支具有一往无前精神、能压倒一切敌人而决不被敌人所屈服的新型人民军队。毛泽东同志创造性地解决了团结全民族最大多数人共同奋斗的革命统一战线的一系列重大问题,为党和人民事业凝聚了一支最广大的同盟军。毛泽东同志带领我们党创造性地提出和实施了一系列正确的战略策略,及时解决了中国革命进程中一道道极为复杂的难题,引导中国革命航船不断乘风破浪前进。

"为有牺牲多壮志,敢教日月换新天。"经过28年浴血奋战和顽强奋斗,我们党和人民历经千辛万苦、付出巨大牺牲,在战胜日本军国主义侵略者后,经过人民解放战争,以摧枯拉朽之势推翻了帝国主义、封建主义、官僚资本主义的统治,夺取了新民主主义革命胜利,实现了几代中国人梦寐以求的民族独立和人民解放。

中华人民共和国的成立,使中国人民成为国家、社会和自己命运的主人,实现了中国向人民民主制度的伟大跨越,实现了中国高度统一和各民族空前团结,彻底结束了旧中国半殖民地半封建社会的历史,彻底结束了旧中国一盘散沙的局面,彻底废除了外国列强强加给中国的不平等条约和帝国主义在中国的一切特权。

中国人从此站立起来了!中国人民从此把命运牢牢掌握在自己手中!中华民族发展进步从此开启了新纪元!

这个伟大历史胜利,是毛泽东同志和他的战友们,是千千万万革命志士和革命烈士,是亿万中国人民,共同为中华民族建立的伟大历史功勋。这一伟大奋斗历程和成果充分证明了毛泽东同志所说的:"我们中华民族有同自己的敌人血战到底的气概,有在自力更生的基础上光复旧物的决心,有自立于世界民族之林的能力。"

新中国成立后,以毛泽东同志为核心的党的第一代中央领导集体带领人民,在迅速医治战争创伤、恢复国民经济的基础上,不失时机提出了过渡时期总路线,创造性地完成了由新民主主义革命向社会主义革命的转变,使中国这个占世界四分之一人口的东方大国进入了社会主义社会,成功实现了中国历史上最深刻最伟大的社会变革。新民主主义革命的胜利,社会主义基本制度的确立,为当代中国一切发展进步奠定了根本政治前提和制度基础。

第九章 社会主义建设在探索中曲折发展

社会主义基本制度确立以后,如何在中国建设社会主义,是党面临的崭新课题。毛泽东同志对适合中国情况的社会主义建设道路进行了艰苦探索。他以苏联的经验教训为鉴戒,提出要创造新的理论、写出新的著作,把马克思列宁主义基本原理同中国实际进行"第二次结合",找出在中国进行社会主义革命和建设的正确道路,制定把我国建设成为一个强大的社会主义国家的战略思想。

在中国共产党领导下,我国各族人民意气风发投身中国历史上从来不曾有过的热气腾腾的社会主义建设。在不长的时间里,我国社会就发生了翻天覆地的变化,建立起独立的比较完整的工业体系和国民经济体系,独立研制出"两弹一星",成为在世界上有重要影响的大国,积累起在中国这样一个社会生产力水平十分落后的东方大国进行社会主义建设的重要经验。

毛泽东同志为中国新民主主义革命的胜利、社会主义革命的成功、社会主义建设的全面展开,为实现中华民族独立和振兴、中国人民解放和幸福,作出了彪炳史册的贡献。毛泽东同志毕生最突出最伟大的贡献,就是领导我们党和人民找到了新民主主义革命的正确道路,完成了反帝反封建的任务,建立了中华人民共和国,确立了社会主义基本制度,取得了社会主义建设的基础性成就,并为我们探索建设中国特色社会主义的道路积累了经验和提供了条件,为我们党和人民事业胜利发展、为中华民族阔步赶上时代发展潮流创造了根本前提,奠定了坚实的理论和实践基础。

同志们、朋友们!

在革命和建设长期实践中,以毛泽东同志为主要代表的中国共产党人,根据马克思列宁主义基本原理,形成了适合中国情况的科学指导思想,这就是毛泽东思想。毛泽东思想以独创性理论丰富和发展了马克思列宁主义。毛泽东思想教育了几代中国共产党人,它培养的大批骨干,不仅在新民主主义革命、社会主义革命、社会主义建设时期发挥了重要作用,也为新的历史时期开创和建设中国特色社会主义发挥了重要作用。邓小平同志说,毛泽东思想这个旗帜丢不得,丢掉了实际上就否定了我们党的光辉历史;任何时候都不能动摇高举毛泽东思想旗帜的原则,我们将永远高举毛泽东思想的旗帜前进。

在为中国人民不懈奋斗的光辉一生中,毛泽东同志表现出一个伟大革命领袖高瞻远瞩的政治远见、坚定不移的革命信念、勇于开拓的非凡魄力、炉火纯青的斗争艺术、杰出高超的领导才能。他思想博大深邃、胸怀坦荡宽广,文韬武略兼备、领导艺术高超,心系人民群众、终生艰苦奋斗,为中华民族和中国人民建立了不朽功勋。

毛泽东同志属于中国,也属于世界。他不仅赢得了全党全国各族人民爱戴和敬仰,而且赢得了世界上一切向往进步的人们敬佩。毛泽东同志的革命实践和光辉业绩已经载入中华民族史册。他的名字、他的思想、他的风范,将永远鼓舞我们继续前进。

资料来源:习近平.在纪念毛泽东同志诞辰120周年座谈会上的讲话.北京:人民出版社,2013

四、实训指导

(一)单项选择题(请在每小题的四个选择项中,选出一个正确答案。)

1. 中国开始进入全面建设社会主义的历史阶段是在(   )。
   A.1949年中华人民共和国成立后   B.1952年土地改革胜利结束后
   C.1953年党在过渡时期总路线提出后 D.1956年社会主义改造基本完成后

2. 在1956年4月提出实现马克思主义同中国实际"第二次结合"任务的是(   )。
   A.毛泽东   B.刘少奇   C.周恩来   D.邓小平

3. 毛泽东在《论十大关系》中提出的社会主义建设基本方针是(   )。
   A.独立自主,艰苦创业
   B.自力更生为主,争取外援为辅
   C.调动一切积极因素把中国建设成为一个强大的社会主义国家
   D.走中国特色社会主义道路

4. 毛泽东在《论十大关系》提出处理共产党和民主党派关系的方针是(   )。
   A.长期共存,互相监督   B.以诚相待,患难与共
   C.肝胆相照,荣辱与共   D.同甘共苦,同舟相济

5. 毛泽东在《论十大关系》中提出的社会主义文化建设新方针是(   )。
   A.古为今用,洋为中用   B.百花齐放,百家争鸣
   C.兼容并蓄,吐故纳新   D.大鸣大放,推陈出新

6. 1956年召开的中共八大指出,党和全国人民当前的主要任务是(   )。
   A.进行思想上、政治上的社会主义革命
   B.集中力量发展社会生产力
   C.继续进行两个阶级、两条道路的斗争
   D.坚持无产阶级专政下继续革命

7. 1956年召开的中共八大确认我国经济建设的指导方针是(   )。
   A.独立自主,艰苦创业
   B.在多快好省中力争上游
   C.自力更生为主,争取外援为辅
   D.既反保守又反冒进即在综合平衡中稳步前进

8. 在1956年中共八大上提出"三个主体,三个补充"思想的是(   )。
   A.毛泽东   B.陈云
   C.周恩来   D.邓小平

9. "文化大革命"结束的标志是(   )。
   A."一月风暴"的出现   B.林彪反革命集团的覆灭
   C."天安门事件"的爆发   D.江青反革命集团的垮台

10. 中华人民共和国成功地爆炸第一颗原子弹的是在（   ）。
   A.1964年10月　　　　　　　　B.1966年10月
   C.1967年6月　　　　　　　　　D.1970年4月

（二）多项选择题（请在每小题的四个选择项中，选出至少两个正确答案。多选或少选均不得分。）

1. 毛泽东在《关于正确处理人民内部矛盾的问题》中指出，社会主义社会的基本矛盾是（   ）。
   A.敌我之间的矛盾
   B.社会主义和资本主义之间的矛盾
   C.生产力和生产关系之间的矛盾
   D.经济基础和上层建筑之间的矛盾

2. 以下关于中共八大的说法中，表述正确的有（   ）。
   A.党的八大正确分析了国内形势和主要矛盾的变化
   B.党的八大明确规定了党和全国人民在新形势下的主要任务
   C.在政治建设上，提出要扩大社会主义民主、健全社会主义法制，使党和政府的活动做到"有法可依"和"有法必依"
   D.在执政党建设上，强调要提高全党的马克思列宁主义思想水平，健全党内民主集中制，坚持集体领导制度，反对个人崇拜，发展党内民主和人民民主，加强党和群众的联系

3. 在《关于正确处理人民内部矛盾的问题》中，毛泽东分析了社会主义社会的矛盾，其主要内容包括（   ）。
   A.社会主义社会基本矛盾仍然是生产关系和生产力之间的矛盾、上层建筑和经济基础之间的矛盾
   B.社会主义社会的矛盾，可以通过社会主义制度本身的自我调整和自我完善不断地得到解决
   C.不能用解决敌我矛盾的方法去解决人民内部矛盾，只能用民主的、说服的、教育的、"团结—批评—团结"的方法去解决
   D.必须区分社会主义社会两类不同性质的社会矛盾，把正确处理人民内部矛盾作为国家政治生活的主题

4. 毛泽东认为，社会主义这个阶段可分为两个阶段，包括（   ）。
   A.不发达的社会主义　　　　　B.初级阶段的社会主义
   C.比较发达的社会主义　　　　D.高级阶段的社会主义

5. 1964年年底到1965年年初召开的第三届全国人民代表大会提出了实现"四个现代化"的宏伟目标，"四个现代化"具体是指（   ）。
   A.现代农业　　　　　　　　　B.现代工业
   C.现代国防　　　　　　　　　D.现代科学技术

(三)判断题(正确选 Y,错误选 N。)

1. 《论十大关系》是以毛泽东为主要代表的中国共产党人开始探索中国自己的社会主义建设道路的标志。 ( )
   Y.正确　　　　　　　　　　　　　　　N.错误

2. 中共八大的路线是正确的。 ( )
   Y.正确　　　　　　　　　　　　　　　N.错误

3. 1956 年 12 月,刘少奇提出,可以消灭了资本主义,又搞资本主义。 ( )
   Y.正确　　　　　　　　　　　　　　　N.错误

4. 《关于正确处理人民内部矛盾的问题》创造性地阐述了社会主义社会矛盾学说,发展了科学社会主义理论。 ( )
   Y.正确　　　　　　　　　　　　　　　N.错误

5. 反右派斗争是正确的,但被严重地扩大化了。 ( )
   Y.正确　　　　　　　　　　　　　　　N.错误

(四)填空题(把正确答案填入空格内。)

1. 1957 年,全党范围内展开了一次反对_____、宗派主义和主观主义的整风运动。

2. 1958 年,中共八大二次会议通过的社会主义建设总路线是:_____、力争上游、多快好省地建设社会主义。

3. 毛泽东在《论十大关系》中提出的社会主义文化建设新方针是_____,百家争鸣。

4. 1956 年毛泽东做了《_____》的报告,这个报告,总结经济建设的初步经验,借鉴苏联建设的经验教训,概括提出了十大关系。

五、实践指南

抚顺市雷锋纪念馆

抚顺市雷锋纪念馆位于望花区雷锋路东段 61 号,原雷锋生前所在部队驻地附近,占地面积 99900 平方米,始建于 1964 年。2015 年 3 月 2 日,抚顺市雷锋纪念馆经过第四次改扩建后重新开馆。新馆展览面积 3680 平方米,分为两层:一层采用高科技动态场景与艺术品插画等手段相结合,翔实、生动地再现雷锋的成长历程和新形势下雷锋精神的五方面内涵。二层展示全国学雷锋活动的源起和发展脉络以及全国学雷锋活动成果。抚顺雷锋纪念馆是全国爱国主义教育基地、全国文明单位、全国第七批重点文物保护单位、全国廉政教育基地、全国民政系统行风建设示范单位。抚顺市雷锋纪念馆致力于雷锋精神的研究、展示和宣传,与社会主义核心价值观的宣传有机融合,成为培育社会主义核心价值观、有力提升社会主义思想道德建设水平的重要基地。

第十章　中国特色社会主义的开创与接续发展

一、导言

　　中华人民共和国最大的历史成就,就是探索、开创、坚持、发展了中国特色社会主义。这是几代中国共产党人接续奋斗的结果。在实现中华民族伟大复兴的征程上,我们党深刻认识到,实现中华民族伟大复兴,必须合乎时代潮流、顺应人民意愿,勇于改革开放,让党和人民事业始终充满奋勇前进的强大动力。我们党团结带领人民进行改革开放新的伟大革命,破除阻碍国家和民族发展的一切思想和体制障碍,开辟了中国特色社会主义道路,使中国大踏步赶上时代。改革开放以来,我们党团结带领全国各族人民不懈奋斗,推动我国经济实力、科技实力、国防实力、综合国力进入世界前列,推动我国国际地位实现前所未有的提升,党的面貌、国家的面貌、人民的面貌、军队的面貌、中华民族的面貌发生了前所未有的变化,中华民族以崭新姿态屹立于世界的东方。因此,我们学习这一篇章,主要是学习和思考中国特色社会主义是怎样开创的,又是如何接续发展的。

　　1978年在中华人民共和国成立以来党的历史上具有深远意义。这一年党的十一届三中全会隆重召开,由此,实现了中华人民共和国成立以来我们党历史上具有深远意义的伟大转折,开启了我国改革开放历史新时期。从此,党领导全国各族人民在新的历史条件下开始了新的伟大革命。

　　党的十一届三中全会是在党和国家面临向何处去的重大历史关头召开的。1976年10月粉碎"四人帮"之后,广大干部群众强烈要求纠正"文化大革命"的错误,彻底扭转十年内乱造成的严重局势,使党和国家从危难中重新奋起。但是,这一顺应时势的愿望遇到严重阻碍,党和国家的工作在前进中出现徘徊局面。与此同时,世界经济快速发展,科技进步日新月异,国家建设百业待兴,真理标准讨论热潮涌起。国内外大势呼唤我们党尽快就关系党和国家前途命运的大政方针做出政治决断和战略抉择。

　　在邓小平同志领导下和其他老一辈革命家的支持下,党的十一届三中全会开始全面认真纠正"文化大革命"中及其以前的"左"倾错误,坚决批判了"两个凡是"的错误方针,充分肯定了必须完整、准确地掌握毛泽东思想的科学体系,高度评价了关于真理标准问题的讨论,确定了解放思想、开动脑筋、实事求是、团结一致向前看的指导方针,果断停止使用"以阶级斗争为纲"的口号,做出了把党和国家工作中心转移到经济建设上来、实行改革开放的历史性决策。

　　党的十一届三中全会标志着我们党重新确立了马克思主义的思想路线、政治路线、组织路线,标志着中国共产党人在新的时代条件下的伟大觉醒,显示了我们党顺应时代潮流和人民愿望勇敢开辟建设社会主义新路的坚强决心。在党的十一届三中全会春风吹拂下,神州大地万物复苏、生机勃发,拨乱反正全面展开,解决历史遗留问题有步骤进行,社会主义民主法制建设走上正轨,党和国家领导制度和领导体制得到健全,国家各项事业蓬勃发展。我们伟大的祖国迎来了思想的解放、经济的发展、政治的昌明、教育的勃兴、文艺的繁荣、科学的春天。党和国家又充满希望、充满活力地踏上了实现社会主义现代化的伟大征程。

新时期最鲜明的特点是改革开放。党带领人民进行改革开放,目的就是要解放和发展社会生产力,实现国家现代化,让中国人民富裕起来,振兴伟大的中华民族;就是要推动我国社会主义制度自我完善和发展,赋予社会主义新的生机活力,建设和发展中国特色社会主义;就是要在引领当代中国发展进步中加强和改进党的建设,保持和发展党的先进性,确保党始终走在时代前列。

同时我们必须正确地认识到,我们党领导人民进行社会主义建设,有改革开放前和改革开放后两个历史时期,这是两个相互联系又有重大区别的时期,但本质上都是我们党领导人民进行社会主义建设的实践探索。中国特色社会主义是在改革开放历史新时期下开创的,但也是在中华人民共和国已经建立起社会主义基本制度、并进行了20多年建设的基础上开创的。虽然这两个历史时期在进行社会主义建设的指导思想、方针政策、实际工作上有很大差别,但两者绝不是彼此割裂的,更不是根本对立的。不能用改革开放后的历史时期否定改革开放前的历史时期,也不能用改革开放前的历史时期否定改革开放后的历史时期。要坚持实事求是的思想路线,分清主流和支流,坚持真理,修正错误,发扬经验,吸取教训,在这个基础上把党和人民事业继续推向前进。

马克思主义必定随着时代、实践和科学的发展而不断发展,不可能一成不变,社会主义从来都是在开拓中前进的。坚持和发展中国特色社会主义是一篇大文章,邓小平同志为它确定了基本思路和基本原则,以江泽民同志为核心的党的第三代中央领导集体、以胡锦涛同志为总书记的党中央在这篇大文章上都写下了精彩的篇章。十八大以来,以习近平同志为核心的党中央,进行了艰苦的理论探索,形成了习近平新时代中国特色社会主义思想。系统地回答了新时代坚持和发展什么样的中国特色社会主义、怎样坚持和发展中国特色社会主义这个重大时代课题。

二、以案论史

案例1　荣盛市场:大连改革开放起步的见证者

1979年3月2日,《旅大日报》(今《大连日报》)头版《我市居民欢迎城市集市贸易》一文中提到"我市从一月中旬以来,在市内的中山区友好路、沙河口区长兴街、西岗区大同街等场所,先后开放了集市贸易,受到城市居民普遍欢迎"。

这是大连关于集市贸易最早的报道,而其中提到的中山区友好路集市贸易正是荣盛市场的前身。

第十章 中国特色社会主义的开创与接续发展

"一开始,是老百姓自发摆摊,中山区主要就集中在友好电影院旁的友好路、昆明街一带,那儿人口密集、商业氛围好,后来为了规范管理,成立了荣盛市场。"曾经做过荣盛市场工商管理工作的成立军(化名)说。据成立军介绍,当时的荣盛市场位于荣盛街,南起五惠路,北到青泥四街(即今新玛特南门),南北向的一条街全长不到150米。一开始就是马路市场,后来在两头立起了大铁门,再后来就着街道两侧的砖墙架起了玻璃钢大棚,就这样,一点点儿有了大连百姓记忆中的荣盛市场的样子。

1979年3月,辽宁省允许个体手工业和小商小贩从事个体经营,参加集市贸易。到6月底,共发放3300多个个体工商户营业执照。同年也撤销了封海禁令,允许社员赶海发展副业。

"一开始没有什么摊位,就是蹲在地上,货就放在地上、盆里,或是在桶上搭块板子。20世纪80年代初,长途贩运还被称作'投机倒把',所以在荣盛市场卖的海鲜只有一些当地人赶海得来的蚬子、波螺儿、海菜什么的,都是小海鲜产品。"据曾经报道过荣盛市场的一位老新闻工作者回忆,1979年发表的《刘作发卖切糕》的图片新闻是《旅大日报》最早报道发展个体经济的新闻之一。"那时候,人们的观念还没变过来,一提让谁自谋职业、摆摊做生意,就跟骂人家一样。"

1980年1月6日,《旅大日报》头版头条《我市市场呈现多年未有的繁荣景象》中提到的数据显示:1979年,大连城市副食品市场建立9处,1月至11月成交金额635万元。同时,社队、城镇街道兴办了400余个集体商业和服务业,还发展了个体商业劳动者数百人。

荣盛市场发展成型后大概有五六百家商户,一共6排。两排是鲜海产品,两排是干海产品,还有两排是蔬菜、水果、禽肉蛋。客户群体主要是酒店、商店、单位,同时对来大连的游客和大连市民零售。因为是大商、秋林商圈,又近火车站,所以一成立就成为大连人气最高的市场。

1980年3月17日《旅大日报》第三版中"我市市内荣盛街和长兴街两处农产品市场,春节前上市的品种有90多种,每天成交额平均达七万多元"的报道,也可以让我们一窥荣盛市场的火爆。要知道在1980年,大连市民人均工资在四五十元左右。

荣盛市场很长一段时间都是大连品质最好、品种最全的市场。"荣盛市场里的商户很固定,但果蔬区有三四十个摊位是临时的,一是为了方便农民进城,二是丰富市场的品种,白条鸡、鸡蛋、季节性水果什么的,你在别的地方想买都买不到。"成立军还讲了一个插曲:当时没有塑封机,多数的商户摊位上都有一个铁锯条和一段蜡烛,有顾客需要塑封,就用蜡烛把包装袋烫化出一条线,再用锯条一压,就算是封上了。

因为东西又好又全,所以荣盛市场也就成为全大连物价最高的市场。

李先生在20世纪90年代负责单位的采买工作,没少去荣盛市场。李先生记得清清楚楚,1995年1月,怀孕的妻子啥也不想吃,就想吃桃子,他在荣盛市场买了3个桃子,花了150元钱。当时他一个月的工资是1300元。

"当时的反季水果和现在的不一样。那时候没有大棚,交通运输也不是那么方便,所以那时候冬天里卖的西瓜、樱桃都是本地进行保鲜储存的,成本很高。那时候樱桃冬天也要卖一二百元钱。"成立军笑着说:"我1987年去的荣盛市场工作,工资是47元,可当时荣盛市场的螃蟹1斤要2.5元,吃不起啊!可东西真叫一个好!"

荣盛市场夏天早上6时开门,晚上8时关门,主要经营有大连特色的地产产品,并在建立之初就设了公平秤,后来,为了方便市民使用,于1988年安了全市第一台电子公平秤。平时人就多,一到三大节("五一""十一"、春节)的时候,市场里人挤人、人推人,都走不动道儿。

无论从产品、地脚还是人气、口碑,荣盛市场都作为当时大连的一张名片,成为大连最忙碌的一个外事接待单位。

"上级领导来,要看;外宾来,也要看,是参观视察大连必到的地方。"成立军说:"旅游季节的时候,你就看吧,那旅游大巴一天好几波。"

开始的时候,一有人来参观就用大喇叭广播,后来荣盛市场进行了改革,录制了迎宾曲,伴着音乐介绍荣盛市场,还对商户进行了培训,只要一听到迎宾曲,商户们就像接到命令一样忙叨起来,该擦的擦、该摆的摆,再把自己摊位前后的地方收拾干净,让整个荣盛市场能在最短的时间里,以最好的形象迎接来客。

为了展现好的精神面貌,市场还给商户统一了服装,根据工作性质分发了白色和黄色的卡其布工作服大褂。

1989年,荣盛市场第一个获得了全国文明农贸市场的称号。

1996年,大连市统一规划"马路市场退路进厅",荣盛市场作为大连市政府重点工程,由街面经营转为地下经营,2004年被批准为"农业部定点市场"。

资料来源:大连日报,2017-05-10(A11)

【请你思考】

1. 在大连生活和求学的你知道荣盛市场吗?请你亲自去荣盛市场感受一下,还能不能寻觅到当年的影子。

2. "个体户"是从20世纪80年代初期在中国出现的一个群体。这批人被当时"吃国家粮"之类的观念所排斥,最初只做一些小营生,依靠吃苦耐劳走出自己的致富路,走出个体经济发展的一条新路。根据案例和自己生活请你谈谈,改革开放是如何改变了中国人的生活,进而改变了中国的面貌的。

案例2　大连:开放扬起东北振兴龙头

"大连生于国际化、成长于国际化、壮大于国际化,开放是大连最大的优势、最大的潜力、最大的特色。"2018年9月下旬的一天,大连市委举办了一场以纪念改革开放40周年为主题的座谈会,与会者无论作为改革开放40年的亲历者还是见证者,都认为开放对大连经济社会发展的重要作用不可替代。

改革开放40年,大连以开放带发展、以开放促改革、以开放谋振兴。时至今日,开放仍是大连实现经济社会高质量发展的重要命题。

第十章　中国特色社会主义的开创与接续发展

开放引领高速增长

1984年,中国第一个经济技术开发区在辽宁省大连市成立。同年,大连被确定为全国首批沿海开放城市之一。大连被赋予一系列引进外资的优惠政策,成为我国北方地区对外开放的重要窗口,开启经济快速增长的步伐。在被视为大连改革开放第一阶段的1978年至1984年的6年间,大连经济总量增长近50%。

1984年至1992年是大连改革开放第二个阶段。其间,大连被国家列为计划单列城市和经济体制综合改革试点城市。8年间,大连的经济总量增长了3倍。

1992年,大连市委提出"跳出大连看大连""远学深圳,近学胶东",转变计划经济条件下形成的传统观念,树立与市场经济相适应的新观念,发展质量和效益明显提高。1992年至2012年的20年间,大连经济总量由1992年的270.6亿元增长到2012年的7002.8亿元,增长了近25倍,是1978年的166倍。

党的十八大以来,大连全面贯彻新发展理念,落实东北地区等老工业基地振兴战略,全面深化改革向深层次推进,全面扩大开放向宽领域拓展。2017年,全市经济总量达到7363.9亿元,在东北地区城市中位列第一。

在引进外资方面,大连坚持引资、引智、引技相结合,外资主要投向高科技含量的装备制造业、新兴服务业等重点行业,英特尔非易失性存储器、大众汽车自动变速器、松下电器冷机系统等先进制造业项目和欧力士、IBM、柏威年等现代服务业外资项目相继落户。到2018年,全市已有114家世界500强企业在大连投资了267个项目,为大连经济高质量发展提供了强大的动力。

开放促进深化改革

2001年12月,普通农民苍峰成为新《商标法》实施后大连注册个人商标的第一人。"仅仅从一个商标,你就能看到改革开放给人们思想观念带来的变化",苍峰说。2006年,苍峰又创办了自己的商标事务所,已累计完成商标注册过万件。

开放理念处处融入大连的各项深化改革之中。大连市委政研室相关负责人认为,在40年改革开放历史征程中,作为全国首批沿海开放城市、东北地区对外开放的龙头,大连大力推进改革开放,留下了一串串坚实的改革开放足印,走出一条以开放促改革之路。

对于"放管服"改革,大连提出要对标国际一流营商环境,先后14批次精简行政职权1824项,将行政审批时间压缩69.2%,聚焦主要领域,让群众满意、客商满意、企业满意。在此基础上,2017年,大连再度取消调整行政职权149项。行政审批时限压缩至国家规定时限的38%,实现网上审批事项达70%以上。

2018年,新启动的全国首创保税混矿、归类尊重先例、口岸"三互"大通关等改革,在大连自贸片区完成。作为大连对外开放的窗口和改革创新的前沿阵地,大连自贸片区一项项改革成果正不断出炉。"自贸区速度"让企业登记由"一日办结"提速为"即时办结",投资、注册、纳税、通关等"一站式"服务也成为现实。2017年,大连自贸片区挂牌运营当年,区域内新增企业5456户,注册资本达696.8亿元。

开放带动东北振兴

从大连港出发,走铁路穿过东北腹地,再由满洲里等口岸出境,一路向西抵达众多欧洲城市,这是大连港近几年新开辟的国际运输通道,这些大通道将大连与众多欧洲城市连接起来的同时,推动了我国境内基础设施和物流体系建设等项目建设,带动着东北地区一批城市的发展。

开放,不仅推动大连经济高质量发展,更让大连成为东北振兴的龙头。2017年,大连完成外贸进出口总额4132.2亿元,占辽宁省的61.1%、东北三省的44.6%。从东北振兴国家战略实施,到新一轮"老工业基地全面振兴"工作部署,大连成为东北振兴的核心和龙头地带。

2009年,辽宁沿海经济带开发开放纳入国家战略,这为老工业基地振兴发展注入强大动力。大连不断发挥在辽宁沿海经济带一体化发展中的核心地位和龙头作用,以全新的开放姿态建立健全合作机制、开展港口间合作、推动产业融合发展、开展重点园区合作等方式,形成了梯度分工合理、战略合作各展所长的经济格局。

2017年,大连开放的前沿阵地——19个沿海经济带重点园区——以全市12%的面积,创造了对大连全市经济增长50%以上的贡献率,固定资产投资等主要指标占辽宁沿海经济带60%以上,成为大连经济发展的"顶梁柱"和辽宁沿海经济带开发开放的排头兵。

改革开放40载,大连仍是那个爱拼敢赢的"少年",一直走在中国对外开放的前沿。进入新时代,这座城市充满着青春活力。

资料来源:经济日报,2018-10-10(01)

【请你思考】

1. 结合大连改革开放40年的显著成就,请你谈谈对"改革开放是决定中国命运的关键抉择"这一论断的认识。

2. 习近平在2019年新年贺词中说:"我们改革的脚步不会停滞,开放的大门只会越开越大。"结合案例请你谈谈对于中国开放发展战略的认识。

三、经典精读

解放思想,实事求是,团结一致向前看

同志们:

这次会议开了一个多月了,就要结束了。中央提出了把全党工作的重心转到实现四个现代化上来的根本指导方针,解决了过去遗留下来的一系列重大问题,必将使全党、全军和全国各族人民提高斗志,增强信心,加强团结。现在,我们可以有把握地说,全党、全军和全国各族人民在党中央的正确领导下,在新的长征中,一定会不断取得新的胜利。

这次会议开得很好，很成功，在党的历史上有重要意义。我们党多年以来没有开过这样的会了，这一次恢复和发扬了党的民主传统，开得生动活泼。我们要把这种风气扩大到全党、全军和全国各族人民中去。

这次会议讨论和解决了许多有关党和国家命运的重大问题。大家敞开思想，畅所欲言，敢于讲心里话，讲实在话。大家能够积极地开展批评，包括对中央工作的批评，把意见摆在桌面上。一些同志也程度不同地进行了自我批评。这些都是党内生活的伟大进步，对于党和人民的事业将起巨大的促进作用。

今天，我主要讲一个问题，就是解放思想，开动脑筋，实事求是，团结一致向前看。

一、解放思想是当前的一个重大政治问题

解放思想，开动脑筋，实事求是，团结一致向前看，首先是解放思想。只有思想解放了，我们才能正确地以马列主义、毛泽东思想为指导，解决过去遗留的问题，解决新出现的一系列问题，正确地改革同生产力迅速发展不相适应的生产关系和上层建筑，根据我国的实际情况，确定实现四个现代化的具体道路、方针、方法和措施。

在我们的干部特别是领导干部中间，解放思想这个问题并没有完全解决。不少同志的思想还很不解放，脑筋还没有开动起来，也可以说，还处在僵化或半僵化的状态。这并不是因为他们不是好同志。这种状态是在一定历史条件下形成的。

一是因为十多年来，林彪、"四人帮"大搞禁区、禁令，制造迷信，把人们的思想封闭在他们假马克思主义的禁锢圈内，不准越雷池一步。否则，就要追查，就要扣帽子、打棍子。在这种情况下，一些人就只好不去开动脑筋，不去想问题了。

二是因为民主集中制受到破坏，党内确实存在权力过分集中的官僚主义。这种官僚主义常常以"党的领导""党的指示""党的利益""党的纪律"的面貌出现，这是真正的管、卡、压。许多重大问题往往是一两个人说了算，别人只能奉命行事。这样，大家就什么问题都用不着思考了。

三是因为是非功过不清，赏罚不明，干和不干一个样，甚至干得好的反而受打击，什么事不干，四平八稳的，却成了"不倒翁"。在这种不成文法底下，人们就不愿意去动脑筋了。

四是因为小生产的习惯势力还在影响着人们。这种习惯势力的一个显著特点，就是因循守旧，安于现状，不求发展，不求进步，不愿接受新事物。

思想不解放，思想僵化，很多的怪现象就产生了。

思想一僵化，条条、框框就多起来了。比如说，加强党的领导，变成了党去包办一切、干预一切；实行一元化领导，变成了党政不分、以党代政；坚持中央的统一领导，变成了"一切统一口径"。违反中央政策根本原则的"土政策"要反对，但是也有的"土政策"确是从实际出发的，是得到群众拥护的。这些正确政策现在往往也受到指责，因为它"不合统一口径"。

思想一僵化，随风倒的现象就多起来了。不讲党性，不讲原则，说话做事看来头、看风向，满以为这样不会犯错误。其实随风倒本身就是一个违反共产党员党性的大

错误。独立思考，敢想、敢说、敢做，固然也难免犯错误，但那是错在明处，容易纠正。

思想一僵化，不从实际出发的本本主义也就严重起来了。书上没有的，文件上没有的，领导人没有讲过的，就不敢多说一句话，多做一件事，一切照抄照搬照转。把对上级负责和对人民负责对立起来。

不打破思想僵化，不大大解放干部和群众的思想，四个现代化就没有希望。

目前进行的关于实践是检验真理的唯一标准问题的讨论，实际上也是要不要解放思想的争论。大家认为进行这个争论很有必要，意义很大。从争论的情况来看，越看越重要。一个党，一个国家，一个民族，如果一切从本本出发，思想僵化，迷信盛行，那它就不能前进，它的生机就停止了，就要亡党亡国。这是毛泽东同志在整风运动中反复讲过的。只有解放思想，坚持实事求是，一切从实际出发，理论联系实际，我们的社会主义现代化建设才能顺利进行，我们党的马列主义、毛泽东思想的理论也才能顺利发展。从这个意义上说，关于真理标准问题的争论，的确是个思想路线问题，是个政治问题，是个关系到党和国家的前途和命运的问题。

实事求是，是无产阶级世界观的基础，是马克思主义的思想基础。过去我们搞革命所取得的一切胜利，是靠实事求是；现在我们要实现四个现代化，同样要靠实事求是。不但中央、省委、地委、县委、公社党委，就是一个工厂、一个机关、一个学校、一个商店、一个生产队，也都要实事求是，都要解放思想，开动脑筋想问题、办事情。

在党内和人民群众中，肯动脑筋、肯想问题的人愈多，对我们的事业就愈有利。干革命、搞建设，都要有一批勇于思考、勇于探索、勇于创新的闯将。没有这样一大批闯将，我们就无法摆脱贫穷落后的状况，就无法赶上更谈不到超过国际先进水平。我们希望各级党委和每个党支部，都来鼓励、支持党员和群众勇于思考、勇于探索、勇于创新，都来做促进群众解放思想、开动脑筋的工作。

二、民主是解放思想的重要条件

解放思想，开动脑筋，一个十分重要的条件就是要真正实行无产阶级的民主集中制。我们需要集中统一的领导，但是必须有充分的民主，才能做到正确的集中。

当前这个时期，特别需要强调民主。因为在过去一个相当长的时间内，民主集中制没有真正实行，离开民主讲集中，民主太少。现在敢出来说话的，还是少数先进分子。我们这次会议先进分子多一点，但就全党、全国来看，许多人还不是那么敢讲话。好的意见不那么敢讲，对坏人坏事不那么敢反对，这种状况不改变，怎么能叫大家解放思想，开动脑筋？四个现代化怎么化法？

我们要创造民主的条件，要重申"三不主义"：不抓辫子，不扣帽子，不打棍子。在党内和人民内部的政治生活中，只能采取民主手段，不能采取压制、打击的手段。宪法和党章规定的公民权利、党员权利、党委委员的权利，必须坚决保障，任何人不得侵犯。

前几天对天安门事件进行了平反，全国各族人民欢欣鼓舞，大大激发了人民群众的社会主义积极性。群众提了些意见应该允许，即使有个别心怀不满的人，想利用民

第十章　中国特色社会主义的开创与接续发展

主闹一点事,也没有什么可怕。要处理得当,要相信绝大多数群众有判断是非的能力。一个革命政党,就怕听不到人民的声音,最可怕的是鸦雀无声。现在党内外小道消息很多,真真假假,这是对长期缺乏政治民主的一种惩罚。有了又有集中又有民主,又有纪律又有自由,又有统一意志、又有个人心情舒畅、生动活泼的政治局面,小道消息就少了,无政府主义就比较容易克服。我们相信,我们的人民是顾大局、识大体、守纪律的。我们各级领导干部,特别是高级干部,也要注意严格遵守党的纪律,保守党的秘密,不要搞那些小道消息和手抄本之类的东西。

人民群众提出的意见,当然有对的,也有不对的,要进行分析。党的领导就是要善于集中人民群众的正确意见,对不正确的意见给以适当解释。对于思想问题,无论如何不能用压服的办法,要真正实行"双百"方针。一听到群众有一点议论,尤其是尖锐一点的议论,就要追查所谓"政治背景"、所谓"政治谣言",就要立案,进行打击压制,这种恶劣作风必须坚决制止。毛泽东同志历来说,这种状况实际上是软弱的表现,是神经衰弱的表现。我们的各级领导,无论如何不要造成同群众对立的局面。这是一个必须坚持的原则。我们的国家还有极少数的反革命分子,当然不能对他们丧失警惕。

我想着重讲讲发扬经济民主的问题。现在我国的经济管理体制权力过于集中,应该有计划地大胆下放,否则不利于充分发挥国家、地方、企业和劳动者个人四个方面的积极性,也不利于实行现代化的经济管理和提高劳动生产率。应该让地方和企业、生产队有更多的经营管理的自主权。我国有这么多省、市、自治区,一个中等的省相当于欧洲的一个大国,有必要在统一认识、统一政策、统一计划、统一指挥、统一行动之下,在经济计划和财政、外贸等方面给予更多的自主权。

当前最迫切的是扩大厂矿企业和生产队的自主权,使每一个工厂和生产队能够千方百计地发挥主动创造精神。一个生产队有了经营自主权,一小块地没有种上东西,一小片水面没有利用起来搞养殖业,社员和干部就要睡不着觉,就要开动脑筋想办法。全国几十万个企业,几百万个生产队都开动脑筋,能够增加多少财富啊!为国家创造财富多,个人的收入就应该多一些,集体福利就应该搞得好一些。不讲多劳多得,不重视物质利益,对少数先进分子可以,对广大群众不行,一段时间可以,长期不行。革命精神是非常宝贵的,没有革命精神就没有革命行动。但是,革命是在物质利益的基础上产生的,如果只讲牺牲精神,不讲物质利益,那就是唯心论。

同样,要切实保障工人农民个人的民主权利,包括民主选举、民主管理和民主监督。不但应该使每个车间主任、生产队长对生产负责任、想办法,而且一定要使每个工人农民都对生产负责任、想办法。

为了保障人民民主,必须加强法制。必须使民主制度化、法律化,使这种制度和法律不因领导人的改变而改变,不因领导人的看法和注意力的改变而改变。现在的问题是法律很不完备,很多法律还没有制定出来。往往把领导人说的话当做"法",不赞成领导人说的话就叫做"违法",领导人的话改变了,"法"也就跟着改变。所以,应该集中力量制定刑法、民法、诉讼法和其他各种必要的法律,例如工厂法、人民公社法、森林法、草原法、环境保护法、劳动法、外国人投资法等等,经过一定的民主程序讨论通过,并且加强检察机关和司法机关,做到有法可依,有法必依,执法必严,违法必究。国家和企业、企业和企业、企业和个人等等之间的关系,也要用法律的形式来确定;它们之间的矛盾,也有不少要通过法律来解决。现在立法的工作量很大,人力很不够,因此法律条文开始可以粗一点,逐步完善。有的法规地方可以先试搞,然后经过总结提高,制定全国通行的法律。修改补充法律,成熟一条就修改补充一条,不要等待"成套设备"。总之,有比没有好,快搞比慢搞好。此外,我们还要大力加强对国际法的研究。

国要有国法,党要有党规党法。党章是最根本的党规党法。没有党规党法,国法就很难保障。各级纪律检查委员会和组织部门的任务不只是处理案件,更重要的是维护党规党法,切实把我们的党风搞好。对于违反党纪的,不管是什么人,都要执行纪律,做到功过分明,赏罚分明,伸张正气,打击邪气。

三、处理遗留问题为的是向前看

这次会议,解决了一些过去遗留下来的问题,分清了一些人的功过,纠正了一批重大的冤案、错案、假案。这是解放思想的需要,也是安定团结的需要。目的正是为了向前看,正是为了顺利实现全党工作重心的转变。

我们的原则是"有错必纠"。凡是过去搞错了的东西,统统应该改正。有的问题不能够一下子解决,要放到会后去继续解决。但是要尽快实事求是地解决,干脆利落地解决,不要拖泥带水。对过去遗留的问题,应当解决好。不解决不好,犯错误的同志不做自我批评不好,对他们不作适当的处理不好。但是,不可能也不应该要求解决得十分完满。要大处着眼,可以粗一点,每个细节都弄清不可能,也不必要。

安定团结十分重要。加强全国各族人民的团结,首先要加强全党的团结,特别是要加强党的领导核心的团结。我们党的团结,是建立在马列主义、毛泽东思想基础上的团结。党内要分清理论是非、路线是非,要开展批评和自我批评,互相帮助,互相监督,克服各种错误思想。

对于犯错误的同志,要促进他们自己总结经验教训,认识和改正错误。要给他们考虑思索的时间。在大是大非问题上有了认识,检讨了,就要表示欢迎。对于人的处理要十分慎重。对过去的错误,处理可宽可严的,可以从宽;对今后发生的问题,要严些。对一般党员处理要宽些,对领导干部要严些,特别是对高级干部要更严些。

今后选拔干部要严格。对于那些搞打砸抢的、帮派思想严重的、出卖灵魂陷害同志的、连党的最关紧要的利益都不顾的人,决不能重用。对于看风使舵、找靠山、不讲党的原则的人,也不能轻易信任,要警惕,要教育,要促使他们改造世界观。

最近国际国内都很关心我们对毛泽东同志和对"文化大革命"的评价问题。毛泽东同志在长期革命斗争中立下的伟大功勋是永远不可磨灭的。回想在一九二七年革命失败以后,如果没有毛泽东同志的卓越领导,中国革命有极大的可能到现在还没有胜利，那样，中国各族人民就还处在帝国主义、封建主义、官僚资本主义的反动统治之下，我们党就还在黑暗中苦斗。所以说没有毛主席就没有新中国，这丝毫不是什么夸张。毛泽东思想培育了我们整整一代人。我们在座的同志，可以说都是毛泽东思想教导出来的。没有毛泽东思想，就没有今天的中国共产党，这也丝毫不是什么夸张。毛泽东思想永远是我们全党、全军、全国各族人民的最宝贵的精神财富。我们要完整地准确地理解和掌握毛泽东思想的科学原理，并在新的历史条件下加以发展。当然，毛泽东同志不是没有缺点、错误的，要求一个革命领袖没有缺点、错误，那不是马克思主义。我们要领导和教育全体党员、全军指战员、全国各族人民科学地历史地认识毛泽东同志的伟大功绩。

关于文化大革命，也应该科学地历史地来看。毛泽东同志发动这样一次大革命，主要是从反修防修的要求出发的。至于在实际过程中发生的缺点、错误，适当的时候作为经验教训总结一下，这对统一全党的认识，是需要的。"文化大革命"已经成为我国社会主义历史发展中的一个阶段，总要总结，但是不必匆忙去做。要对这样一个历史阶段做出科学的评价，需要做认真的研究工作，有些事要经过更长一点的时间才能充分理解和作出评价，那时再来说明这一段历史，可能会比我们今天说得更好。

四、研究新情况，解决新问题

要向前看，就要及时地研究新情况和解决新问题，否则我们就不可能顺利前进。各方面的新情况都要研究，各方面的新问题都要解决，尤其要注意研究和解决管理方法、管理制度、经济政策这三方面的问题。

在管理方法上，当前要特别注意克服官僚主义。

官僚主义是小生产的产物，同社会化的大生产是根本不相容的。要搞四个现代化，把社会主义经济全面地转到大生产的技术基础上来，非克服官僚主义这个祸害不可。现在，我们的经济管理工作，机构臃肿，层次重叠，手续繁杂，效率极低。政治的空谈往往淹没一切。这并不是哪一些同志的责任，责任在于我们过去没有及时提出改革。但是如果现在再不实行改革，我们的现代化事业和社会主义事业就会被葬送。

我们要学会用经济方法管理经济。自己不懂就要向懂行的人学习，向外国的先进管理方法学习。不仅新引进的企业要按人家的先进方法去办，原有企业的改造也要采用先进的方法。在全国的统一方案拿出来以前，可以先从局部做起，从一个地区、一个行业做起，逐步推开。中央各部门要允许和鼓励它们进行这种试验。试验中间会出现各种矛盾，我们要及时发现和克服这些矛盾。这样我们才能进步得比较快。

今后，政治路线已经解决了，看一个经济部门的党委善不善于领导，领导得好不好，应该主要看这个经济部门实行了先进的管理方法没有，技术革新进行得怎么样，劳动生产率提高了多少，利润增长了多少，劳动者的个人收入和集体福利增加了多少。各条战线的各级党委的领导，也都要用类似这样的标准来衡量。这就是今后主要的政治。离开这个主要的内容，政治就变成空头政治，就离开了党和人民的最大利益。

在管理制度上,当前要特别注意加强责任制。

现在,各地的企业事业单位中,党和国家的各级机关中,一个很大的问题就是无人负责。名曰集体负责,实际上等于无人负责。一项工作布置之后,落实了没有,无人过问,结果好坏,谁也不管。所以急需建立严格的责任制。列宁说过:"借口集体领导而无人负责,是最危险的祸害","这种祸害无论如何要不顾一切地尽量迅速地予以根除"。任何一项任务、一个建设项目,都要实行定任务、定人员、定数量、定质量、定时间等几定制度。例如,引进技术设备,引进什么项目,从哪里引进,引进到什么地方,什么人参加工作,都要具体定下来。引进项目要有几定,原有企业也要有几定。现在打屁股只能打计委、党委,这不解决问题,还必须打到具体人的身上才行。同样,奖励也必须奖到具体的集体和个人才行。我们在实行党委领导下的厂长负责制的时候,要切实做到职责分明。

要使责任制真正发挥作用,必须采取以下几方面的措施:

一要扩大管理人员的权限。责任到人就要权力到人。当厂长的、当工程师的、当技术员的、当会计出纳的,各有各的责任,也各有各的权力,别人不能侵犯。只交责任,不交权力,责任制非落空不可。

二要善于选用人员,量才授予职责。要发现专家,培养专家,重用专家,提高各种专家的政治地位和物质待遇。用人的政治标准是什么?为人民造福,为发展生产力、为社会主义事业作出积极贡献,这就是主要的政治标准。

三要严格考核,赏罚分明。所有的企业、学校、研究单位、机关,都要有对工作的评比和考核,要有学术职称、技术职称和荣誉称号。要根据工作成绩的大小、好坏,有赏有罚,有升有降。而且,这种赏罚、升降必须同物质利益联系起来。

总之,要通过加强责任制,通过赏罚严明,在各条战线上形成你追我赶、争当先进、奋发向上的风气。

在经济政策上,我认为要允许一部分地区、一部分企业、一部分工人农民,由于辛勤努力成绩大而收入先多一些,生活先好起来。一部分人生活先好起来,就必然产生极大的示范力量,影响左邻右舍,带动其他地区、其他单位的人们向他们学习。这样,就会使整个国民经济不断地波浪式地向前发展,使全国各族人民都能比较快地富裕起来。

当然,在西北、西南和其他一些地区,那里的生产和群众生活还很困难,国家应当从各方面给以帮助,特别要从物质上给以有力的支持。

这是一个大政策,一个能够影响和带动整个国民经济的政策,建议同志们认真加以考虑和研究。

在实现四个现代化的进程中,必然会出现许多我们不熟悉的、预想不到的新情况和新问题。尤其是生产关系和上层建筑的改革,不会是一帆风顺的,它涉及的面很广,涉及一大批人的切身利益,一定会出现各种各样的复杂情况和问题,一定会遇到重重障碍。例如,企业的改组,就会发生人员的去留问题;国家机关的改革,相当一部分工作人员要转做别的工作,有些人就会有意见,等等。这些问题很快就要出现,对此我们必须有足够的思想准备。要教育党员和群众以大局为重,以党和国家的整体利益为重。我们应当充满信心。只要我们信任群众,走群众路线,把情况和问题向群众讲明白,任何问题都可以解决,任何障碍都可以排除。随着经济的发展,路子会越走越宽,人们会各得其所。这是毫无疑义的。

实现四个现代化是一场深刻的伟大的革命。在这场伟大的革命中,我们是在不断地解决新的矛盾中前进的。因此,全党同志一定要善于学习,善于重新学习。

全国胜利前夕,毛泽东同志号召全党重新学习。那一次我们学得不坏,进城以后,很快恢复了经济,成功地完成了社会主义改造。这些年来,应当承认学得不好。主要的精力放到政治运动上去了,建设的本领没有学好,建设没有上去,政治也发生了严重的曲折。现在要搞现代化建设,就更加不懂了。所以全党必须再重新进行一次学习。

学习什么?根本的是要学习马列主义、毛泽东思想,要努力把马克思主义的普遍原则同我国实现四个现代化的具体实践结合起来。当前大多数干部还要着重抓紧三个方面的学习:一个是学经济学,一个是学科学技术,一个是学管理。学习好,才可能领导好高速度、高水平的社会主义现代化建设。从实践中学,从书本上学,从自己和人家的经验教训中学。要克服保守主义和本本主义。几百个中央委员,几千个中央和地方的高级干部,要带头钻研现代化经济建设。

只要我们大家团结一致,同心同德,解放思想,开动脑筋,学会原来不懂的东西,我们就一定能够加快新长征的步伐。让我们在党中央和国务院的领导下,为改变我国的落后面貌,把我国建成现代化的社会主义强国而奋勇前进!

资料来源:邓小平.解放思想,实事求是,团结一致向前看//邓小平文选:第二卷.北京:人民出版社,1983:140-153

邓小平:在武昌、深圳、珠海、上海等地的谈话要点

(一)

一九八四年我来过广东。当时,农村改革搞了几年,城市改革刚开始,经济特区才起步。八年过去了,这次来看,深圳、珠海特区和其他一些地方,发展得这么快,我没有想到。看了以后,信心增加了。

革命是解放生产力,改革也是解放生产力。推翻帝国主义、封建主义、官僚资本主义的反动统治,使中国人民的生产力获得解放,这是革命,所以革命是解放生产力。社会主义基本制度确立以后,还要从根本上改变束缚生产力发展的经济体制,建立起充满生机和活力的社会主义经济体制,促进生产力的发展,这是改革,所以改革也是解放生产力。过去,只讲在社会主义条件下发展生产力,没有讲还要通过改革解放生产力,不完全。应该把解放生产力和发展生产力两个讲全了。

要坚持党的十一届三中全会以来的路线、方针、政策,关键是坚持"一个中心、两

个基本点"。不坚持社会主义,不改革开放,不发展经济,不改善人民生活,只能是死路一条。基本路线要管一百年,动摇不得。只有坚持这条路线,人民才会相信你,拥护你。谁要改变三中全会以来的路线、方针、政策,老百姓不答应,谁就会被打倒。这一点,我讲过几次。如果没有改革开放的成果,"六·四"这个关我们闯不过,闯不过就乱,乱就打内战,"文化大革命"就是内战。为什么"六·四"以后我们的国家能够很稳定?就是因为我们搞了改革开放,促进了经济发展,人民生活得到了改善。所以,军队、国家政权,都要维护这条道路、这个制度、这些政策。

在这短短的十几年内,我们国家发展得这么快,使人民高兴,世界瞩目,这就足以证明三中全会以来路线、方针、政策的正确性,谁想变也变不了。说过去说过来,就是一句话,坚持这个路线、方针、政策不变。改革开放以来,我们立的章程并不少,而且是全方位的。经济、政治、科技、教育、文化、军事、外交等各个方面都有明确的方针和政策,而且有准确的表述语言。这次十三届八中全会开得好,肯定农村家庭联产承包责任制不变。一变就人心不安,人们就会说中央的政策变了。农村改革初期,安徽出了个"傻子瓜子"问题。当时许多人不舒服,说他赚了一百万,主张动他。我说不能动,一动人们就会说政策变了,得不偿失。像这一类的问题还有不少,如果处理不当,就很容易动摇我们的方针,影响改革的全局。城乡改革的基本政策,一定要长期保持稳定。当然,随着实践的发展,该完善的完善,该修补的修补,但总的要坚定不移。即使没有新的主意也可以,就是不要变,不要使人们感到政策变了。有了这一条,中国就大有希望。

(二)

改革开放胆子要大一些,敢于试验,不能像小脚女人一样。看准了的,就大胆地试,大胆地闯。深圳的重要经验就是敢闯。没有一点闯的精神,没有一点"冒"的精神,没有一股气呀、劲呀,就走不出一条好路,走不出一条新路,就干不出新的事业。不冒点风险,办什么事情都有百分之百的把握,万无一失,谁敢说这样的话?一开始就自以为是,认为百分之百正确,没那么回事,我就从来没有那么认为。每年领导层都要总结经验,对的就坚持,不对的赶快改,新问题出来抓紧解决。恐怕再有三十年的时间,我们才会在各方面形成一整套更加成熟、更加定型的制度。在这个制度下的方针、政策,也将更加定型化。现在建设中国式的社会主义,经验一天比一天丰富。经验很多,从各省的报刊材料看,都有自己的特色。这样好嘛,就是要有创造性。

改革开放迈不开步子,不敢闯,说来说去就是怕资本主义的东西多了,走了资本主义道路。要害是姓"资"还是姓"社"的问题。判断的标准,应该主要看是否有利于发展社会主义社会的生产力,是否有利于增强社会主义国家的综合国力,是否有利于提高人民的生活水平。对办特区,从一开始就有不同意见,担心是不是搞资本主义。深圳的建设成就,明确回答了那些有这样那样担心的人。特区姓"社"不姓"资"。从深圳的情况看,公有制是主体,外商投资只占四分之一,就是外资部分,我们还可以从税收、劳务等方面得到益处嘛!多搞点"三资"企业,不要怕。只要我们头脑清醒,就不怕。我们有优势,有国营大中型企业,有乡镇企业,更重要的是政权在我们手里。有的人认为,多一分外资,就多一分资本主义,"三资"企业多了,就是资本主义的东西多了,就是发展了资本主义。这些人连基本常识都没有。我国现阶段的"三资"企业,按照现行的法规政策,外商总是要赚一些钱。但是,国家还要拿回税收,工人还要拿回工资,我们还可以学习技术和管理,还可以得到信息、打开市场。因此,"三资"企业受到我国整个政治、经济条件的制约,是社会主义经济的有益补充,归根到底是有利于社会主义的。

计划多一点还是市场多一点,不是社会主义与资本主义的本质区别。计划经济不等于社会主义,资本主义也有计划;市场经济不等于资本主义,社会主义也有市场。计划和市场都是经济手段。社会主义的本质,是解放生产力,发展生产力,消灭剥削,消除两极分化,最终达到共同富裕。就是要对大家讲这个道理。证券、股市,这些东西究竟好不好,有没有危险,是不是资本主义独有的东西,社会主义能不能用?允许看,但要坚决地试。看对了,搞一两年对了,放开;错了,纠正,关了就是了。关,也可以快关,也可以慢关,也可以留一点尾巴。怕什么,坚持这种态度就不要紧,就不会犯大错误。总之,社会主义要赢得与资本主义相比较的优势,就必须大胆吸收和借鉴人类社会创造的一切文明成果,吸收和借鉴当今世界各国包括资本主义发达国家的一切反映现代社会化生产规律的先进经营方式、管理方法。

走社会主义道路,就是要逐步实现共同富裕。共同富裕的构想是这样提出的:一部分地区有条件先发展起来,一部分地区发展慢点,先发展起来的地区带动后发展的地区,最终达到共同富裕。如果富的愈来愈富,穷的愈来愈穷,两极分化就会产生,而社会主义制度就应该而且能够避免两极分化。解决的办法之一,就是先富起来的地区多交点利税,支持贫困地区的发展。当然,太早这样办也不行,现在不能削弱发达地区的活力,也不能鼓励吃"大锅饭"。什么时候突出地提出和解决这个问题,在什么基础上提出和解决这个问题,要研究。可以设想,在本世纪末达到小康水平的时候,就要突出地提出和解决这个问题。到那个时候,发达地区要继续发展,并通过多交利税和技术转让等方式大力支持不发达地区。不发达地区又大都是拥有丰富资源的地区,发展潜力是很大的。总之,就全国范围来说,我们一定能够逐步顺利解决沿海同内地贫富差距的问题。

对改革开放,一开始就有不同意见,这是正常的。不只是经济特区问题,更大的问题是农村改革,搞农村家庭联产承包,废除人民公社制度。开始的时候只有三分之一的省干起来,第二年超过三分之二,第三年才差不多全部跟上,这是就全国范围讲的。开始搞并不踊跃呀,好多人在看。我们的政策就是允许看。允许看,比强制好得多。我们推行三中全会以来的路线、方针、政策,不搞强迫,不搞运动,愿意干就干,干多少是多少,这样慢慢就跟上来了。不搞争论,是我的一个发明。不争论,是为了争取时间干。一争论就复杂了,把时间都争掉了,什么也干不成。不争论,大胆地试,大胆地闯。农村改革是如此,城市改革也应如此。

现在,有右的东西影响我们,也有"左"的东西影响我们,但根深蒂固的还是"左"的东西。有些理论家、政治家,拿大帽子吓唬人的,不是右,而是"左"。"左"带有革命的色彩,好像越"左"越革命。"左"的东西在我们党的历史上可怕呀!一个好好的东西,一下子被他搞掉了。右可以葬送社会主义,"左"也可以葬送社会主义。中国要警惕右,但主要是防止"左"。右的东西有,动乱就是右的!"左"的东西也有。把改革开放说成是引进和发展资本主义,认为和平演变的主要危险来自经济领域,这些就是"左"。我们必须保持清醒的头脑,这样就不会犯大错误,出现问题也容易纠正和改正。

……

——邓小平.在武昌、深圳、珠海、上海等地的谈话要点.邓小平文选:第三卷.北京:人民出版社,1993:370-383

四、实训指导

(一)单项选择题(请在每小题的四个选择项中,选出一个正确答案。)

1. 1976年"文化大革命"结束后,造成党和国家的工作在徘徊中前进局面的根源在于( )。
   A."阶级斗争为纲"的错误方针　　B."批林批孔"的错误方针
   C."反击右倾翻案风"的错误方针　　D."两个凡是"的错误方针

2. 1978年在我国出现的一场马克思主义思想解放运动是( )。
   A.社会主义教育运动
   B.揭批"四人帮"运动
   C.关于真理标准问题的大讨论
   D.关于计划经济和市场经济的大讨论

3. 新中国成立以来党的历史上具有深远意义的伟大转折的标志是( )。
   A.中共十一届三中全会的召开　　B.中共十一届六中全会的召开
   C.中共十二届三中全会的召开　　D.中共十二届六中全会的召开

4. 1978年,中国共产党重新确立马克思主义实事求是思想路线的会议是( )。
   A.中共十一届三中全会　　B.中共十一届六中全会
   C.中共十二届三中全会　　D.中共十二届六中全会

5. 1979年3月,邓小平明确提出坚持"四项基本原则"是在( )。
   A.中央工作会议　　B.中共十一届三中全会
   C.中央理论工作务虚会　　D.中共十二届六中全会

6. 中共十一届三中全会后,中国农村在经济体制改革中推行的制度是( )。
   A.个体经营制度　　B.互助合作制度
   C.家庭联产承包责任制度　　D.生产队为基础的集体经营制度

7. 我国经济体制改革转向以城市为重点全面展开的标志是( )。

A.《关于经济体制改革的决定》的实施

B.《关于科学技术体制改革的决定》的实施

C.《关于教育体制改革的决定》的实施

D.《政治体制改革总体设想》的实施

8. 1987年召开的中共十三大比较系统地阐述了(　　)。
   A.社会主义商品经济理论　　　B.社会主义初级阶段理论
   C.社会主义市场经济理论　　　D.社会主义本质理论

9. 中国共产党第一次完整提出党在社会主义初级阶段基本路线的会议是(　　)。
   A.中共十二大　　B.中共十三大　　C.中共十四大　　D.中共十五大

10. 根据中共十三大"三步走"战略的部署,我国人均国民生产总值到21世纪中期要(　　)。
    A.接近中等发达国家水平　　　B.达到中等发达国家水平
    C.接近发达国家水平　　　　　D.达到发达国家水平

11. 1980年8月,邓小平提出了政治体制改革基本任务的重要讲话是(　　)。
    A.《必须旗帜鲜明地坚持四项基本原则》
    B.《党和国家领导制度的改革》
    C.《政治体制改革总体设想》
    D.《关于加强党的执政能力建设的决定》

12. 明确提出我国经济体制改革建立社会主义市场经济体制目标是的(　　)。
    A.中共十一届三中全会　　　B.中共十二届三中全会
    C.中共十三大　　　　　　　D.中共十四大

13. 1993年中共十四届三中全会通过了作为20世纪90年代进行经济体制改革行动纲领的(　　)。
    A.《关于经济体制改革的决定》
    B.《关于国有企业改革和发展若干重大问题的决定》
    C.《关于进一步治理整顿和深化改革的决定》
    D.《关于建立社会主义市场经济体制若干问题的决定》

14. 中国共产党将邓小平理论作为党的指导思想写入党章是在(　　)。
    A.中共十二大　　B.中共十三大　　C.中共十四大　　D.中共十五大

15. 1995年1月,江泽民发表了发展两岸关系、推进祖国和平统一八项主张的(　　)。
    A.《告台湾同胞书》
    B.《实现两岸和平统一的九项方针》
    C.《一个国家、两种制度》
    D.《为促进祖国统一大业的完成而继续奋斗》

16. 2000年2月,江泽民在广东考察工作时提出了(　　)。

A."三讲"教育的要求　　　　　　　B."八个坚持、八个反对"的要求
C."三个代表"重要思想　　　　　　D."八荣八耻"的重要思想

17. 2002年召开的中共十六大总结概括了(　　)。
A.党在社会主义初级阶段的基本路线
B.党在社会主义初级阶段的基本纲领
C.建设中国特色社会主义的基本经验
D.建设中国特色社会主义的理论体系

18. 2002年召开的中共十六大明确提出,我国社会主义建设到2020年的奋斗目标是(　　)。
A.总体达到小康社会　　　　　　　B.全面建设小康社会
C.基本实现现代化　　　　　　　　D.全面实现现代化

19. 中国共产党正式提出了坚持以人为本、全面协调可持续的科学发展观的重要会议是(　　)。
A.中共十六届三中全会　　　　　　B.中共十六届四中全会
C.中共十六届五中全会　　　　　　D.中共十六届六中全会

20. 2007年6月,胡锦涛在中央党校发表的重要讲话中指出,科学发展观的核心是(　　)。
A.发展　　　B.以人为本　　　C.全面协调可持续　　　D.统筹兼顾

21. 中国共产党明确提出构建社会主义和谐社会战略任务的重要会议是(　　)。
A.中共十六届三中全会　　　　　　B.中共十六届四中全会
C.中共十六届五中全会　　　　　　D.中共十六届六中全会

22. 2007年10月,中共十七大在北京召开。大会一致同意,将(　　)写入党章。
A.全面依法治国　　　　　　　　　B.全面深化改革
C."三个代表"重要思想　　　　　　D.科学发展观

23. 2005年3月14日,十届全国人大三次会议通过立法形式高票通过了(　　)。
A.《香港特别行政区基本法》　　　B.《澳门特别行政区基本法》
C.《反分裂国家法》　　　　　　　D.《维护国家统一法》

24. 2008年8月,中国在北京成功举办了第(　　)届奥林匹克运动会。
A.27　　　B.28　　　C.29　　　D.30

(二)多项选择题(请在每小题的四个选择项中,选出至少两个正确答案。多选或少选均不得分。)

1. 进入20世纪80年代,我国多层次、有重点、点面结合对外开放格局的构成包括(　　)。
A.经济特区　　　　　　　　　　　B.沿海开放城市
C.沿海经济开放区　　　　　　　　D.内地

2. 1994年5月,江泽民在进一步强调正确处理改革、发展、稳定的关系时指出(　　)。

A.发展是目标　　B.改革是动力　　C.改革是保障　　D.稳定是前提

3. 20世纪90年代后期我国改革开放和现代化建设经受的风险考验主要有(　　)。

A.1997年爆发的亚洲金融危机

B.1998年发生的历史上罕见的洪涝灾害

C.1999年北约袭击中国驻南斯拉夫使馆

D.1999年"法轮功"邪教组织非法聚众闹事

4. 2007年6月,胡锦涛在中央党校发表的重要讲话中指出,科学发展观的(　　)。

A.第一要义是发展　　　　　　B.核心是以人为本

C.基本要求是全面协调可持续　　D.根本方法是统筹兼顾

5. 2006年1月,胡锦涛在全国科学技术大会上提出,要用15年左右的时间把我国建设成为创新型国家,其指导方针是(　　)。

A.自主创新　　B.重点跨越　　C.支撑发展　　D.引领未来

6. 中共十七大前后,台湾海峡两岸关系出现和平发展新局面,实现60年来国共两党主要领导人首次正式会谈。之后,两岸"三通"全面实现,"三通"指(　　)。

A.通邮　　B.通航　　C.通信　　D.通商

7. 香港、澳门回归后,中央政府严格执行(　　)的方针,保持了香港和澳门特别行政区的繁荣与稳定。

A."一国两制"、高度自治　　　　B."港人治港""澳人治澳"

C.反对分裂、维护统一　　　　　D.深入交流、增进了解

8. 党的十七大的主题是(　　)。

A.高举中国特色社会主义伟大旗帜,以邓小平理论和"三个代表"重要思想为指导

B.深入贯彻落实科学发展观

C.继续解放思想,坚持改革开放,推动科学发展,促进社会和谐

D.为夺取全面建设小康社会新胜利而奋斗

9. 在中国共产党的历史上,先后出现过三次由挫折转向胜利的伟大历史性转折,具有深远的意义。对这三次转折产生重大影响的会议,分别是党的(　　)。

A.遵义会议　　　　　　B.七届二中全会

C."八七"会议　　　　　D.十一届三中全会

(三)判断题(正确选Y,错误选N。)

1. 中共十一届三中全会彻底否定了"两个凡是"的错误方针。　　(　　)

Y.正确　　　　　　　　N.错误

2. 中共十一届三中全会后,我国经济体制的改革,首先在农村取得突破性进展。
（　　）
Y.正确　　　　　　　　　　　N.错误
3. 中共十三大系统阐述了社会主义初级阶段的基本纲领。（　　）
Y.正确　　　　　　　　　　　N.错误
4. 邓小平在南方谈话中强调,当今世界的主题是和平与发展。（　　）
Y.正确　　　　　　　　　　　N.错误
5. 党的十七大将科学发展观写入党章。（　　）
Y.正确　　　　　　　　　　　N.错误

（四）填空题（把正确答案填入空格内。）

1. 1987年召开的中共十三大比较系统地阐述了_____理论。
2. 1979年1月,_____访问美国,实现了中国领导人对美国的首次国事访问。
3. 1980年5月,中央决定在_____、珠海、汕头、厦门设立经济特区。
4. 我国社会主义初级阶段的基本经济制度是_____为主体、多种所有制经济共同发展。
5. 为完成祖国和平统一大业,20世纪70年代末80年代初,邓小平提出了"一个国家,_____"的构想。

五、实践指南

大连金普新区

2014年6月,国务院批复同意设立大连金普新区。大连金普新区位于辽宁省大连市中南部,范围包括大连市金州区全部行政区域和普兰店市部分地区,总面积约2299平方公里。新区地处东北亚地理中心位置,对内是东北地区海陆联运中心,通过哈大运输大通道和东北东部铁路连通整个东北地区;对外是东北亚国际航线的要冲,是我国东北地区走向世界的海空门户,也是与东北亚国家经贸往来和开放合作的重要枢纽。建设大连金普新区,有利于进一步深化改革开放,引领辽宁沿海经济带加速发展,带动东北地区振兴发展,进一步深化与东北亚各国各领域的合作。

第十一章　中国特色社会主义进入新时代

一、导言

习近平总书记在党的十九大报告中指出:"经过长期努力,中国特色社会主义进入了新时代,这是我国发展新的历史方位。"党的十九大报告通过对过去五年的总结,得出一个非常重要的结论,就是"中国特色社会主义进入了新时代",也就是说,通过对过去五年工作的总结,联系改革开放以来全部历史进程、全部历史经验的总结,得出新的历史方位到来的结论。

什么是新时代?

"时代"这个词,在《辞海》中解释为"指历史上依据经济、政治、文化等状况来划分的社会各个发展阶段"。党的十九大报告对于"新时代"的内涵,讲了五点:第一点,从历史、现在、未来的联系上看,这是承前启后、继往开来,在新的历史条件下继续夺取中国特色社会主义伟大胜利的时代;第二点,从我们承担的历史使命看,这是决胜全面建成小康社会、全面建设社会主义现代化强国的时代;第三点,放到中国人民对美好生活的追求上看,这是全国各族人民团结奋斗、不断创造美好生活、逐步实现全体人民共同富裕的时代;第四点,放到民族复兴的角度看,这是全体中华儿女勠力同心、奋力实现中华民族伟大复兴中国梦的时代;第五点,放在世界大局中看,这是我国日益走近世界舞台中央、不断为人类做出更大贡献的时代。

新时代从何而来?

我们党做出中国特色社会主义进入新时代的重大判断,无疑是综合考量的结果,是对多方面因素进行客观分析的结果。其中,既有对十八大以来改革开放和社会主义现代化建设取得历史性成就、党和国家事业发生历史性变革的准确把握,又有对改革开放近40年来党的面貌、国家的面貌、人民的面貌、军队的面貌、中华民族的面貌发生前所未有变化的科学评判;既考虑到我国社会主要矛盾发生转化及其对全局的影响、经济新常态条件下我国经济由高速度发展到高质量提升等情况,也充分关注到我国正拓展发展中国家走向现代化途径、日益走近世界舞台中央、不断为解决人类问题贡献中国智慧和中国方案的客观实际。

中国特色社会主义进入新时代的意义是什么?

从"7·26"重要讲话到党的十九大报告,习近平总书记从三个方面阐释了它的意义:一是从民族复兴的角度来看,意味着近代以来久经磨难的中华民族迎来了从站起来、富起来到强起来的伟大飞跃,迎来了实现中华民族伟大复兴的光明前景;二是从社会主义角度来看,意味着科学社会主义在21世纪的中国焕发出强大生机活力,在世界上高高举起了中国特色社会主义伟大旗帜;三是从中国特色社会主义对世界发展中国家的贡献来看,意味着中国特色社会主义道路、理论、制度、文化不断发展,拓展了发展中国家走向现代化的途径,给世界上那些既希望加快发展又希望保持自身独立性的国家和民族提供了全新选择,为解决人类问题贡献了中国智慧和中国方案。

进入新时代,我们该怎么做?

马克思说过,"历史常常是跳跃式地和曲折地前进的"。历史的跳跃式前进,需要必备的物质与文化积累、内部与外部条件以及多方面支撑因素,而更重要的是历史创造者(人民群众)的主体自觉与倾心投入,是历史推动者(先进政党或政治组织)的胆识气魄与卓越才智。中国特色社会主义进入新时代,我们不能辜负了这个新时代。只要勇于担当、埋头苦干,只要行动起来、躬身实践,我们就一定能够使源于实践的新时代判断,转化为亿万人民群众的实际获得,促进历史的跳跃式前进,使中华民族为人类社会做出更大的贡献。

二、以案论史

案例1 大连港成为老工业基地走向"一带一路"新通道

随着"一带一路"建设的推进,"辽满欧""辽蒙欧"等多条国际物流通道相继开通,这些通道在日益成为中欧货物运输热线的同时,更为大连及东北地区腹地的经济发展带来了前所未有的新机遇。

精心构筑国际物流通道

在地处东北腹地的边境小城满洲里,如今平均每周有两班来自大连的过境班列从这里驶出国门。从2015年正式开通以来,大连港集团精心构筑的"辽满欧"国际物流通道,使满洲里日益繁忙,过境班列也迎来爆发式增长。

统计数据显示,2016年经满洲里口岸通关的年出口量增幅为180%,过境集装箱达到1.8万TEU,并呈现继续上升趋势。来自日本、韩国和中国华南、华东、华北、胶东等地的汽车零件、机械设备、日用小商品,通过"辽满欧"国际联运通道源源不断地运往欧洲。

据介绍,"辽满欧"是大连港最先培育、极具竞争力的集装箱过境通道。围绕"一带一路"建设,东北地区经二连、阿拉山口(霍尔果斯)至蒙古、中亚通道的集装箱过境班列,全部通过大连口岸运作。围绕"辽满欧"等国际物流通道,大连港创新业务模式,接连开通全国首个冷藏集装箱过境班列、"辽满欧"首个商品车班列、服务于中国最大海外工业园的明斯克过境班列等。

2016年1月,韩国三星电子的货物通过"三星班列"成功运抵俄罗斯卡卢加州。不仅运输时间大幅缩短,也为LG、丰田、宝马等许多国际企业产品提供了物流新选择。如今,"三星班列"已实现每月3班常态运行。

大连市相关负责人表示,"辽满欧"国际货运通道的爆发式增长,正为大连这座港口城市带来一系列发展机遇,不断形成新的经济增长点,为大连港乃至大连相关行业不断融入"一带一路"建设增添了信心。

据了解,在大连市的支持下,大连港在开通"辽满欧"国际物流通道的同时,"连哈欧""辽蒙欧""辽新欧"等多条中欧班列也相继出炉,在亚欧之间陆续建起畅通、高效的国际物流通道。

"港口变革必然为腹地经济发展带来新机遇,我们围绕'一带一路'建设精心构筑的国际物流通道,可以说进一步增强了对东北腹地经济的牵引作用。目前,东北98.5%的外贸集装箱进出口货源通过大连口岸转运。像'连哈欧'国际过境班列的开通,就能够有力地推动黑龙江地区外向型经济发展。"大连港相关负责人说。

吸引货源走上"一带一路"

大连大窑湾港区内,大连铁路集装箱中心站就位于这里。目前这里是全国唯一一个具备独立法人资质的中心站,同时也是全国唯一实现与港口无缝衔接的港前站,是大连港国际过境班列的起点。

2016年8月8日,满载着150吨新鲜果蔬的全冷藏集装箱班列,从大连港奔赴8600千米外的莫斯科。这是中国开通的首个全冷藏集装箱过境班列,较传统海运节约一个月时间。稳定高效冷藏物流通道的建成,得益于大连港近年来不断利用其丰富的海向航线资源、完善的环渤海内支线网络和发达的陆向海铁联运体系,不断提高物流"综合性价比",吸引越来越多的进出口货源走上"一带一路"。

大连港相关负责人认为,便捷、优质、稳定、高效的海铁联运通道将有助于大连及其腹地更好参与"一带一路"建设,找到更佳的发展机遇。记者了解到,在辽宁省、大连市的大力支持下,近年来大连港紧抓"一带一路"建设主题,不断升级"辽满欧"等海铁联运通道建设。据介绍,目前大连港拥有内外贸航线108条,对国内外300多个港口和地区航线网络已基本实现"全覆盖"。其中,日、韩、东盟航区航班密度每月超过200班。该港的环渤海集装箱支线服务网络覆盖辽宁、河北和山东环黄、渤两海区域的13个支线港。每周运行70余个班次,是环渤海地区独有的"海上穿梭巴士"。支线年均运量达到100万TEU,年中转集装箱超过300万TEU。

作为东北地区唯一纳入"一带一路"建设总体规划的港口,大连港海铁联运目前已形成"4大中心、12个场站、31个站点"的内陆网络布局,实现与东北腹地和欧洲各国的互联互通,是交通部、铁路总公司确定的全国铁水联运六个示范港口之一。2015年,海铁联运量达到34.9万TEU,再次位居全国沿海港口首位。

大连市相关负责人表示,丰富的航线资源和成熟的多式联运,不仅为"辽满欧"等国际物流通道提供运力和货源保障,更为大连不断融入"一带一路"建设奠定了坚实基础。

随着海铁联运能力不断增强,以大连为基点的国际联运通道也不断丰富。如今,大连港国际通道建设不仅实现了"西拓",更取得了"北进"新突破。继2014年首航北极东北航道后,中远集团的"永盛轮"于2015年7月再度从大连港起航,并在"黄金水道"首次实现双向航行,这一举动不仅是自身发展的突破,更为将来中国货运船舶在北极东北航道的常态运营打下了基础。

多部门联手提升软环境

2016年5月,凭借冷藏班列及商品车多式联运等创新业务,大连港多式联运示范工程在全国31个省区市申报的43个参评示范项目中脱颖而出,成功入选国家海铁公多式联运示范工程。多式联运海关监管中心的建立,可为在大连口岸中转的过境班列业务实现24小时内快速通关、通检。

大连港相关负责人表示,近几年,他们不断优化口岸环境,以满足中欧班列铁水转运业务对时间的要求。大连海关、辽宁检验检疫局和大连港等单位专门成立"一带一路"联合工作组,与沈阳铁路局、哈尔滨铁路局建立了沟通协作机制。目前,从铁路计划的申报,到车皮的调配、班列的开行、在途的跟踪等,大连港都能对中欧班列优先保障,这使得班列运输时间由原来的3天至4天压缩至48小时以内。

与此同时,大连港还对海运、港口作业、铁路在途等即时信息实行了有效整合,可随时向客户提供全程在线信息查询。如今,作为我国北方最大的冷藏货物转运口岸,大连港已经建成全国沿海规模最大、功能最全的保税冷库群。进口水果、冻肉等冷藏货物份额多年位居全国前列,冷藏水产等国际中转业务一直以60%的增速快速发展。冷藏集装箱年进出口量超过20万TEU。

据介绍,日益成熟的冷链以及商品车物流体系,让大连港形成了以信息技术为支撑,物流、金融、贸易全程参与的服务供应链。港口服务的不断创新与升级,为中欧班列低成本、高效运转,为增加国际物流通道的吸引力、竞争力提供了新动能。

2016年全年,在经满洲里过货的众多口岸十几条班列中,从大连港始发的"辽满欧"过境班列过货量排名已由2013年的第8位,跃升至目前的第2位。不断新增的中欧过境班列业务,为大连及整个东北腹地经济发展带来了全新机遇。

资料来源:经济日报,2017-02-14(12)

【请你思考】

1. 有人说,世界上有一条最宽的路——"一带一路",结合案例请你谈谈,中国提出"一带一路"倡议的巨大意义是什么?

2. "一带一路"倡议提出距今已有五年,五年来,"一带一路"的朋友圈越来越大,朋友圈的朋友们得到的实惠也越来越多,结合案例和资料请你谈谈中国是如何积极推动构建人类命运共同体的?

案例2　辽宁自贸试验区:打造东北振兴新引擎

自2017年4月1日辽宁自贸试验区正式揭牌成立以来,沈阳、大连、营口三大片区共同发力,不断深化体制机制改革和制度创新,扎实推进自贸试验区各项工作,致力打造东北振兴新引擎。到2018年11月,辽宁自贸试验区"总体方案"已经落地96项,总结推出首批25项改革创新经验,在全省范围内复制推广。

深度简政放权,打通企业发展"高速路"

在辽宁省委、省政府部署下,辽宁举全省之力推进自贸试验区建设,紧紧抓住深化体制机制改革关键,为企业提速发展提供保障。到2018年11月,辽宁省级层面共出台20个政策文件、215项政策措施,向三个片区下放133项省级管理权限,全力支持自贸试验区改革创新。沈阳、大连、营口三个市分别制订片区实施方案,出台政策清单、产业政策、招商引资办法、人才引进意见等多项举措。

辽宁自贸试验区以深化商事登记制度改革为突破口,全面实施"证照分离"改革,对95项商事登记后置审批事项,采取取消审批、审批改备案、实行告知承诺等方式实施分类改革,实现企业"准入"和"准营"同步提速。营口片区挂牌不到半年,就发出全国首张"46证合一"营业执照,为企业节省登记时间约50个工作日。

大连片区针对企业需要精准施策,提出"一企一策""量身定制"等创新举措。大连海关通过综合叠加多项优惠政策,利用"通关一体化""分送集报""保税货物区域结转""自行运输"等创新监管制度,制订了全面压缩通关时间的贴身监管服务方案。英特尔(大连)公司率先享受政策红利,省去全部转关操作,通关效率提升20%,年减少二线申报近万次,货物入区时间由原来的30小时缩短到5小时,并通过"先入区,后报关"模式,实现24小时货物入区不间断、车间生产不间断,企业每年节省操作时间近2万小时。目前,该公司进口货物从飞机抵港到抵达工厂耗时仅为2个小时,基本实现"通关零等待""7×24小时全天候通关"。

在沈阳片区,沈阳海关推出"集报集缴"创新举措,使企业通关时间从原来的3至4天缩短到1天以内,为中航沈飞民用飞机有限责任公司等重点企业降低通关综合成本40%,受益通关货物价值累计达4.98亿元人民币。

大连海关、沈阳海关、辽宁海事局等监管部门纷纷出台支持自贸试验区建设创新举措;东北四省区在跨部门一次性联合检查、无障碍通关通检等10个方面开展深度合作,东北地区全方位、立体化、网络化的互联互通格局初步形成。

发挥区位优势,构筑开放新格局

辽宁是历史上草原丝路的重要节点,自古就与西域及亚欧大陆有着悠久的经贸文化交流史。依托自贸试验区,辽宁不断发挥区位优势、产业优势、技术优势、港口优势,深度参与"一带一路"建设,加快推进大连东北亚国际航运中心和沈阳东北亚创新中心、营口港海铁联运和沈阳跨境铁路通道建设,大幅度增加中欧班列班次,提升货运量,促进辽满欧、辽蒙欧、辽海欧三大通道与沿线更多国家和城市连通。

营口港务集团已经与沈铁、哈铁、辽宁红运集团合作成立了辽宁沈哈红运物流有限公司,培育创造了全国独具特色的"沈哈红运"全程服务多式联运模式,构建了国内、国际多式联运物流大通道,开通中欧班列线路12条,与境外5个国家、9个城市实现了互联互通。2017年,营口港海铁联运累计完成72.2万标准箱,同比增长

37.35%,占东北三港67.2%。营口港"辽(营)满欧"中欧班列集装箱运输量完成56178标准箱,同比增长32.8%。

狠抓国企改革,全面振兴老工业基地

辽宁自贸试验区建设给全面振兴老工业基地注入新活力。辽宁自贸试验区沈阳片区充分发挥制度创新的作用,以沈阳机床集团国企改革为契机,强力支持国有企业及员工创新创业。沈阳机床集团在实现国有资产重新布局、传统业务转移的过程中,通过"员工创业、模式创新"及"资源共享、价值分享",开创了基于全要素价值分享模式的国有企业"内创业"模式。通过智能化与工业化"两化融合",国资国企改革与辽宁自贸试验区沈阳片区"放管服"改革内外联动,为推动实现国有企业"瘦身健体"、推进混合所有制改革、探索新型工业化道路开辟了一条新路。

营口市政府出资将营口市妇婴医院、营口市中医院、营口市康复医院三家医院资产进行整合,组建营口市健康产业投资有限公司,并与辽宁方大集团实业有限公司在自贸试验区合资成立方大医疗有限公司,推进经营性国有资产集中统一监管,优化国有资本配置,放大国有资本功能,大力推进国有资产资本化。

自贸试验区正式揭牌成立以来,辽宁稳妥推进自贸试验区内企业混合所有制改革,探索各种所有制资本优势互补、相互促进的体制机制,重点推进港口、煤炭能源、健康医疗、旅游、公共服务等行业企业重组。预期到2020年,辽宁省属国企混合所有制改革将达到70%以上。

资料来源:光明日报,2018-11-23(10)

【请你思考】

1. 你了解自贸试验区战略吗?国家对辽宁自贸试验区的战略定位是什么?
2. 为什么说自贸试验区战略是发展开放型经济的必然要求?

三、经典精读

十九大报告(节选)

十八大以来的五年,是党和国家发展进程中极不平凡的五年。面对世界经济复苏乏力、局部冲突和动荡频发、全球性问题加剧的外部环境,面对我国经济发展进入新常态等一系列深刻变化,我们坚持稳中求进工作总基调,迎难而上,开拓进取,取得了改革开放和社会主义现代化建设的历史性成就。

为贯彻十八大精神,党中央召开七次全会,分别就政府机构改革和职能转变、全面深化改革、全面推进依法治国、制定"十三五"规划、全面从严治党等重大问题作出决定和部署。五年来,我们统筹推进"五位一体"总体布局、协调推进"四个全面"战略布局,"十二五"规划胜利完成,"十三五"规划顺利实施,党和国家事业全面开创新局面。

经济建设取得重大成就。坚定不移贯彻新发展理念,坚决端正发展观念、转变发展方式,发展质量和效益不断提升。经济保持中高速增长,在世界主要国家中名列前茅,国内生产总值从五十四万亿元增长到八十万亿元,稳居世界第二,对世界经济增长贡献率超过百分之三十。供给侧结构性改革深入推进,经济结构不断优化,数字经济等新兴产业蓬勃发展,高铁、公路、桥梁、港口、机场等基础设施建设快速推进。农业现代化稳步推进,粮食生产能力达到一万二千亿斤。城镇化率年均提高一点二个百分点,八千多万农业转移人口成为城镇居民。区域发展协调性增强,"一带一路"建设、京津冀协同发展、长江经济带发展成效显著。创新驱动发展战略大力实施,创新型国家建设成果丰硕,天宫、蛟龙、天眼、悟空、墨子、大飞机等重大科技成果相继问世。南海岛礁建设积极推进。开放型经济新体制逐步健全,对外贸易、对外投资、外汇储备稳居世界前列。

全面深化改革取得重大突破。蹄疾步稳推进全面深化改革,坚决破除各方面体制机制弊端。改革全面发力、多点突破、纵深推进,着力增强改革系统性、整体性、协同性,压茬拓展改革广度和深度,推出一千五百多项改革举措,重要领域和关键环节改革取得突破性进展,主要领域改革主体框架基本确立。中国特色社会主义制度更加完善,国家治理体系和治理能力现代化水平明显提高,全社会发展活力和创新活力明显增强。

民主法治建设迈出重大步伐。积极发展社会主义民主政治,推进全面依法治国,党的领导、人民当家作主、依法治国有机统一的制度建设全面加强,党的领导体制机制不断完善,社会主义民主不断发展,党内民主更加广泛,社会主义协商民主全面展开,爱国统一战线巩固发展,民族宗教工作创新推进。科学立法、严格执法、公正司法、全民守法深入推进,法治国家、法治政府、法治社会建设相互促进,中国特色社会主义法治体系日益完善,全社会法治观念明显增强。国家监察体制改革试点取得实效,行政体制改革、司法体制改革、权力运行制约和监督体系建设有效实施。

思想文化建设取得重大进展。加强党对意识形态工作的领导,党的理论创新全面推进,马克思主义在意识形态领域的指导地位更加鲜明,中国特色社会主义和中国梦深入人心,社会主义核心价值观和中华优秀传统文化广泛弘扬,群众性精神文明创建活动扎实开展。公共文化服务水平不断提高,文艺创作持续繁荣,文化事业和文化产业蓬勃发展,互联网建设管理运用不断完善,全民健身和竞技体育全面发展。主旋律更加响亮,正能量更加强劲,文化自信得到彰显,国家文化软实力和中华文化影响力大幅提升,全党全社会思想上的团结统一更加巩固。

人民生活不断改善。深入贯彻以人民为中心的发展思想,一大批惠民举措落地实施,人民获得感显著增强。脱贫攻坚战取得决定性进展,六千多万贫困人口稳定脱贫,贫困发生率从百分之十点二下降到百分之四以下。教育事业全面发展,中西部和农村教育明显加强。就业状况持续改善,城镇新增就业年均一千三百万人以上。城乡居民收入增速超过经济增速,中等收入群体持续扩大。覆盖城乡居民的社会保障体系基本建立,人民健康和医疗卫生水平大幅提高,保障性住房建设稳步推进。社会治理体系更加完善，社会大局保持稳定，国家安全全面加强。

生态文明建设成效显著。大力度推进生态文明建设，全党全国贯彻绿色发展理念的自觉性和主动性显著增强，忽视生态环境保护的状况明显改变。生态文明制度体系加快形成，主体功能区制度逐步健全，国家公园体制试点积极推进。全面节约资源有效推进，能源资源消耗强度大幅下降。重大生态保护和修复工程进展顺利，森林覆盖率持续提高。生态环境治理明显加强，环境状况得到改善。引导应对气候变化国际合作，成为全球生态文明建设的重要参与者、贡献者、引领者。

强军兴军开创新局面。着眼于实现中国梦强军梦，制定新形势下军事战略方针，全力推进国防和军队现代化。召开古田全军政治工作会议，恢复和发扬我党我军光荣传统和优良作风，人民军队政治生态得到有效治理。国防和军队改革取得历史性突破，形成军委管总、战区主战、军种主建新格局，人民军队组织架构和力量体系实现革命性重塑。加强练兵备战，有效遂行海上维权、反恐维稳、抢险救灾、国际维和、亚丁湾护航、人道主义救援等重大任务，武器装备加快发展，军事斗争准备取得重大进展。人民军队在中国特色强军之路上迈出坚定步伐。

港澳台工作取得新进展。全面准确贯彻"一国两制"方针，牢牢掌握宪法和基本法赋予的中央对香港、澳门全面管治权，深化内地和港澳地区交流合作，保持香港、澳门繁荣稳定。坚持一个中国原则和"九二共识"，推动两岸关系和平发展，加强两岸经济文化交流合作，实现两岸领导人历史性会晤。妥善应对台湾局势变化，坚决反对和遏制"台独"分裂势力，有力维护台海和平稳定。

全方位外交布局深入展开。全面推进中国特色大国外交，形成全方位、多层次、立体化的外交布局，为我国发展营造了良好外部条件。实施共建"一带一路"倡议，发起创办亚洲基础设施投资银行，设立丝路基金，举办首届"一带一路"国际合作高峰论坛、亚太经合组织领导人非正式会议、二十国集团领导人杭州峰会、金砖国家领导人厦门会晤、亚信峰会。倡导构建人类命运共同体，促进全球治理体系变革。我国国际影响力、感召力、塑造力进一步提高，为世界和平与发展作出新的重大贡献。

全面从严治党成效卓著。全面加强党的领导和党的建设，坚决改变管党治党宽松软状况。推动全党尊崇党章，增强政治意识、大局意识、核心意识、看齐意识，坚决维护党中央权威和集中统一领导，严明党的政治纪律和政治规矩，层层落实管党治党政治责任。坚持照镜子、正衣冠、洗洗澡、治治病的要求，开展党的群众路线教育实践活动和"三严三实"专题教育，推进"两学一做"学习教育常态化制度化，全党理想信念更加坚定、党性更加坚强。贯彻新时期好干部标准，选人用人状况和风气明显好转。党的建设制度改革深入推进，党内法规制度体系不断完善。把纪律挺在前面，着力解决人民群众反映最强烈、对党的执政基础威胁最大的突出问题。出台中央八项规定，严厉整治形式主义、官僚主义、享乐主义和奢靡之风，坚决反对特权。巡视利剑作用彰显，实现中央和省级党委巡视全覆盖。坚持反腐败无禁区、全覆盖、零容忍，坚定不移"打虎""拍蝇""猎狐"，不敢腐的目标初步实现，不能腐的笼子越扎越牢，不想腐的

第十一章　中国特色社会主义进入新时代

堤坝正在构筑,反腐败斗争压倒性态势已经形成并巩固发展。

五年来的成就是全方位的、开创性的,五年来的变革是深层次的、根本性的。五年来,我们党以巨大的政治勇气和强烈的责任担当,提出一系列新理念新思想新战略,出台一系列重大方针政策,推出一系列重大举措,推进一系列重大工作,解决了许多长期想解决而没有解决的难题,办成了许多过去想办而没有办成的大事,推动党和国家事业发生历史性变革。这些历史性变革,对党和国家事业发展具有重大而深远的影响。

五年来,我们勇于面对党面临的重大风险考验和党内存在的突出问题,以顽强意志品质正风肃纪、反腐惩恶,消除了党和国家内部存在的严重隐患,党内政治生活气象更新,党内政治生态明显好转,党的创造力、凝聚力、战斗力显著增强,党的团结统一更加巩固,党群关系明显改善,党在革命性锻造中更加坚强,焕发出新的强大生机活力,为党和国家事业发展提供了坚强政治保证。

同时,必须清醒看到,我们的工作还存在许多不足,也面临不少困难和挑战。主要是:发展不平衡不充分的一些突出问题尚未解决,发展质量和效益还不高,创新能力不够强,实体经济水平有待提高,生态环境保护任重道远;民生领域还有不少短板,脱贫攻坚任务艰巨,城乡区域发展和收入分配差距依然较大,群众在就业、教育、医疗、居住、养老等方面面临不少难题;社会文明水平尚需提高;社会矛盾和问题交织叠加,全面依法治国任务依然繁重,国家治理体系和治理能力有待加强;意识形态领域斗争依然复杂,国家安全面临新情况;一些改革部署和重大政策措施需要进一步落实;党的建设方面还存在不少薄弱环节。这些问题,必须着力加以解决。

五年来的成就,是党中央坚强领导的结果,更是全党全国各族人民共同奋斗的结果。我代表中共中央,向全国各族人民,向各民主党派、各人民团体和各界爱国人士,向香港特别行政区同胞、澳门特别行政区同胞和台湾同胞以及广大侨胞,向关心和支持中国现代化建设的各国朋友,表示衷心的感谢!

同志们!改革开放之初,我们党发出了走自己的路、建设中国特色社会主义的伟大号召。从那时以来,我们党团结带领全国各族人民不懈奋斗,推动我国经济实力、科技实力、国防实力、综合国力进入世界前列,推动我国国际地位实现前所未有的提升,党的面貌、国家的面貌、人民的面貌、军队的面貌、中华民族的面貌发生了前所未有的变化,中华民族正以崭新姿态屹立于世界的东方。

经过长期努力,中国特色社会主义进入了新时代,这是我国发展新的历史方位。中国特色社会主义进入新时代,意味着近代以来久经磨难的中华民族迎来了从站起来、富起来到强起来的伟大飞跃,迎来了实现中华民族伟大复兴的光明前景;意味着科学社会主义在二十一世纪的中国焕发出强大生机活力,在世界上高高举起了中国特色社会主义伟大旗帜;意味着中国特色社会主义道路、理论、制度、文化不断发展,拓展了发展中国家走向现代化的途径,给世界上那些既希望加快发展又希望保持自身独立性的国家和民族提供了全新选择,为解决人类问题贡献了中国智慧和中国方案。

这个新时代,是承前启后、继往开来、在新的历史条件下继续夺取中国特色社会主义伟大胜利的时代,是决胜全面建成小康社会、进而全面建设社会主义现代化强国的时代,是全国各族人民团结奋斗、不断创造美好生活、逐步实现全体人民共同富裕的时代,是全体中华儿女勠力同心、奋力实现中华民族伟大复兴中国梦的时代,是我国日益走近世界舞台中央、不断为人类作出更大贡献的时代。

中国特色社会主义进入新时代,我国社会主要矛盾已经转化为人民日益增长的美好生活需要和不平衡不充分的发展之间的矛盾。我国稳定解决了十几亿人的温饱问题,总体上实现小康,不久将全面建成小康社会,人民美好生活需要日益广泛,不仅对物质文化生活提出了更高要求,而且在民主、法治、公平、正义、安全、环境等方面的要求日益增长。同时,我国社会生产力水平总体上显著提高,社会生产能力在很多方面进入世界前列,更加突出的问题是发展不平衡不充分,这已经成为满足人民日益增长的美好生活需要的主要制约因素。

必须认识到,我国社会主要矛盾的变化是关系全局的历史性变化,对党和国家工作提出了许多新要求。我们要在继续推动发展的基础上,着力解决好发展不平衡不充分问题,大力提升发展质量和效益,更好满足人民在经济、政治、文化、社会、生态等方面日益增长的需要,更好推动人的全面发展、社会全面进步。

必须认识到,我国社会主要矛盾的变化,没有改变我们对我国社会主义所处历史阶段的判断,我国仍处于并将长期处于社会主义初级阶段的基本国情没有变,我国是世界最大发展中国家的国际地位没有变。全党要牢牢把握社会主义初级阶段这个基本国情,牢牢立足社会主义初级阶段这个最大实际,牢牢坚持党的基本路线这个党和国家的生命线、人民的幸福线,领导和团结全国各族人民,以经济建设为中心,坚持四项基本原则,坚持改革开放,自力更生,艰苦创业,为把我国建设成为富强民主文明和谐美丽的社会主义现代化强国而奋斗。

同志们!中国特色社会主义进入新时代,在中华人民共和国发展史上、中华民族发展史上具有重大意义,在世界社会主义发展史上、人类社会发展史上也具有重大意义。全党要坚定信心、奋发有为,让中国特色社会主义展现出更加强大的生命力!

资料来源:本书编写组.党的十九大报告辅导读本.北京:人民出版社,2017:2-12

习近平:深入认识经济发展新常态

关于我国经济发展进入新常态,我讲了多次,今天换个角度,从历史和现实的角度讲讲。

"十三五"时期,我国经济发展的显著特征就是进入新常态。新常态下,我国经济发展的主要特点是:增长速度要从高速转向中高速,发展方式要从规模速度型转向质量效率型,经济结构调整要从增量扩能为主转向调整存量、做优增量并举,发展动力要从主要依靠资源和低成本劳动力等要素投入转向创新驱动。这些变化,是我国经济向形态更高级、分工更优化、结构更合理的阶段演进的必经过程。实现这样广泛而

第十一章 中国特色社会主义进入新时代

深刻的变化并不容易，对我们是一个新的巨大挑战。

"明者因时而变，知者随世而制。"谋划和推动"十三五"时期我国经济社会发展，就要把适应新常态、把握新常态、引领新常态作为贯穿发展全局和全过程的大逻辑。

从历史长过程看，我国经济发展历程中新状态、新格局、新阶段总是在不断形成，经济发展新常态是这个长过程的一个阶段。这完全符合事物发展螺旋式上升的运动规律。全面认识和把握新常态，需要从时间和空间大角度审视我国发展。

从时间上看，我国发展经历了由盛到衰再到盛的几个大时期，今天的新常态是这种大时期更替变化的结果。

我国古代以农业立国，农耕文明长期居于世界领先水平。汉代时，我国人口就超过6000万，垦地超过8亿亩。唐代长安城面积超过80平方公里，人口超过100万，宫殿金碧辉煌，佛寺宝塔高耸，东西两市十分繁荣。诗人岑参就有"长安城中百万家"的诗句。北宋时，国家税收峰值达到1.6亿贯，是当时世界上最富裕的国家。那个时候，伦敦、巴黎、威尼斯、佛罗伦萨的人口都不足10万，而我国拥有10万人口以上的城市近50座。

工业革命发生后，我们就开始落伍了，西方国家则发展起来了。鸦片战争后，我国自给自足的自然经济逐渐解体，工业革命机遇没有抓住，尽管民族工业也有一些发展、外国资本也有一些进入，如上海的"十里洋场"、天津的工业、武汉的军工生产也曾名震一时，但总体上国家是贫穷落后、战乱不已的，在时代前进潮流中掉队了。这一状态持续了百余年。

新中国成立后，我们党领导人民开始大规模工业化建设。毛泽东同志提出，我们的任务"就是要安下心来，使我们可以建设我们国家现代化的工业、现代化的农业、现代化的科学文化和现代化的国防"。上世纪50年代，国家建设取得显著成效。后来，由于在指导思想上出现了"左"的错误，还发生了"文革"那样的十年浩劫，加上我们对社会主义建设规律认识不够深入，大规模工业化建设未能顺利持续下去。

党的十一届三中全会开启了改革开放历史新时期。30多年来，尽管遇到各种困难，但我们创造了第二次世界大战结束后一个国家经济高速增长持续时间最长的奇迹。我国经济总量在世界上的排名，改革开放之初是第十一；2005年超过法国，居第五；2006年超过英国，居第四；2007年超过德国，居第三；2009年超过日本，居第二。2010年，我国制造业规模超过美国，居世界第一。我们用几十年时间走完了发达国家几百年走过的发展历程，创造了世界发展的奇迹。

随着经济总量不断增大，我们在发展中遇到了一系列新情况新问题。经济发展面临速度换挡节点，如同一个人，10岁至18岁期间个子猛长，18岁之后长个子的速度就慢下来了。经济发展面临结构调整节点，低端产业产能过剩要集中消化，中高端产业要加快发展，过去生产什么都赚钱、生产多少都能卖出去的情况不存在了。经济发展面临动力转换节点，低成本资源和要素投入形成的驱动力明显减弱，经济增长需要更多驱动力创新。

从空间上看,我国出口优势和参与国际产业分工模式面临新挑战,经济发展新常态是这种变化的体现。

改革开放以来,我们大踏步发展的一个重要特点就是对国际市场的充分有效利用。建立在劳动力成本低廉优势和发达国家劳动密集型产业向外转移机会基础上的大规模出口和外向型发展,成为我国经济高速增长的重要推动力。1979年至2012年,我国货物出口保持20%左右的年均增长率,快速成长为世界贸易大国。

我国出口快速发展,也得益于西方国家黄金增长期释放出来的大量有效需求。2008年国际金融危机爆发,西方国家结束黄金增长期,经济进入深度调整期,有效需求下降,再工业化、产业回流本土的进口替代效应增强,直接导致我国出口需求增速放缓。西方国家等强化贸易保护主义,除反倾销、反补贴等传统手段之外,在市场准入环节对技术性贸易壁垒、劳工标准、绿色壁垒等方面的要求越来越苛刻,由征收出口税、设置出口配额等出口管制手段引发的贸易摩擦越来越多。我国近9年来连续成为世界上受到反倾销反补贴调查最多的国家。与此同时,我国劳动力等生产要素成本上升较快,东盟等新兴经济体和其他发展中国家凭借劳动力成本和自然资源比较优势积极参与国际分工,产业和订单向我国周边国家转移趋势明显,导致我国出口竞争加剧。

全球贸易发展进入低迷期,是当前和今后一个时期世界经济发展的一个基本态势。据统计,过去几十年,全球贸易增速一直保持快于经济增速的态势。近年来,贸易增速明显下滑,连续4年低于世界经济增速。第二次世界大战结束后,德国、日本都经历了出口快速增长期,成为世界贸易大国。从他们的实践看,当货物出口占世界总额的比重达到10%左右,就会出现拐点,增速要降下来。我国货物出口占世界总额的比重,改革开放之初不足1%,2002年超过5%,2010年超过10%,2014年达到12.3%。这意味着我国出口增速拐点已经到来,今后再要维持出口高增长、出口占国内生产总值的高比例是不大可能了。这就要求我们必须把经济增长动力更多放在创新驱动和扩大内需特别是消费需求上。

在认识新常态上,要准确把握内涵,注意克服几种倾向。其一,新常态不是一个事件,不要用好或坏来判断。有人问,新常态是一个好状态还是一个坏状态?这种问法是不科学的。新常态是一个客观状态,是我国经济发展到今天这个阶段必然会出现的一种状态,是一种内在必然性,并没有好坏之分,我们要因势而谋、因势而动、因势而进。其二,新常态不是一个筐子,不要什么都往里面装。新常态主要表现在经济领域,不要滥用新常态概念,搞出一大堆"新常态",什么文化新常态、旅游新常态、城市管理新常态等,甚至把一些不好的现象都归入新常态。其三,新常态不是一个避风港,不要把不好做或难做好的工作都归结于新常态,似乎推给新常态就有不去解决的理由了。新常态不是不干事,不是不要发展,不是不要国内生产总值增长,而是要更好发挥主观能动性、更有创造精神地推动发展。这个道理,我讲过多次了。

新常态下,尽管我国经济面临较大下行压力,但"十三五"及今后一个时期,我国仍处于发展的重要战略机遇期,经济发展长期向好的基本面没有变,经济韧性好、潜力足、回旋空间大的基本特质没有变,经济持续增长的良好支撑基础和条件没有变,经济结构调整优化的前进态势没有变。我们要把握这些大势,坚持以经济建设为中心,坚持发展是硬道理的战略思想,变中求新、新中求进、进中突破,推动我国发展不断迈上新台阶。

资料来源:习近平谈治国理政:第二卷.外文出版社,2017:245—250

四、实训指导

(一)单项选择题(请在每小题的四个选择项中,选出一个正确答案。)

1. 2017年10月18日,中国共产党第十九次全国代表大会在北京胜利召开。此次大会的主题是(　　)。
   A.不忘初心,牢记使命,高举中国特色社会主义伟大旗帜,决胜全面建成小康社会,夺取新时代中国特色社会主义伟大胜利,为实现中华民族伟大复兴的中国梦不懈奋斗。
   B.高举中国特色社会主义伟大旗帜,决胜全面建成小康社会,夺取新时代中国特色社会主义伟大胜利,为实现中华民族伟大复兴的中国梦不懈奋斗。
   C.不忘初心,继续前进,高举中国特色社会主义伟大旗帜,决胜全面建成小康社会,夺取新时代中国特色社会主义伟大胜利,为实现中华民族伟大复兴的中国梦不懈奋斗。
   D.高举中国特色社会主义伟大旗帜,不忘初心,继续前进,决胜全面建成小康社会,夺取新时代中国特色社会主义伟大胜利,为实现中华民族伟大复兴的中国梦不懈奋斗。

2. 2012年11月,中共十八大在北京召开。大会阐明中国特色社会主义的总依据是(　　)。
   A.初级阶段理论　　　　　　B.社会主义初级阶段
   C.社会主义社会　　　　　　D.基本国力

3. 十九大报告指出,实现伟大梦想,必须建设伟大工程。这个伟大工程就是(　　)。
   A.我们党正在深入推进的深化改革新的伟大工程
   B.我们党正在深入推进的依法治国新的伟大工程
   C.我们党正在深入推进的全面小康新的伟大工程
   D.我们党正在深入推进的党的建设新的伟大工程

4. 十九大报告指出,实现伟大梦想,必须推进伟大事业。(　　)是改革开放以来党的全部理论和实践的主题,是党和人民历尽千辛万苦、付出巨大代价取得的根本成就。
   A.邓小平理论　　　　　　　B.中国特色社会主义
   C.科学发展观　　　　　　　D.习近平系列讲话

5. 十九大报告指出,伟大斗争,伟大工程,伟大事业,伟大梦想,紧密联系、相互贯通、相互作用,其中起决定性作用的是(　　)。
   A.依法治国新的伟大工程　　　　B.全面小康新的伟大工程
   C.深化改革新的伟大工程　　　　D.党的建设新的伟大工程

6. 十九大报告指出,中国特色社会主义进入新时代,我国社会主要矛盾已经转化为(　　)。
   A.人民日益增长的美好生活需要和不平衡不充分的发展之间的矛盾
   B.人民日益增长的物质文化需要和不平衡不充分的发展之间的矛盾
   C.人民日益增长的美好生活需要和落后的社会生产的矛盾
   D.人民日益增长的物质文化需要和落后的经济发展的矛盾

7. 2012年11月,中共十八大在北京召开。大会提出要在党的十六大、十七大确立的全面建设小康社会目标的基础上努力实现新的要求,确保到2020年实现(　　)的目标。
   A.全面建成小康社会　　　　　　B.全面建成小康之家
   C.建设小康之家　　　　　　　　D.建成小康社会

8. 2012年11月,习近平在参观《复兴之路》展览时,指出中华民族近代以来最伟大的梦想是(　　)。
   A.实现中华民族伟大复兴　　　　B.实现国家富强
   C.实现民族振兴　　　　　　　　D.实现人民幸福

9. 2013年11月,中共十八届三中全会决定,中央成立(　　),负责改革总体设计、统筹协调、整体推进、督促落实。
   A.全面深化改革领导小组　　　　B.全面依法治国领导小组
   C.全面从严治党领导小组　　　　D.全面建成小康社会领导小组

10. 中国梦的本质是(　　)。
    A.经济发达　　　　　　　　　　B.物质丰富
    C.民族独立　　　　　　　　　　D.国家富强、民族振兴、人民幸福

11. 实现中国梦,必须凝聚(　　),这就是中国各民族团结的力量。
    A.中国力量　　　　　　　　　　B.中国人民的力量
    C.中国军队的力量　　　　　　　D.中国共产党的力量

12. 中共十八大以来,以习近平同志为核心的党中央提出了四个全面的战略布局。其中,全面深化改革、全面依法治国、全面从严治党是(　　)。
    A.三大战略举措　B.三大抓手　　C.三大重点工作　D.三大政策

13. 2013年11月,中共十八届三中全会审议通过《关于全面深化改革若干重大问题的决定》,指出(　　)是全面深化改革的重点。
    A.政治体制改革　　　　　　　　B.经济体制改革
    C.文化体制改革　　　　　　　　D.社会体制改革

14. 2014年4月,中央国家安全委员会主席习近平主持召开中央国家安全委员会第一次会议,强调要坚持(   ),走出一条中国特色国家安全道路。
    A.新安全观   B.全面国家安全观
    C.国家安全理念   D.总体国家安全观

15. 2014年10月,中共十八届四中全会审议通过《中共中央关于全面推进依法治国若干重大问题的决定》,指出全面依法治国总目标是(   )。
    A.建设中国特色社会主义法治体系
    B.建设中国特色社会主义法治体系,建设社会主义法治国家
    C.建设社会主义法治国家
    D.建设中国特色社会主义法制体系,建设社会主义法制国家

16. 中共十八届三中全会审议通过《中共中央关于全面深化改革若干重大问题的决定》,要求处理好政府和市场的关系,使市场在资源配置中起(   )作用。
    A.基础性   B.决定性   C.关键性   D.核心性

17. 十八大以来,以习近平同志为核心的党中央,统筹国内国际两个大局,统筹发展安全两件大事,推动建立以(   )为核心的新型国际关系。
    A.合作共赢   B.互利合作   C.合作双赢   D.互利互惠

18. 2013年9月和10月,习近平总书记先后提出共建(   )的倡议,以期推进沿线国家发展战略的相互对接,以新的形式使亚欧非各国联系更加紧密,互利合作迈向新的历史高度。
    A."一带一路"   B.丝绸之路经济带
    C.海上丝绸之路   D.茶马古道

19. 十九大报告指出,新时代党的建设总要求以(   )为主线,以党的政治建设为统领。
    A.加强党的长期执政能力建设、先进性和纯洁性建设
    B.加强党的执政能力建设、先进性和创新性建设
    C.加强党的政治建设、思想建设、组织建设、作风建设
    D.积极性、主动性、创造性

20. 十九大报告指出,新时代党的建设总要求以(   )为根基。
    A.为人民服务   B.始终走在时代前列
    C.坚定理想信念宗旨   D.人民衷心拥护

(二)多项选择题(请在每小题的四个选择项中,选出至少两个正确答案。多选或少选均不得分。)

1. 2013年11月,中共十八届三中全会审议通过《中共中央关于全面深化改革若干重大问题的决定》,强调全面深化改革需要更加注重改革的(   )。
   A.系统性   B.整体性   C.协同性   D.全面性

2. 十八大以来,国防和军队改革取得历史性突破,形成（　　）新格局。
   A.军委管总　　　B.战区主战　　　C.军种主建　　　D.装备主导

3. 2012年11月,中共十八大在北京举行。大会阐明,中国特色社会主义的总任务是（　　）。
   A.实现社会主义现代化
   B.实现中华民族伟大复兴
   C.把中国建设成为社会主义现代化强国
   D.基本实现现代化

4. 中共十八大提出全面提高党的建设科学化水平,其主线是（　　）。
   A.反腐倡廉　　　　　　　　　B.制度建设
   C.加强党的执政能力建设　　　D.加强党的先进性和纯洁性建设

5. 中共十八大提出建设（　　）的马克思主义执政党。
   A.学习型　　　B.服务型　　　C.创新型　　　D.廉洁型

6. 实现中国梦,必须（　　）。
   A.提供中国方案　　　　B.走中国道路
   C.弘扬中国精神　　　　D.凝聚中国力量

7. 中共十八大以来,以习近平同志为核心的党中央提出了（　　）战略布局。
   A.全面建成小康社会　　B.全面深化改革
   C.全面依法治国　　　　D.全面从严治党

8. 十八大决定设立国家安全委员会,其主要职责是（　　）。
   A.制定和实施国家安全战略
   B.推进国家安全法治建设
   C.制定国家安全方针政策
   D.研究解决国家安全工作中的重大问题

9. 2014年3月,习近平在十二届全国人大二次会议期间提出,各级领导干部要树立和发扬"三严三实",其中,"三严"是指（　　）。
   A.严以修身　　　　　　　B.严以用权、严以律己
   C.严以创业　　　　　　　D.严以用人

10. 十九大报告提出,要推动构建人类命运共同体,同世界各国人民一道建设（　　）的世界。
    A.持久和平　　　　　　B.普遍安全、共同繁荣
    C.开放包容　　　　　　D.清洁美丽

11. 2013年5月,中共中央发布《关于在全党深入开展党的群众路线教育实践活动的意见》,活动的总要求包括（　　）。
    A.照镜子　　　　　　　B.正衣冠
    C.洗洗澡　　　　　　　D.治治病

第十一章 中国特色社会主义进入新时代

12. 2013年5月,中共中央发布《关于在全党深入开展党的群众路线教育实践活动的意见》,活动主要内容包括( )。
    A.为民　　　　B.务实　　　　C.创新　　　　D.清廉

13. 实现中国梦,必须走中国道路。下面对中国特色社会主义道路的历史渊源和现实基础表述正确的是( )。
    A.中国特色社会主义道路,是在改革开放30多年的伟大实践中走出来的
    B.中国特色社会主义道路,是在中华人民共和国成立60多年的持续探索中走出来的
    C.中国特色社会主义道路,是在对近代以来170多年中华民族发展历程的深刻总结中走出来的
    D.中国特色社会主义道路,是在对中华民族5000多年悠久文明的传承中走出来的

14. 2016年2月,"两学一做"学习教育在全体党员中有序开展,"两学一做"指( )。
    A.学党章党规　　　　　　　B.学系列讲话
    C.做合格党员　　　　　　　D.做人民公仆

15. 十九大报告中,提出综合分析国际国内形势和我国发展条件,从二〇二〇年到二十一世纪中叶可以分两个阶段来安排。这两个阶段是( )。
    A.从二〇二〇年到二〇三五年,在全面建成小康社会的基础上,再奋斗十年,基本实现社会主义现代化
    B.从二〇二〇年到二〇三五年,在全面建成小康社会的基础上,再奋斗十五年,基本实现社会主义现代化。
    C.从二〇三五年到二十一世纪中叶,在基本实现现代化的基础上,再奋斗十五年,把我国建成富强民主文明和谐美丽的社会主义现代化强国
    D.从二〇三〇年到二十一世纪中叶,在基本实现现代化的基础上,再奋斗二十年,把我国建成富强民主文明和谐美丽的社会主义现代化强国

16. 十九大报告指出,生态文明建设功在当代、利在千秋。人和自然是生命共同体,人类必须( )。
    A.尊重自然　　B.顺应自然　　C.保护自然　　D.修复自然

17. 十九大报告指出,中国共产党是( )。中国共产党始终把为人类作出新的更大的贡献作为自己的使命。
    A.为社会发展谋福利的政党　　　B.为世界和平贡献力量的政党
    C.为中国人民谋幸福的政党　　　D.为人类进步事业而奋斗的政党

18. 十九大报告指出,构建人类命运共同体,要尊重世界文明多样化,以( )。
    A.文明交流超越文明隔阂　　　B.文明发展超越文明分歧
    C.文明共存超越文明优越　　　D.文明互鉴超越文明冲突

19. 十九大报告指出,鼓励引导人才向边远贫困地区、边疆民族地区、革命老区和基层一线流动,努力形成(　　)的良好局面,让各类人才的创造活力竞相迸发、聪明才智充分涌流。

　　A.人人渴望成才　　　　　　　　B.人人尽展其才

　　C.人人努力成才　　　　　　　　D.人人皆可成才

20. 十九大报告指出,要健全党和国家监督体系,主要措施包括(　　)。

　　A.要加强对权力运行的制约和监督

　　B.强化自上而下的组织监督,改进自下而上的民主监督

　　C.深化政治巡视,坚持发现问题、形成震慑不动摇

　　D.深化国家监察体制改革,将试点工作在全国推开

(三)判断题(正确选 Y,错误选 N。)

1. 习近平提出,实现全面建成小康社会目标是实现中华民族伟大复兴中国梦的关键一步。　　　　　　　　　　　　　　　　　　　　　　　(　　)

　　Y.正确　　　　　　　　　　　　N.错误

2. 实现中华民族伟大复兴的中国梦,就是要实现国家富强、民族振兴、人民幸福。
　　　　　　　　　　　　　　　　　　　　　　　　　　　　　　(　　)

　　Y.正确　　　　　　　　　　　　N.错误

3. 我国经济发展新常态,即从高速增长转为中高速增长;经济结构不断优化升级;从要素驱动、投资驱动转向创新驱动。　　　　　　　　　　　　(　　)

　　Y.正确　　　　　　　　　　　　N.错误

4. 中共十八大以来,中国践行亲、诚、惠、容的周边外交理念,与周边国家全面展开多层次、各领域交流,彼此利益融合不断深化,相互理解逐步加深。(　　)

　　Y.正确　　　　　　　　　　　　N.错误

5. "四个自信"是指中国特色社会主义道路自信、理论自信、制度自信、文化自信。
　　　　　　　　　　　　　　　　　　　　　　　　　　　　　　(　　)

　　Y.正确　　　　　　　　　　　　N.错误

6. 中共十八届二中全会审议通过了《中共中央关于全面推进依法治国若干重大问题的决定》。　　　　　　　　　　　　　　　　　　　　　　　(　　)

　　Y.正确　　　　　　　　　　　　N.错误

7. "一带一路"建设遵循共建、共管、共享原则,将为欧亚大陆的振兴开辟新的广阔前景。　　　　　　　　　　　　　　　　　　　　　　　　　　(　　)

　　Y.正确　　　　　　　　　　　　N.错误

8. 2014年2月,第十二届全国人大常委会决定,将8月15日确定为中国人民抗日战争胜利纪念日。　　　　　　　　　　　　　　　　　　　　　(　　)

　　Y.正确　　　　　　　　　　　　N.错误

9. 中共十八大提出全面提高党的建设科学化水平,其主线是制度建设。（   ）
    Y.正确   N.错误
10. 中共十八大以来五年的成就是全方位的、开创性的,变革是深层次的、根本性的。（   ）
    Y.正确   N.错误
11. "一带一路"重大提议开辟了国际合作新模式,得到100多个国家和国际组织的积极支持与参与,成为当今世界规模最大的国际合作平台、最受欢迎的全球公共产品。（   ）
    Y.正确   N.错误
12. 中共十八届六中全会明确了以习近平同志为党中央的核心、全党的核心。（   ）
    Y.正确   N.错误
13. 中共十八届六中全会号召全党同志牢固树立政治意识、大局意识、核心意识、看齐意识,坚定不移地维护党中央权威和党中央集中统一领导。（   ）
    Y.正确   N.错误
14. 中共十九届二中全会认为,宪法是国家的根本法,是治国安邦的总章程,是党和人民意志的集中体现。（   ）
    Y.正确   N.错误
15. 党的十九大指出,经过长期努力,中国特色社会主义进入了新时代,这是我国发展新的历史方位。（   ）
    Y.正确   N.错误

(四)填空题（把正确答案填入空格内。）

1. 2012年,习近平总书记在参观"_____"展览时,明确提出,实现全面建成小康社会目标,是实现中华民族伟大复兴中国梦的关键一步。
2. 中国的全球治理观反映了人类共同价值追求和当代国际关系现实,为全球治理体系改革和建设贡献了_____,提供了中国方案。
3. 我国社会主要矛盾已经转化为人民日益增长的美好生活需要和_____之间的矛盾。
4. 中共十八大以来,中共中央统筹推进"_____"总体布局,提出一系列新理念新思路新战略,引领中国特色社会主义各项事业蓬勃发展。
5. 十九大强调,从十九大到二十大,是"_____"奋斗目标的历史交汇期。

五、实践指南

大连市规划展示中心

大连市规划展示中心位于人民广场东侧,邻近大连市人民政府。展示中心填补了大连没有城市规划相关展馆的空白。该中心运用高科技,全方位、立体化地展示大连的城市发展特色,是展示大连城市建设历史变迁、现状以及未来发展的重要窗口以及广大市民参与规划建设的互动平台,是集规划展示、公众参与、规划交流等多功能于一体的大型公共服务设施。展示中心的展示区共三层,设置了 15 个主要展厅。一层以"回顾城市历史,感悟大连文脉"为主题,展示了大连城市建设的发展历程;二层以"解读城市规划,引领大连未来"为主题,展示了大连城市规划建设的最新成果和未来发展蓝图;三层以"关爱城市生态,彰显大连智慧"为主题,展示了大连得天独厚的生态特色以及"民生为本、品质立市"的发展理念。

参考答案

第一章 反对外来侵略的斗争

(一)单项选择题(请在每小题的四个选择项中,选出一个正确答案。)

1	2	3	4	5	6	7	8	9	10	11	12	13	14	15
C	A	C	B	D	A	C	D	B	D	A	A	B	D	D
16	17	18	19	20	21	22	23	24	25	26	27	28	29	30
A	B	B	D	D	A	B	D	A	D	B	C	D	C	A
31	32	33	34	35	36	37	38	39	40	41	42	43	44	45
A	B	A	D	B	B	C	C	D	D	D	C	C	B	C
46	47	48												
B	C	A												

(二)多项选择题(请在每小题的四个选择项中,选出至少两个正确答案。多选或少选均不得分。)

1	2	3	4	5	6	7	8	9	10	11
CD	BC	ABCD	ABCD	ABCD	ABD	ABC	AC	CD	AD	ABCD
12	13	14	15	16	17	18	19	20	21	
ABC	ABCD	ABCD	ABCD	ABCD	ABCD	ABCD	AC	ABCD	ABC	

(三)判断题(正确选Y,错误选N。)

1	2	3	4	5	6	7	8	9	10	11
Y	Y	N	Y	N	Y	N	N	N	N	N

(四)填空题(把正确答案填入空格内。)

1.香港岛 2.乌苏里江 3.冯子材 4.银行 5.赫德

第二章 对国家出路的早期探索

(一)单项选择题(请在每小题的四个选择项中,选出一个正确答案。)

1	2	3	4	5	6	7	8	9	10	11	12	13	14	15
C	A	B	C	A	A	A	D	C	A	A	A	A	D	D
16	17	18	19	20	21	22	23	24	25	26	27	28		
B	B	D	A	A	D	D	C	B	C	B	D	A		

(二)多项选择题(请在每小题的四个选择项中,选出至少两个正确答案。多选或少选均不得分。)

1	2	3	4	5	6	7	8	9	10	11
ABC	ABC	ABCD	ABC	ACD	ABCD	ABCD	BCD	ABC	ABC	ABCD
12	13	14	15	16	17	18				
ABC	ABCD	AB	ACD	AB	ABC	ABC				

(三)判断题(正确选 Y,错误选 N。)

1	2	3	4	5	6	7	8	9	10
Y	N	Y	Y	Y	N	Y	Y	N	N

(四)填空题(把正确答案填入空格内。)

1.南京　2.石达开　3.福建水师　4.自强　5.时务报

第三章 辛亥革命与君主专制制度的终结

(一)单项选择题(请在每小题的四个选择项中,选出一个正确答案。)

1	2	3	4	5	6	7	8	9	10	11	12	13	14	15
D	D	C	A	A	B	B	C	D	A	B	C	D	B	C
16	17	18	19	20	21	22	23	24	25	26	27	28	29	
D	D	C	B	B	C	C	A	D	A	A	D	C	C	

(二)多项选择题(请在每小题的四个选择项中,选出至少两个正确答案。多选或少选均不得分。)

1	2	3	4	5	6	7	8	9	10	11
CD	ABCD	ABD	BCD	ABCD	ABCD	ABC	AD	ACD	AB	ABCD
12	13	14	15	16	17	18	19	20	21	
AB	ABC	ABCD	ABD	ABC	ABC	ABCD	ABC	BC	ABC	

(三)判断题(正确选 Y,错误选 N。)

1	2	3	4	5	6	7	8	9	10					
Y	Y	N	Y	N	Y	Y	Y	Y	N					

(四)填空题(把正确答案填入空格内。)

1.局外中立　2.皇族内阁　3.总统制　4.中华革命党　5.蔡锷

第四章　开天辟地的大事变

(一)单项选择题(请在每小题的四个选择项中,选出一个正确答案。)

1	2	3	4	5	6	7	8	9	10	11	12	13	14	15
C	A	C	C	B	A	A	C	B	A	B	B	C	A	A
16	17	18	19	20	21	22	23	24	25	26	27	28	29	
B	C	B	C	D	D	B	A	A	B	B	D	B	D	

(二)多项选择题(请在每小题的四个选择项中,选出至少两个正确答案。多选或少选均不得分。)

1	2	3	4	5	6	7	8	9	10	11
ABCD	ABC	ABC	AC	ABD	BC	ABC	ABC	ABD	BD	ABC
12	13	14	15	16	17	18	19	20	21	22
AB	CD	ACD	BCD	ABC	ABD	ABCD	ABCD	CD	ABC	BCD
23	24									
AC	BC									

(三)判断题(正确选Y,错误选N。)

1	2	3	4	5	6	7	8	9						
N	Y	Y	N	N	N	Y	N	Y						

(四)填空题(把正确答案填入空格内。)

1.蔡元培 2.鲁迅 3.日本 4.李大钊 5.社会主义

第五章 中国革命的新道路

(一)单项选择题(请在每小题的四个选择项中,选出一个正确答案。)

1	2	3	4	5	6	7	8	9	10	11	12	13	14	15
C	D	C	B	B	B	C	A	A	B	A	D	B	A	D

16	17	18	19	20	21	22	23	24	25
B	A	B	C	C	C	B	D	A	C

(二)多项选择题(请在每小题的四个选择项中,选出至少两个正确答案。多选或少选均不得分。)

1	2	3	4	5	6	7	8	9	10	11
ABD	ABCD	BCD	ABC	ABC	ABCD	ABCD	ABCD	BCD	ABCD	ABCD

12	13	14	15	16	17	18
ABD	ABC	ABCD	ABCD	AB	AD	ABCD

(三)判断题(正确选Y,错误选N。)

1	2	3	4	5	6	7	8	9
N	Y	Y	Y	N	Y	Y	N	Y

(四)填空题(把正确答案填入空格内。)

1.马林 2.中央局 3.井冈山 4.王明 5.工农革命军

第六章 中华民族的抗日战争

(一)单项选择题(请在每小题的四个选择项中,选出一个正确答案。)

1	2	3	4	5	6	7	8	9	10	11	12	13	14	15
A	C	D	D	A	D	D	B	B	B	B	B	B	C	C
16	17	18	19	20	21	22	23	24	25	26	27	28	29	30
B	C	C	A	B	C	C	D	B	B	D	B	A	B	B
31	32	33	34	35	36	37	38	39	40	41				
C	D	B	C	A	D	D	D	D	C	D				

(二)多项选择题(请在每小题的四个选择项中,选出至少两个正确答案。多选或少选均不得分。)

1	2	3	4	5	6	7	8	9	10	11	12
ACD	ABC	ABCD	ABCD	ABCD	CD	ABCD	ABD	AC	ABCD	ABD	BC
13	14	15	16	17	18	19	20	21	22	23	24
ABC	ABC	ABCD	AD	ABD	ABC	ABD	ABC	BCD	ABC	AC	ABC

(三)判断题(正确选 Y,错误选 N。)

1	2	3	4	5	6	7	8	9	10
Y	N	Y	Y	N	Y	Y	Y	N	N

(四)填空题(把正确答案填入空格内。)

1. 汪精卫 2. 淞沪 3. 周恩来 4. 延安 5. 波茨坦

第七章 为新中国而奋斗

(一)单项选择题(请在每小题的四个选择项中,选出一个正确答案。)

1	2	3	4	5	6	7	8	9	10	11	12	13	14	15
B	C	B	B	B	B	C	B	C	C	C	A	D	B	D
16	17	18	19	20	21	22	23	24	25	26	27	28	29	
C	D	C	C	C	B	C	A	D	D	D	D	D	D	

229

(二)多项选择题(请在每小题的四个选择项中,选出至少两个正确答案。多选或少选均不得分。)

1	2	3	4	5	6	7	8	9	10	11
CD	ABCD	BCD	BCD	ABCD	ABCD	ABC	ABCD	ABCD	ABCD	ABC
12	13	14	15	16	17					
ACD	ABCD	ABC	ABCD	ABC	AC					

(三)判断题(正确选 Y,错误选 N。)

1	2	3	4	5	6	7	8
Y	N	Y	N	N	Y	Y	N

(四)填空题(把正确答案填入空格内。)

1.毛泽东 2.国民党 3.反饥饿 4.党的建设 5.团结

第八章 社会主义基本制度在中国的确立

(一)单项选择题(请在每小题的四个选择项中,选出一个正确答案。)

1	2	3	4	5	6	7	8	9	10	11	12	13	14	15
B	D	A	C	C	D	A	B	B	B	A	C	A	C	C
16	17	18	19											
D	B	C	B											

(二)多项选择题(请在每小题的四个选择项中,选出至少两个正确答案。多选或少选均不得分。)

1	2	3	4	5	6	7	8	9	10	11
ABC	ABCD	BCD	CD	ABD	ABCD	BCD	ABCD	ABD	ABCD	ABCD
12	13	14								
ABCD	BCD	ABC								

(三)判断题(正确选 Y,错误选 N。)

1	2	3	4	5	6	7						
Y	Y	N	Y	N	Y	N						

(四)填空题(把正确答案填入空格内。)

1.新民主主义 2.私人资本主义 3.重工业 4.社会主义 5.整党

第九章 社会主义建设在探索中曲折发展

(一)单项选择题(请在每小题的四个选择项中,选出一个正确答案。)

1	2	3	4	5	6	7	8	9	10
D	A	C	A	B	B	D	B	D	A

(二)多项选择题(请在每小题的四个选择项中,选出至少两个正确答案。多选或少选均不得分。)

1	2	3	4	5
CD	ABCD	ABCD	AC	ABCD

(三)判断题(正确选 Y,错误选 N。)

1	2	3	4	5
Y	Y	N	Y	Y

(四)填空题(把正确答案填入空格内。)

1.官僚主义 2.鼓足干劲 3.百花齐放 4.论十大关系

第十章 中国特色社会主义的开创与接续发展

(一)单项选择题(请在每小题的四个选择项中,选出一个正确答案。)

1	2	3	4	5	6	7	8	9	10	11	12	13	14	15
D	C	A	A	C	C	A	B	B	B	B	D	D	D	D
16	17	18	19	20	21	22	23	24						
C	C	B	A	B	D	D	C	C						

(二)多项选择题(请在每小题的四个选择项中,选出至少两个正确答案。多选或少选均不得分。)

1	2	3	4	5	6	7	8	9
ABCD	ABD	ABCD	ABCD	ABCD	ABD	AB	ABCD	ACD

(三)判断题(正确选 Y,错误选 N。)

1	2	3	4	5
Y	Y	N	N	Y

(四)填空题(把正确答案填入空格内。)

1.社会主义初级阶段　2.邓小平　3.深圳　4.公有制　5.两种制度

第十一章 中国特色社会主义进入新时代

(一)单项选择题(请在每小题的四个选择项中,选出一个正确答案。)

1	2	3	4	5	6	7	8	9	10	11	12	13	14	15
A	B	D	B	D	A	A	A	A	D	A	A	B	D	B
16	17	18	19	20										
B	A	A	A	C										

(二)多项选择题(请在每小题的四个选择项中,选出至少两个正确答案。多选或少选均不得分。)

1	2	3	4	5	6	7	8	9	10	11
ABC	ABC	AB	CD	ABC	BCD	ABCD	ABCD	AB	ABCD	ABCD
12	13	14	15	16	17	18	19	20		
ABD	ABCD	ABC	BC	ABC	CD	ACD	ABCD	ABCD		

(三)判断题(正确选 Y,错误选 N。)

1	2	3	4	5	6	7	8	9	10	11	12	13	14	15
Y	Y	Y	Y	Y	N	N	N	N	Y	Y	Y	Y	Y	Y

(四)填空题(把正确答案填入空格内。)

1.复兴之路　2.中国智慧　3.不平衡不充分的发展　4.五位一体　5.两个一百年

后 记

为了切实提升"中国近现代史纲要"课教学的实效性,近几年来,我们围绕"思想政治教育如何进行供给侧改革""如何提升大学生思想政治理论课的获得感"等问题进行了大量的探索,先后申请了 2017 年辽宁省高等学校基本科研项目"辽宁省高校思想政治教育供给侧改革的思路与方法研究"、2018 年度辽宁省普通高等教育本科教学改革研究项目"'获得感'视域下改革开放伟大成就融入辽宁高校思政课教学研究"、中国轻工业联合会教育工作分会 2018 年度课题"'获得感'视域下高校思想政治理论课'四通'教学模式创新与实践"等多项教育教学改革课题,同时"中国近现代史纲要"课获批为"大连工业大学 2018 年度精品课程"。因此,这本书既是对以上项目中提出的理论进行的实践探索,也是以上项目的研究成果之一。

本书由大连工业大学马克思主义学院中国近现代史纲要教研室完成,具体分工如下:第一章、第二章,王妍;第三章、第五章、第六章,薄长东;第四章,张丽佳;第七章、第八章,陈雪;第九章、第十章、第十一章,刘秉贤。

编著者

2019 年 1 月